ROBERT 1988

L 45
.11

L.1264.
+.G.26.

COLLECTION

DES CHRONIQUES

NATIONALES FRANÇOISES.

COLLECTION
DES CHRONIQUES
NATIONALES FRANÇAISES,

ÉCRITES EN LANGUE VULGAIRE

DU TREIZIÈME AU QUINZIÈME SIÈCLE,

AVEC NOTES ET ÉCLAIRCISSEMENTS,

PAR J.-A. BUCHON.

XVe SIÈCLE.

PARIS.
VERDIÈRE LIBRAIRE, QUAI DES AUGUSTINS, N° 25.
J. CAREZ, RUE DE SEINE.

M DCCC XXVI.

CHRONIQUES

D'ENGUERRAND

DE MONSTRELET.

IMPRIMERIE D'HIPPOLYTE TILLIARD,

RUE DE LA HARPE, N° 78.

CHRONIQUES

D'ENGUERRAND

DE MONSTRELET,

NOUVELLE ÉDITION,

ENTIÈREMENT REFONDUE SUR LES MANUSCRITS,
AVEC NOTES ET ÉCLAIRCISSEMENTS.

PAR J. A. BUCHON.

TOME I.

PARIS.

VERDIÈRE, LIBRAIRE, QUAI DES AUGUSTINS, N° 25.
J. CAREZ, RUE HAUTEFEUILLE, N° 18.

M DCCC XXVI.

PRÉFACE

DE J.-A. BUCHON.

J'ai donné à la tête de cette édition du continuateur de J. Froissart l'excellent mémoire que M. Dacier avait publié sur la vie et les écrits de ce célèbre chroniqueur. Le mérite réel de Monstrelet, comme homme et comme historien, y est apprécié avec autant de finesse que d'érudition. M. Dacier ayant bien voulu m'autoriser à en enrichir cette édition, il ne m'est plus resté que le regret de savoir qu'il n'avoit pas préparé le texte de Monstrelet, ainsi qu'il a fait celui d'une partie du premier livre de J. Froissart. Ses indications m'ont été toutefois fort utiles, pour l'édition que je donne ici, et dont il me reste à rendre compte en quelques mots.

Les manuscrits de Monstrelet sont fort multipliés en France ; la bibliothèque du roi en possède seule un assez grand nombre : deux en particulier méritent d'être mentionnés.

PRÉFACE

Le n° 8299[5], autrefois Colbert 19 est un magnifique manuscrit à lettres gothiques allongées et sur parchemin ; mais son exactitude ne répond pas à sa beauté. Le copiste paraît avoir été aussi ignorant en tout ce qui concerne l'histoire, qu'habile en calligraphie. Il ne contient que le premier livre.

Le n° 8347bis, autrefois Colbert 3186, est moins beau d'exécution. Il est écrit aussi sur parchemin, mais d'une écriture courante assez peu élégante. Après l'avoir comparé soigneusement à toutes les éditions, et à tous les autres manuscrits, j'ai vu qu'il l'emportoit de beaucoup par l'exactitude du texte : je l'ai donc suivi pour cette édition, en le corrigeant, quand j'y trouvois quelque lacune, par les autres manuscrits de Monstrelet, et par les manuscrits qui renferment des pièces détachées, telles que les harangues de Jean Petit et de Guillaume Cousinot, et autres actes publics. Ce manuscrit ne renferme aussi que le premier livre de Monstrelet. A mesure que j'entamerai un livre de Monstrelet je ferai connaître le manuscrit qui m'a servi de guide.

Quant aux éditions imprimées et à la traduction anglaise de Johnes, elles sont remplies des fautes les plus grossières et des omissions les plus importantes.

La première édition française est en caractères gothiques, in-4°, à deux colonnes, chez

Jean Petit et Michel Le Noir, 1512, avec des additions jusqu'à la mort de Charles VIII inclusivement.

La deuxième, aussi gothique, est in-folio, sans date, chez Antoine Verard.

La troisième, in-folio, en beaux caractères, a été retouchée par Denis Sauvage; Paris, Guillaume Chaudière, 1572. Elle va jusqu'à l'année 1516, et comprend le récit de la bataille de Marignan. La bibliothèque spanheimienne de Berlin contient un exemplaire de Monstrelet portant la même date, mais avec le nom de Pierre l'Huillier, à Paris.

La quatrième édition est de Laurent Sonnius; Paris, 1596, in-folio.

La cinquième est de 1603.

Th. Johnes a traduit Monstrelet en anglais, et en a donné une édition de luxe in-4, dans sa maison d'Hafod, en 1808; mais elle est encore plus imparfaite que sa traduction de Froissart.

Toutes ces éditions avaient paru si mauvaises au célèbre Ducange, qu'il s'était occupé de relever, pour son propre usage, les fautes les plus essentielles de l'édition de Chaudière, qui était la plus belle. Ces errata, en 21 pages petit in-fol., forment un petit pamphlet à part, déposé à la Bibliothèque royale avec ses manuscrits, et ne sont pas, comme le dit Johnes, copiés aux marges d'une édition de Monstrelet. J'ai ce petit volume entre les mains, et j'ai profité dans cette édition, de ses corrections, qui, au reste, pour la plupart, étaient rendues inutiles par l'exactitude du manuscrit 8347[55], que j'ai suivi.

Aucun des éditeurs de Monstrelet n'avait hésité jusqu'ici à donner les quatre livres des Chroniques comme lui appartenant en propre. Après le Mémoire de M. Dacier et les recherches de quelques savants critiques de l'Académie des inscriptions, il ne m'était pas permis d'adopter aussi aveuglément l'erreur de mes devanciers. Il suffit en effet d'avoir sous les yeux la date de la mort de Monstrelet, pour voir qu'on ne saurait d'aucune manière lui attribuer le quatrième livre, qui s'étend jusqu'à 1461, tandis que Monstrelet est mort en 1453.

Quant aux trois premiers livres, ils lui appartiennent incontestablement, et le témoignage de Mathieu de Coucy, son continuateur, et de quelques autres écrivains ses contemporains, a ajouté encore une nouvelle force à une opinion que doit, du reste, suffisamment confirmer l'examen de sa chronique.

M. Dacier a cherché dans son Mémoire à déterminer par des conjectures l'auteur de ce quatrième livre, et il avait pensé avec beaucoup de sagacité, qu'il fallait l'attribuer en partie à J. Duclercq. La publication des Mémoires de J. Duclercq, faite depuis, m'a mis en état de déterminer exactement l'emprunt fait à chacun par le continuateur de Monstrelet. Voici le résultat de mon examen : il suffit que je l'applique aux premiers chapitres du livre, pour qu'on puisse voir la légitimité des raisons qui m'ont fait rejeter le quatrième livre.

En comparant le texte imprimé, depuis la ligne 5 du chapitre IV, quatrième page, recto, de l'édition de Chaudière, avec les Grandes Chroniques, je trouve que ce chapitre IV tout entier est copié littéralement sur elles.

Le chapitre V n'est plus des Grandes Chroniques; mais, au chapitre qui entame l'année 1448, recommence la copie littérale des Grandes Chroniques.

Chapitre VI à XIX, copié sur les Grandes Chroniques.

Chap. XX, abrégé mais non copié littéralement des Grandes Chroniques.

Chap. XXI à XXVII, copié littéralement.

Chap. XXVIII. Au milieu de ce chapitre, page 27, verso, se trouve une addition de vingt-quatre lignes, qui, dans les Grandes Chroniques, est intercalée au milieu des chapitres suivants :

Chap. XXIX, copié sur les Grandes Chroniques, avec la différence mentionnée dans le chapitre qui précède.

Chap. XXX à XXXIV, copiés littéralement.

Chap. xxxv, copié littéralement, avec une addition transportée plus loin.

Chap. xxxvi. Les Grandes Chroniques rapportent divers traités omis page 35, recto, et 35, verso, de Monstrelet.

Chap. xxxvii. Les traités sont omis page 36.

Chap. xxxviii. La fin, page 40, recto, est ajoutée aux Grandes Chroniques.

Chap. xxxix, copié littéralement.

Dans tous ces chapitres, il faut remarquer que les divisions des chapitres sont plus nombreuses dans les Grandes Chroniques, de telle sorte qu'un chapitre de Monstrelet répond souvent à cinq ou six chapitres de ces dernières.

Avec le chapitre xl, page 41, verso, commence une narration de la guerre de Gand, de 1452 à 1453, qui ne se trouve pas dans les Grandes Chroniques. Les vingt-un chapitres de cette narration sont copiés textuellement sur les mémoires de J. Duclercq. Les divisions des chapitres, dans ce dernier, sont toutefois plus nombreuses, mais la copie est littérale.

Le chapitre placé en tête de la page 55, recto, commence une autre narration ; c'est une sorte de préambule qui n'est ni dans les Grandes Chroniques ni dans Duclercq. A la suite de ce chapitre commence la copie de Duclercq, sauf toutefois les treize premiers chapitres de ce dernier, qui donnent en détail la prise de Constantinople par les Turcs, et qui sont transposés page 59 de Monstrelet.

Le chapitre LXI, répond aux chapitres 14 et 15, livre 3, de Duclercq.

Le chap. LXII, répond au chapitre 16 de Duclercq.

Les chap. LXIII et LXIV sont une copie littérale des Grandes Chroniques.

Le chap. LXV répond aux chapitres 6, 7, 8 et 9, livre 3 de Duclercq; ce sont les chapitres omis après le préambule chapitre LX.

Le chap. LXVI répond au chapitre 14 de Duclercq : la dernière moitié répond au chapitre 11 de Duclercq.

Les chap. LXVII et LXVIII sont une copie des Grandes Chroniques.

Le chap. LXIX est une copie de Duclercq, livre 3, chapitre 17.

Le chap. LXX, id., du chapitre 18.

Le chap. LXXI, id., du chapitre 19.

Le chap. LXXII est copié sur les Grandes Chroniques.

Le chap. LXXIII, id. La fin répond aux chapitres 24 et 25, de J. Duclercq.

Le chap. LXXIV est copié sur le chapitre 19 de Duclercq.

Le chap. LXXV, sur les chapitres 20 et 21.

Le chap. LXXVI, sur les chapitres 22 et 23.

Le chap. LXXVII, sur le chapitre 26.

Le chap. LXXVIII, sur le chapitre 30, mais en l'abrégeant considérablement.

Ces indications suffiront sans doute pour démontrer combien Monstrelet est étranger à ce quatrième livre. M. Dacier avoit cru devoir lui laisser au moins la guerre de Gand, parce qu'il n'avait pas pu voir les Memoires de J. Duclerq qui étaient déposés à la bibliothèque d'Arras, et dont il n'existe aucun manuscrit à Paris; mais aujourd'hui, qu'on peut les consulter, personne ne saurait douter que J. Duclercq ne soit aussi l'auteur original d'où les copistes auront tiré ce morceau.

Au lieu de publier ce mélange indigeste et confus, attribué si faussement à Monstrelet, j'ai cru devoir substituer les originaux à une copie imparfaite. Comme le troisième livre de Monstrelet finit à 1444, je ferai suivre ce chroniqueur par Mathieu de Coucy, son continuateur, et par J. Duclercq dont les Mémoires sont du plus grand intérêt, plus encore pour l'histoire des mœurs que pour l'histoire politique de cette époque. Personne, en lisant ces morceaux pleins de vie et de faits, ne songera à regretter les additions confuses et indigestes que quelque copiste ignorant aura ajoutées aux manuscrits de Monstrelet, et que les premiers éditeurs ont trop légèrement adoptées.

MÉMOIRE

SUR

LA VIE ET LES CHRONIQUES

D'ENGUERRAND DE MONSTRELET,

On ignore le temps et le lieu de la naissance d'Enguerrand de Monstrelet, ainsi que le nom de son père et de sa mère. On sait seulement qu'il était issu de *noble génération :* il a soin de nous l'apprendre [1], et son témoignage est confirmé par plusieurs actes originaux [2], dans lesquels son nom se trouve toujours accompagné des qualifications de *noble homme* ou *d'écuyer.*

---

1. Prol. du tom. 1, fol. 1. Dans ce mémoire, lu à la séance de l'Académie, le mardi 19 juin 1775, M. Dacier renvoie à l'édition in-fol. de Paris.

2. Ces actes, ainsi que la plupart de ceux dont il est fait mention dans ce mémoire, sont conservés dans le chartrier du chapitre de Cambrai, et furent communiqués par M. Mutte, doyen de cette église, avec quelques autres pièces manuscrites concernant l'histoire du Cambrésis, à M. de Foncemagne, qui voulut bien me les confier. D.

Suivant l'historien du Cambrésis [1], Monstrelet descendoit d'une famille noble, établie dès le commencement du xiie siècle dans le Ponthieu, où l'un de ses auteurs, nommé aussi Enguerrand, possédoit, dit-il, la terre de Monstrelet, en 1125; mais Carpentier ne cite point de garant. Un écrivain contemporain (Mathieu de Couci, dont j'aurai occasion de parler dans la suite de ce mémoire), qui demeuroit à Péronne [2], et qui paroît avoir connu personnellement Monstrelet, dit positivement que cet historien étoit *natif de la comté de Boulenois*, sans désigner précisément le lieu de sa naissance. Cette autorité doit sans doute prévaloir : au reste, le Boulenois et le Ponthieu sont assez voisins pour qu'on ait pu les confondre. Il résulte seulement du texte des deux écrivains, qu'ils s'accordent à placer l'origine de Monstrelet dans la Picardie. Cependant l'historien du Valois le revendique pour sa province [3], où il a découvert une famille de ce nom, dont il prétend qu'une branche s'établit dans le Cambrésis, et de laquelle il croit que sortit Enguerrand

---

1. Carpentier, t. ii, p. 804.

2. Voyez son histoire, publiée à la suite de celle de Jean Chartier, par Denis Godefroy, pag. 531.

3. Histoire du duché de Valois, par M. l'abbé Carlier, tom. 2, pag. 497.

de Monstrelet. Cette opinion est avancée sans preuve, et l'ouvrage seul de Monstrelet suffit pour la détruire. Il montre tant d'affection pour la Picardie, qu'on ne peut douter qu'il ne tînt à cette province par des liens très étroits : il la connoît mieux qu'aucune autre partie du royaume; il entre dans les plus petits détails sur ce qui la concerne ; il donne très souvent la liste des gentilshommes picards, soit chevaliers, soit écuyers, qui ont eu part à quelque action, ce qu'il ne fait jamais pour la noblesse de tout autre pays, dont il se contente de nommer les chefs. C'est presque toujours d'après le bailli d'Amiens qu'il rapporte les lettres royaux, mandements, ordonnances, etc., qui se trouvent en grand nombre dans ses deux premiers livres. Enfin il parle des Picards avec tant d'intérêt, il raconte avec tant de complaisance leurs belles actions, qu'on voit clairement qu'il les traite en compatriotes. Monstrelet étoit donc gentilhomme et gentilhomme picard : mais on peut soupçonner, avec beaucoup de fondement, que sa naissance n'étoit pas sans tache. Jean-le-Robert, abbé de Saint-Aubert de Cambrai depuis l'année 1432 jusqu'à l'année 1469, auteur d'un journal exact de ce qui se passa de son temps dans la ville de Cambrai et dans les environs, intitulé *Mémoriaux*[1], dit formellement qu'il fut *né*

---

[1]. Cet ouvrage se conserve manuscrit chez les chanoines

de bas ; qualification qui, suivant le supplément au Glossaire de Ducange, et suivant les plus habiles généalogistes, désigne constamment un fils naturel. Comme à cette époque les bâtards reconnus suivoient la condition de leur père, Monstrelet n'en étoit pas moins noble ; aussi, le même Jean-le-Robert lui donne, deux lignes plus haut, les titres de *noble homme* et d'*écuyer*, auxquels il joint un éloge que je rapporterai dans la suite, parce qu'en même-temps qu'il fait honneur à Monstrelet, il confirme l'opinion que je me suis formée de son caractère, en lisant attentivement son ouvrage.

Mes recherches sur l'année de sa naissance ont été infructueuses : je crois néanmoins pouvoir la placer avant la fin du quatorzième siècle ; car, outre qu'il parle d'événements du commencement du quinzième, comme arrivés de son temps, il dit positivement, dans son Prologue, qu'il avoit été informé des choses qu'il raconte, *dès les premiers points de son livre*, c'est à dire dès l'année 1400, par des gens dignes de foi, qui en

---

guliers de Saint-Aubert de Cambrai ; l'anecdote dont il s'agit se trouve au fol. 217.

L'auteur de la nouvelle bibliothèque des historiens de France, a fait usage de cette observation que M. de Foncemagne lui avait communiquée. Voy. le tome 2 de cette bibliothèque. D.

avoient été témoins. A cette preuve, ou si l'on veut, à cette induction, j'ajouterai que sous l'année 1415, il dit qu'il fut instruit *dans le temps*, du chagrin que ressentit le comte de Charrolois (qui fut depuis Philippe-le-Bon, duc de Bourgogne), de ce que ses gouverneurs l'avoient empêché de se trouver à la bataille d'Azincourt [1]. J'ajouterai qu'il parle de même, sous l'année 1416, de l'hommage que fit au roi des Romains le duc Jean de Bourgogne, pour les comtés de Bourgogne et d'Alost. On ne peut guères supposer qu'il eût songé à s'instruire de ces particularités, ou qu'on eût pris soin de l'en informer, s'il n'avoit pas eu déjà un certain âge, comme vingt à vingt-cinq ans; ce qui fait remonter la date de sa naissance vers l'an 1390 ou 1395.

Nous ne savons autre chose de l'histoire de ses premières années, sinon qu'il montra dès sa jeunesse du goût pour l'application, et de l'éloignement pour l'oisiveté [2]. Les citations de Salluste, de Tite-Live, de Végèce [3] et de quelques autres anciens auteurs, qui se rencontrent dans le cours de son histoire, donnent lieu de juger qu'il avoit fait des

---

1. Tom. 1, fol. 227.
2. Tom. 1, fol. 1, prol.
3. Prol. des tomes 1 et 2.

progrès dans les lettres latines. Soit que l'amour de l'étude l'emportât chez lui sur le désir d'acquérir de la gloire dans le métier des armes, soit qu'une foible constitution ou toute autre raison l'empêchât de se livrer à cette profession, je ne vois pas qu'il ait cédé à la passion dominante de son siècle, où les noms de gentilhomme et de soldat étoient presque synonymes. L'oisiveté qu'il vouloit éviter, en recueillant comme il le dit [1], les événements de son siècle, prouve, ce me semble, qu'il n'en étoit que spectateur tranquille. Il n'auroit pas eu besoin de chercher à se faire des occupations solitaires, s'il eût été Armagnac ou Bourguignon; et ce qui prouve encore mieux qu'il n'étoit ni de l'une ni de l'autre faction, c'est que Monstrelet, soigneux d'instruire ses lecteurs de l'état, de la qualité, souvent même des noms des personnes, sur le rapport de qui il écrit [2], il ne fait jamais valoir son propre témoignage. Dans tout son ouvrage il ne parle d'après lui même qu'une seule fois, lorsqu'il raconte la manière dont la Pucelle d'Orléans fut faite prisonnière par les Anglois devant Compiègne. Encore ne dit-il pas qu'il fût présent à l'escarmouche dans laquelle cette

---

[1]. Prologue, tom. 1.
[2]. *Ibid.* et al.

héroïne infortunée fut prise : il donne au contraire à entendre qu'il n'y étoit pas, et n'en parle que pour nous apprendre qu'il avoit été présent à l'entretien de la prisonnière avec le duc de Bourgogne [1] : car il accompagnoit Philippe dans cette occasion, peut-être comme historien. Et pourquoi ne présumerions-nous pas qu'il suivit de même ce prince dans d'autres occasions, pour être plus à portée de s'instruire des faits qu'il se proposoit de raconter ? Quoi qu'il en soit, il est certain qu'il demeuroit dans la ville de Cambrai, lorsqu'il composa son histoire [2], et qu'il y passa le reste de sa vie ; il y fut même fixé, ainsi que je le dirai bientôt, par différents emplois importants, dont chacun exigeoit la résidence de celui qui en étoit pourvu. De son établissement à Cambrai, La Croix du Maine a conclu sans examen, qu'il étoit né dans cette ville [3] ; et sa méprise a été copiée par quelques autres écrivains [4].

Monstrelet fut marié ; il avoit épousé Jeanne de

---

1. Tom. 2, fol. 59.

2. Prol. du tom. 1.

3. Enguerrand de Monstrelet, gentilhomme, natif de Cambrai en Picardie.

4. La méprise de La Croix du Maine n'a point été relevée par le nouvel éditeur de sa bibliothèque.

Valbuon ou Valhuon, et en eut plusieurs enfants [1]. On n'en connoît que deux : une fille nommé Bonne, qui épousa un gentilhomme du pays, appelé Martin de Beaulincourt, surnommé le Hardi [2], et un fils appelé Pierre. Il est vraisemblable que Bonne étoit mariée, ou majeure, avant l'année 1438, puisqu'on voit dans le registre de l'officialité de Cambrai, que vers la fin de cette année, Enguerrand de Monstrelet fut créé tuteur de Pierre, son fils mineur, sans qu'il soit fait mention de Bonne sa fille [3] : d'où il résulte encore qu'à cette époque Monstrelet étoit veuf.

Il avoit été pourvu, en 1436, de l'office de lieutenant de *Gavenier* de Cambrai, concurremment avec Le Bon de Saveuses, écuyer d'écurie du duc de Bourgogne, ainsi qu'on le voit par les lettres-patentes de ce prince, adressées, à cet effet, à son neveu le comte d'Estampes, en date du 13 mai de cette année, et qui sont conservées dans le cartulaire manuscrit de l'église de Cambrai [4]. Elles supposent même que Monstrelet exerçoit depuis

---

1. Hist. de Cambrai, tom. 2, pag. 804.
2. *Ibid*, tom. 1, p. 200 de la 3ème partie.
3. Registre de l'officialité de Cambrai, commencé le 1er juillet 1438.
4. Extrait du Cartulaire de l'église de Cambrai, intitulé Cameracum, au mot *gavalum* iiij**. *in Cameraco*.

quelque temps cet office, puisqu'il y est dit qu'il continuera de faire la recette dudit Gavène, ainsi qu'il l'a fait *par avant jusqu'à présent.* Gave, ou gavène (je parle d'après la pièce que je viens de citer), signifie en flamand *don, présent.* C'étoit une redevance annuelle que les sujets des églises du Cambrésis payoient au duc de Bourgogne, pour la garde de ces églises, qui lui appartenoient en qualité de comte de Flandre. Du nom du tribut, se forma celui de Gavenier, qu'on donnoit souvent au duc de Bourgogne [1]; et le gentilhomme par qui le prince se faisoit remplacer, avoit le titre de Lieutenant de Gavenier. Je dis le gentilhomme, parce que dans la liste de ces lieutenants, que l'historien du Cambrésis a publiée [2], on n'en trouve pas un seul qui n'ait les qualifications propres à la noblesse. Tel étoit donc l'emploi dont Monstrelet étoit revêtu.

Il y joignit bientôt celui de Bailli du chapitre de Cambrai, pour lequel il prêta serment, le 20 juin 1436, et dont il commença le même jour à exercer les fonctions. Il le posséda jusqu'au commencement de janvier 1440, qu'on lui donna un successeur [3]. J'ai déjà parlé de Pierre de Mons-

---

1. Supplément au Glossaire de Ducange, tom. 4.
2. Carpentier, Hist. de Cambrésis, tom. 1.
3. Registre aux plaids de la Tour du Chapitre, commençant le 8 octobre 1427, et finissant le 17 janvier 1447.

trelet, son fils : il est vraisemblable que c'est lui qui fut fait chevalier de St.-Jean de Jérusalem, au mois de juillet 1444; cependant les actes du chapitre de Cambrai qui fournissent ce fait [1], ne désignent point le futur chevalier par le nom de *Pierre*; il y est dit seulement que le 6 juillet, les chanoines, par une faveur particulière, permirent à Enguerrand de Monstrelet, écuyer, de faire revêtir son fils, le dimanche 19 du même mois, de l'habit de l'ordre de St.-Jean de Jérusalem, dans le chœur de leur église.

La considération qu'il s'étoit acquise lui mérita, en 1444, la dignité de prévôt de la ville de Cambrai [2], pour laquelle il prêta le serment ordinaire le 9 novembre [3]; et le 12 mars, de l'année suivante, il fut pourvu de celle de Bailli de Wallaincourt [4]. Il les conserva l'une et l'autre jusqu'à sa mort, arrivée vers la mi-juillet 1453. Cette date ne peut plus aujourd'hui être contestée : elle avoit été découverte, dès le siècle dernier, par Jean le Carpentier, qui la consigna dans son histoire du

---

1. *Ex Actis capit. camerac.*, an. 1444.

2. Bayle et d'autres écrivains, rendent le titre de *prévôt* par celui de *gouverneur*.

3. *Ex Actis capit. Camerac.*, anno 1444.

4. Mémorial de Jean-le-Robert, fol. 129.

Cambrésis¹. Mais soit qu'on n'y eût pas fait attention, soit qu'on fût entraîné par l'opinion commune que Monstrelet avoit continué son histoire jusqu'à la mort du duc de Bourgogne, en 1467, elle n'est regardée comme certaine que depuis la publication de l'extrait du Nécrologe des cordeliers de Cambrai, où il fut enterré². Quoique cette pièce suffise pour établir invariablement l'année et le mois de la mort de Monstrelet, j'insèrerai ici l'article des Mémoriaux de Jean-le-Robert, dont j'ai déjà parlé, parce qu'il renferme quelques particularités qui ne se trouvent point dans le Nécrologe. Quand il s'agit de retrancher à un historien aussi accrédité plusieurs années de son histoire, on ne peut trop multiplier les autorités. Voici le texte de l'abbé de Saint-Aubert (je souligne les mots qui ne sont point dans le Nécrologe) : « Le vingtième jour de juillet, l'an 1453, honnourable homs et nobles, Engherrans de Monstrelet, escuiers, prévost de Cambray, et baillis de Wallaincourt, trespassa et elisy se sépulture as Cordelois de Cambray, et fu là portez en un portatoire envelopez d'une natte, vestus en habit de Cordelois, le visage au nud; et

---

1. Tom. 1, pag. 487.
2. Cette pièce a été publiée par M. Villaret, histoire de France, tome 12 de l'éd. in-12, pag. 112.

y heult 6 flambiaux et 3 chirons de trois quarterons chacun autour de la bière, où il y avoit un *linceul estendu o* (avec) un habit de cordelois. *Il fu nez de bas* et fu un biens honnestes homs et *paisibles*, et croniqua de son temps des gherres de France, d'Artois, de Picardie et d'Engleterre et de Flandres, et de ceux de Gand contre Mons. Le duck Philippe, et trespassa 15 ou 16 jours avant que le pais fust faite, qui se fist en le fin de juillet, l'an 1453. »

Je remarquerai, en passant, que le rédacteur du Nécrologe assigne deux différentes dates à la mort de Monstrelet; et en cela il a été suivi par Jean-le-Robert. Ils disent l'un et l'autre que Monstrelet trépassa le 20 juillet; puis ils ajoutent, quelques lignes plus bas, qu'il mourut environ seize jours avant que la paix fût faite entre le duc Philippe et les Gantois; et que cette paix se fit à la fin du même mois. Elle fut effectivement conclue le 31. Or, du 20 au 31, nous ne pouvons compter que onze jours. Je pense donc que l'une des deux dates désigne le jour des funérailles, l'autre celui de la mort; c'est-à-dire que Monstrelet mourut le quinze juillet, et fut enterré le 20. Mais il importe peu de savoir le jour précis de sa mort; il nous suffit d'être certains qu'elle arriva dans le mois de juillet 1453, et, conséquemment, que les treize dernières années de l'histoire imprimée sous son nom ne peuvent être de lui. J'examinerai cette première continuation, et je tâcherai de fixer le temps où Monstrelet a cessé d'écrire. J'essaierai ensuite de découvrir si, dans les années mêmes qui précédèrent celle de sa mort, on n'a pas inséré quelques morceaux qui ne lui appartiennent point. Avant que d'entrer dans la discussion de son ouvrage, je terminerai ce qui me reste à dire de sa personne, par le témoignage que lui rendent le rédacteur du Nécrologe et l'abbé de Saint-Aubert. Ce fut, disent-ils l'un et l'autre, *un bien honnête homme et paisible* : expressions simples en apparence, mais qui renferment un véritable éloge, si l'on considère les temps de trouble dans lesquels Monstrelet a vécu, les places qu'il a remplies, l'intérêt qu'il auroit eu quelquefois à trahir la vérité en faveur de l'un des partis qui divisoient la France, et qui causèrent les révolutions dont il a publié l'histoire, du vivant même des principaux acteurs. J'ai eu plusieurs fois occasion de reconnoître que les deux écrivains, en le peignant ainsi, ne l'avoient point flatté.

Les chroniques de Monstrelet commencent au jour de Pâques de l'année 1400[1], où finit l'histoire

---

1. Le texte de Monstrelet porte *Pâques communiaux* : cette expression a paru à quelques savants, pouvoir s'entendre

de Froissart, et s'étendent jusqu'à la mort du duc de Bourgogne en 1467. J'ai déjà dit que les treize dernières années sont d'un continuateur inconnu ; je discuterai ce point à la fin de mon Mémoire. Dans les anciens imprimés, comme dans les manuscrits, l'ouvrage est divisé en trois volumes, et chaque volume en chapitres. La première de ces divisions est évidemment de l'auteur : ses prologues, à la tête du premier et du second volume, dans lesquels il marque l'étendue de chacun, conformément au nombre d'années qui y sont contenues, ne laisse pas lieu d'en douter. Mais la division en chapitres, si on en juge par le peu d'ordre qui y

---

également, soit du jour des Rameaux, soit de celui de la Résurrection. M. Secousse, dans une note qu'il a faite sur ces mots, à la page 480 du 9ᵉ tome des Ordonnances, rapporte les deux opinions sans prendre aucun parti : mais le sens en est absolument fixé au Dimanche de la Résurrection, dans ce passage de Monstrelet, et dans une pièce citée par Duchesne, entre les preuves de la généalogie de la maison de Montmorency, pag. 224. C'est une quittance d'Antoine de Wawrans, écuyer, châtelain de Lille, avec cette date : *le 2 d'avril nuit de Pâques communiants, avant le cierge béni, l'an* 1490. La circonstance du cierge béni (le cierge paschal), désigne clairement le Samedi Saint, qui en 1490 tomba le 2 d'avril ; puisque le jour de Pâques de 1491, est marqué au 3 du même mois. Voy. l'Art. de vérifier les dates. D.

règne, ne paraît pas être de lui. Des matières souvent disparates s'y trouvent confondues, sans liaison et sans transition. Tel chapitre renferme quelquefois plus de choses que le titre n'en promet; tel autre en contient moins, et le surplus est renvoyé au chapitre qui suit. De là je conclurois que nous n'avons pas aujourd'hui cette division, telle que Monstrelet l'avoit rédigée.

Son ouvrage est intitulé Chroniques : il ne faut pas néanmoins prendre ce nom dans le sens qu'on y attache communément, et qui emporte l'idée de simples annales. Les Chroniques de Monstrelet sont une véritable histoire, où, malgré des imperfections et des omissions, se rencontrent tous les caractères de l'histoire proprement dite. Il y remonte toujours aux sources des événements, il en développe les causes, il les suit jusque dans les moindres détails; et, ce qui les rend infiniment précieuses, il ne manque presque jamais de rapporter les édits, déclarations, mandements, lettres, négociations, traités, plaidoyers, etc., comme pièces justificatives. A l'exemple de Froissart, il ne se borne pas aux événements qui se sont passés en France, il embrasse, avec des détails presqu'aussi étendus, ce qui est arrivé de considérable en Flandre, en Angleterre, en Écosse, en Irlande. Il rappelle, mais plus succinctement, ce qu'il pouvoit savoir des affaires d'Allemagne, d'Italie, de

Hongrie, de Pologne; en un mot, des différents états de l'Europe; quelques-unes même (je ne citerai que la guerre des Sarrasins contre le roi de Chypre[1]) sont traitées plus au long qu'on n'auroit lieu de l'attendre d'une histoire universelle. Enfin, quoique Monstrelet semble avoir eu pour objet principal de conserver la mémoire des guerres qui désolèrent, de son temps, la France et les pays voisins, de faire connoître particulièrement les personnages qui se distinguèrent par des *actions de vaillance* dans les batailles, les assauts, les rencontres, les duels, les tournois, et d'apprendre à la postérité que son siècle a produit autant de héros qu'aucun de ceux qui l'ont précédé, il ne néglige pas de rendre compte des grandes affaires, soit politiques, soit ecclésiastiques, qui tombent au temps dont il paroît ne vouloir écrire que l'histoire militaire. On y trouve, pour celle des conciles de Pise[2], de Constance[3] et de Bâle[4], des détails importants, que les auteurs qui ont écrit l'histoire de ces conciles, ont dû emprunter pour les conférer avec les autres Mémoires sur lesquels ils travailloient.

---

1. Tom. 2, fol. 25 et 29.
2. Tom. 1, fol. 83, 84, 87 et 88.
3. *Ib*, fol. 247.
4. Tom. 2, fol. 73 et al.

Il n'y a point d'historien qui ne cherche à gagner la confiance de ses lecteurs, en commençant par exposer dans une préface, tout ce qu'il a fait pour parvenir à être instruit à fond des choses qu'il va raconter. Tous protestent qu'ils n'ont omis aucun des moyens possibles, tant pour s'assurer de la vérité des faits, que pour en recueillir les détails, et qu'ils n'ont épargné ni leur temps, ni leurs peines. Sans doute, il y a quelquefois à rabattre de ces protestations : celles de Monstrelet sont accompagnées de caractères qui nous répondent qu'on peut s'y fier. Auroit-il osé dire à des contemporains, prêts à le démentir s'il en eût imposé, qu'il avoit eu soin de consulter, sur les affaires militaires, ceux qui, par leurs emplois, devoient être le plus à portée de voir les actions; sur les affaires d'un autre genre, ceux qui, par état, y avoient eu la plus grande part; sur les unes et sur les autres, les seigneurs des différents partis qu'il avoit eu souvent l'adresse de faire parler des mêmes choses à diverses reprises, comme pour les confronter avec eux-mêmes; sur des objets moins importants, tels que les fêtes, les joûtes, les tournois, ceux que leur office appeloit à en être les témoins et les juges, c'est-à-dire les rois d'armes, les hérauts, les poursuivants [1] ? Pour surcroît de précaution, ce n'étoit

---

[1]. Prologue du 1ᵉʳ vol.

jamais que plus d'un an après que l'événement étoit passé, qu'il se mettoit à rédiger ses matériaux et qu'il commençoit à écrire; il attendoit que le temps eût fait tomber les fausses relations et confirmé les véritables. Une infinité de traits répandus dans son ouvrage attestent d'ailleurs sa bonne foi. Il distingue presque toujours les faits dont il est parfaitement sûr, d'avec ceux qui lui laissent quelque incertitude [1]. S'il n'a pu s'en procurer la preuve, il en avertit et ne va pas au-delà [2]; s'il croit avoir omis des détails qu'il auroit dû savoir, il ajoute naïvement qu'il les a oubliés. Ainsi, après avoir parlé de l'entretien du duc de Bourgogne avec la Pucelle, auquel il avoit été présent, il se rappelle en gros que quelques circonstances lui ont échappé, et il avoue qu'il ne s'en souvient pas [3].

Lorsqu'après avoir raconté un événement, il acquiert des connoissances qui peuvent ou suppléer ou corriger son récit, il en prévient ses lecteurs, et ajoute après coup ou retranche, conformément aux nouvelles lumières qu'il a reçues [4]. Froissart en avoit usé de même, et Montagne lui en

---

1. Tom. 1, fol. 227, 240, 282, etc.; Tom. 2, fol. 39, 59, 76, 124, 133, 149.
2. Tom. 2, fol. 188.
3. Tom. 2, fol. 59.
4. Tom. 2, fol. 141.

faisoit un mérite : « Le bon Froissart, dit-il, marche, en son entreprise, d'une si franche naïveté, qu'ayant fait une faute, il ne craint aucunement de la reconnoître et corriger en l'endroit où il en a été averti[1]. » Nous devons certainement savoir gré à ces deux écrivains de l'attention qu'ils ont eue de revenir sur leurs pas pour rectifier leurs méprises ; mais nous leur serions beaucoup plus obligés, s'ils avoient pris la peine de rapporter les corrections aux articles sur lesquels elles tombent, au lieu de laisser au lecteur, en les plaçant hors d'œuvre, celle de rapprocher les deux textes pour les conférer.

Ce n'est pas le seul défaut qui leur soit commun : la plupart des fautes qui ont été si bien relevées par M. de Sainte-Palaye, dans la chronologie de Froissart, se retrouvent dans Monstrelet ; et ce qu'il importe singulièrement de remarquer, pour n'être point induit en erreur, tous deux, en passant de l'histoire d'un pays à celle d'un autre, remontent souvent, sans en avertir, à des temps plus éloignés, dont ils mêlent les événements dans un même chapitre, comme s'ils étoient de la même date. Mais Monstrelet a sur Froissart l'avantage d'être plus constant dans sa manière de compter

---

1. Essais de Montagne, liv. 2, chap. 10.

les années; il les commence invariablement au jour de Pâques, et les finit au Samedi Saint.

Aux fautes chronologiques, il faut joindre l'altération fréquente des noms propres, principalement des noms étrangers qui y sont souvent défigurés, au point d'être méconnoissables [1]. M. du Cange en a corrigé mille ou onze cents aux marges de son exemplaire de l'édition de 1572, qui est conservé à la bibliothèque du Roi, et qui seroit d'un grand secours, si on vouloit donner une nouvelle édition de Monstrelet [2]. Les noms de lieux ne sont pas mieux traités, excepté ceux de Flandre et de Picardie qu'il devoit mieux connoître. On ne sait si c'est par affectation ou par ignorance qu'il appelle plusieurs villes de leur nom latin, en francisant la terminaison : par exemple, Aix-la-Chapelle, *Aquisgranie ;* Oxford, *Oxonie,* et quelques autres semblables.

Ces défauts ne sont pas, à beaucoup près, rachetés, comme dans Froissart, par l'agrément de la narration. Celle de Monstrelet est pesante, monotone,

---

[1]. Tom. 1, fol. 152, 161, 223, etc., et tom. 2, fol. 4, 91, 96, 102, 143, 155, 156, 158, 161, 183, 197, etc. Voy. aussi les notes de l'éditeur.

[2]. Biblioth. hist. de France, nouv. édit., tom. 2, pag. 195.

lâche et diffuse. Quelquefois une page entière lui suffit à peine pour raconter ce qu'il auroit beaucoup mieux dit en six lignes ; et c'est ordinairement sur les faits les moins importants qu'il s'appesantit le plus. Le second chapitre du premier volume, composé de huit ou neuf pages [1], ne contient que les détails du défi d'un écuyer espagnol, accepté par un écuyer anglois, et qui, après quatre ans d'allées et de venues, n'aboutit à rien. Le ridicule de cette fastidieuse narration, avoit frappé Rabelais : « En lisant, dit-il, celui long narré, qu'il appelle un peu plus haut, le *tant long, curieux, et fâcheux conte*, l'on pense que doive estre commencement et occasion de quelque forte guerre, ou insigne mutation des royaumes ; mais en fin de compte, on se moque et du benoist champion, et de l'Anglois, et de Enguerrant leur tabellion, plus baveux, ajoute-t-il dans le style qui lui est propre, *qu'un pot à moutarde* [2] ». Monstrelet emploie de même environ douze pages à rapporter les lettres de défi du duc d'Orléans, frère de Charles VI, à Henri de Lancastre, roi d'Angleterre, et les réponses du roi [3] : cartel aussi ridicule que le premier, et qui se termina de même.

---

1. Tom. 1, fol. 2 et suiv.
2. Rabel., tom. 3, pag. 158.
3. Tom. 1, fol. 8 et suiv.

S'il se rencontre un événement qui regarde particulièrement la Flandre ou la Picardie, il ne nous fait grâce d'aucune des circonstances: les plus minutieuses, les plus inutiles, lui paroissent dignes d'être conservées; et ce même homme, si prolixe quand on désireroit qu'il fût court, omet *pour cause de brièveté*, ainsi qu'il s'exprime, des détails intéressants qu'on a sujet de regretter [1]. C'est l'excuse qu'il répète plusieurs fois, pour se dispenser de rendre un compte exact de faits beaucoup plus curieux que les démêlés des Flamands et des Picards [2]: « Desquelles redditions de places, dit-il, de les déclairer chacune à part soy, je m'en passe pour cause de briefveté [3]. » Il parle des villes, tant de la Champagne que de la Brie, qui se rendirent à Charles VII, immédiatement après son sacre. Et ailleurs: « desquelles amendises, pour cause de briefveté, je m'en tais d'en faire récitation ni mention [4]. » Ces *amendises* étaient des articles du traité de *satisfaction*, conclu en 1437, entre le duc de Bourgogne, et les habitants de la ville de Bruges.

---

1. Tom. 2, fol. 48, 50, 154, etc.
2. Tom. 2, fol. 12, 132, 133, 181, etc.
3. Ib., fol. 48.
4. Tom. 2, fol. 1554.

J'ai remarqué une omission d'un autre genre, mais qui ne sauroit être attribuée qu'aux copistes : je les soupçonne de nous avoir fait perdre une partie considérable d'un chapitre du second livre. Ce chapitre est intitulé : « *Comment le duc d'Orléans retourna de France devers le duc de Bourgogne* [1]. » Le commencement est employé à décrire l'entrevue des deux princes, dans la ville d'Hesdin, en 1442. Ils y conviennent de *s'assembler incessamment à Nevers, avec plusieurs autres grands princes et seigneurs du royaume de France*, et au bout de huit jours ils se séparent. L'un prend la route de Paris, pour se rendre à Blois, l'autre part pour la Bourgogne. Ce récit contient une vingtaine de lignes ; et tout de suite on lit : « Ensuit la copie des instruments envoyée au roi Charles de France par les seigneurs qui s'étoient assemblés à Nevers, et les réponses faites à icelles, par ceux de son grand conseil, et les requêtes faites pour les dessus dits. » Ce titre est suivi des remontrances qu'il annonce, et de la réponse que le roi fit aux ambassadeurs chargés de les lui présenter. Or conçoit-on que Monstrelet n'ait rien dit du sujet de l'assemblée ; qu'il n'ait nommé aucun des seigneurs qui s'y trouvèrent ; et qu'après avoir désigné Ne-

---

[1] Tom. 2, fol. 192 et suiv.

vers comme lieu du rendez-vous, il ait passé, sans préparation, aux remontrances qui y furent arrêtées? Deux observations achèvent de prouver qu'il faut nécessairement supposer une lacune en cet endroit : l'une que Monstrelet, reprenant sa narration, à la suite des réponses du roi, parle des seigneurs, comme les ayant nommés, les *seigneurs dessus dits*[1], et je viens de remarquer qu'il n'en nomme aucun ; l'autre, que dans le chapitre suivant, il rappelle la journée de Tartas[2], qui devoit décider du sort de la Guyenne, comme en ayant déjà parlé : « *De laquelle*, dit-il, *en autre lieu est faite mention* » : ce pouvoit être dans le chapitre précédent ; et il n'en est rien dit, ni là, ni ailleurs.

Si les diverses imperfections de Monstrelet ne sont pas, ainsi que je l'ai dit, rachetées par l'agrément du style, on ne sauroit disconvenir qu'elles ne soient compensées par des avantages d'un autre genre. Sa narration est diffuse, mais claire ; sa marche est pesante, mais toujours égale ; s'il se permet quelques réflexions, ce qui est rare, elles sont toujours courtes et judicieuses[3]. La trempe de son esprit se manifeste surtout en ce qu'on ne

---

1. Tom. 2, fol. 195, recto.
2. *Ibid.*, fol. 195, verso.
3. Tom. 2, fol. 177, 180, etc.

trouve chez lui aucun de ces faits ridicules de sorcellerie, de magie, d'astrologie, aucun de ces prodiges absurdes, qui déshonorent la plupart des ouvrages de son temps. On reconnoît de même la bonté de son cœur aux traits de sensibilité qui lui échappent dans les récits de batailles, de siéges, de prises de villes emportées d'assaut [1]. Il semble alors s'élever au-dessus de lui-même ; son style acquiert de la force et de la chaleur. S'il raconte les préparatifs et le commencement d'une guerre, son premier mouvement le porte à déplorer les maux dont il prévoit que le peuple sera bientôt accablé [2]. Peint-il le désespoir des malheureux habitants de la campagne, pillés et massacrés par les différents partis ? on sent qu'il en étoit pénétré, et qu'il s'attendrissoit en écrivant [3]. Le rédacteur du Nécrologe, et l'abbé de St.-Aubert, n'ont donc rien dit de trop quand ils l'ont qualifié *bien honnête homme et paisible*. Il paroît en effet que l'humanité étoit le fond de son caractère ; je ne craindrois pas d'y ajouter l'amour de la vérité.

Je sais que, sur cet article, sa réputation n'est pas sans tache, et qu'on l'accuse assez communément de partialité pour la maison de Bourgogne et pour

---

1. Tom. 1, fol. 205, 272.
2. Tom. 1, fol. 236, 254, 260, 275, etc.
3. *Ibid.*, fol. 221 et suiv.

les Bourguignons. Lancelot Voësin de la Popelinière, est, je pense, le premier qui ait élevé contre lui ce soupçon. « Monstrelet, dit-il, ne s'est guère montré mieux disant (que Froissart)... Mais un peu plus véritable et moins passionné [1] ». Denys Godefroi lui enlève le petit avantage que la Popelinière lui avoit donné sur Froissart. « Tous deux, dit-il, enclinent du côté des Bourguignons [2]. « Legendre, dans son Examen critique des historiens de France, répète la même chose en plus de mots. « Monstrelet, dit-il, ne laisse que trop entrevoir l'inclination qu'il a de favoriser, quand il peut, les ducs de Bourgogne et leurs amis [3]. « Plusieurs écrivains ont depuis adopté quelques-uns de ces jugements plus ou moins défavorables [4], et de là s'est formé le préjugé presque général que

---

1. La Popelin., Hist. des hist., pag. 435.
2. Préf. de l'Hist. de Charles VI.
3. Tom. 1 de son Histoire de France, pag. 29.
4. Le Père Lelong, dans sa Bibl. hist. de la France, n° 7416, pag. 377.

Le nouvel éditeur de cet ouvrage, tom. 2, pag. 195; Villaret, dans son Hist. de France, tom. 14, pag. 75 et 386. *Voyez* de plus Bayle, art. Monstrelet, où, après avoir rapporté le jugement de Bullart, plus favorable à Monstrelet, il ajoute : « mais il est plus sûr de dire qu'il s'est montré un peu trop partial pour la maison de Bourgogne. »

Monstrelet a souvent altéré la vérité en faveur des ducs de Bourgogne.

Je crois que ces divers jugements, avancés sans preuves, sont dénués de fondement. J'ai remarqué dans le cours des années dont Monstrelet a écrit l'histoire, quelques faits qui peuvent, par la manière dont ils sont exposés, nous mettre à portée de juger s'il étoit capable de sacrifier la vérité à son inclination pour la maison de Bourgogne.

En 1407, le docteur Jean Petit, chargé de justifier l'assassinat du duc d'Orléans, commis par l'ordre du duc de Bourgogne, avoit cherché à diminuer l'horreur de ce crime, en flétrissant par les plus noires imputations la mémoire du prince assassiné; et Monstrelet ne nous laisse pas ignorer que plusieurs les traitoient *de fausses et décevables*[1]. Il rapporte dans le même chapitre *les diverses opinions* auxquelles ce funeste événement donna lieu, et ne dissimule pas que *moult grands seigneurs et aussi autres sages furent moult esmerveillés que le roi eust pardonné au prince bourguignon le cas advenu en la personne du duc d'Orléans*[2]; et on sent, en lisant tout cet endroit, qu'il pensoit comme *les gens sages*.

En 1408, Charles VI exige des fils du duc

---

1. Tom. 1, fol. 48, verso.
2. *Ibid.*

d'Orléans qu'ils se réconcilient avec le duc de Bourgogne : ils sont forcés d'y consentir : « Sire, puisqu'il vous plaît à commander, nous lui accordons sa requête » : et Monstrelet laisse entrevoir qu'il regarde leur acquiescement comme une *foiblesse*, qu'il excuse par celle de leur âge, et par l'état d'abandon où ils se trouvèrent après la mort de la duchesse d'Orléans leur mère, qui venoit de succomber à sa douleur de n'avoir pu venger son mari : « A vérité dire, tant pour la mort du dessus dit duc d'Orléans leur père, et de la duchesse leur mère, ils *affoiblirent* grandement de conseil et d'aide »[1]. Il rapporte en même temps les propos que tinrent à cette occasion plusieurs seigneurs, en qui les sentiments d'humanité et de respect pour le sang de leur roi n'étoient pas encore éteints : « On aura désormais, disoient-ils, bon marché de tuer les princes du sang royal, puisqu'on en est quitte ainsi, sans faire d'autre réparation »[2]. Un partisan outré de la maison de Bourgogne se seroit abstenu de transmettre cette réflexion à la postérité.

Je citerai encore un fait, et celui-là suffiroit seul pour la justification de l'historien. Aucun des historiens de son temps n'a parlé avec autant de détail

---

1. Tom., 1, fol. 81.
2. *Ibid.*, fol. 83.

que lui de la plus horrible des actions du duc de
Bourgogne ; je veux dire, du monstrueux complot
formé en 1415 par les émissaires que ce prince
avoit envoyés à Paris, pour *machiner et traiter secrètement ;* où il ne s'agissoit de rien moins que de
*prendre le roi, le mettre en chartre, puis le mettre
à mort, avec la reine, le chancelier de France, la
reine de Sicile, et autres sans nombre.* Monstrelet
expose sans réserve toutes les circonstances de la
conspiration ; il nous apprend par qui elle fut découverte [1] ; il nomme les plus considérables d'entre
les complices, dont les uns furent *décapités,* les
autres *noyés. Toutefois,* ajoute-t-il, *les nobles que
ledit duc de Bourgogne avoit envoyés, s'en retournèrent ouvertement, au mieux qu'ils purent, et ne furent ni pris ni arrêtés* [2]. Un historien dévoué au duc
de Bourgogne auroit traité cette affaire avec plus
de ménagement, et n'eût pas manqué de mettre le
projet sur le compte des partisans du prince, sans

---

1. On eut, selon lui, cette obligation à une femme, qui
en instruisit Michel Laillier, lequel en avertit sur-le-champ
Bureau de Dammartin. Villaret, qui a suivi le récit de Monstrelet pour tout ce qui regarde cette conjuration, dit que
ce fut la femme de Michel Laillier qui en instruisit Bureau
de Dammartin (tom. 13, pag. 432). Il paroît que c'est une
méprise. D.

2. Tom. 1, fol. 235 et suiv.

dire expressément qu'ils avoient agi par son inspiration et par ses ordres contenus en *lettres de crédence signées de sa main*. Il est assez singulier que Juvénal des Ursins, qu'on ne sauroit soupçonner d'avoir été Bourguignon, se soit contenté de rapporter ce fait très sommairement, sans y donner aucune part au duc, que même il ne nomme pas. [1]

L'impartialité de Monstrelet n'est pas moins sensible dans la manière dont il parle des chefs des deux partis : Bourguignons et Armagnacs sont loués ou blâmés, sans acception de personne, suivant le mérite de leurs actions. Les excès auxquels on se livroit de part et d'autre sont décrits avec la même force et le même ton d'indignation. En 1411, Charles VI, ligué avec le duc de Bourgogne, ordonna, par un mandement exprès, que partout ce royaume on courût sus « *à ceux qui tenoient le parti d'Orléans : et si étoit alors piteuse chose*, dit l'historien, *d'ouïr raconter les grièves persécutions que chacun jour faisoient.* » On voit que les termes ne sont pas ménagés. Ils ne le sont pas d'avantage dans le récit qui suit immédiatement : « Trois mille combattants s'en allèrent à Vicestre, en une moult belle maison.... appartenant au duc de Berry (qui tenoit le parti du duc d'Orléans) et en *la haine*

---

1. Hist. de Charles VI, pag. 332.

du dit duc.... la destruisirent, et démolirent *très vilainement*, excepté les murs[1] ».

L'espèce d'intérêt qu'il témoigne ici pour le duc de Berry, s'accorde parfaitement avec celui qu'il montre ailleurs pour Charles VI. Il falloit avoir le cœur vraiment françois, pour peindre, comme il l'a fait, l'abaissement et l'abandon auxquels la cour de France fut réduite en 1420, comparés à la pompe de celle du roi d'Angleterre; il est touché de l'état d'humiliation de l'une, et paroît blessé du faste de l'autre : « lesquels estoient bien différents....; car le roi de France estoit petitement et pauvrement servi et accompagné.... et à peu, ce dict jour, fut visité, n'accompagné, sinon d'aucuns vieils serviteurs à des gens de petit estat; laquelle chose moult devoit desplaire aux cœurs des vrais François. » Et quelques lignes plus bas : « Quant est à parler de l'estat du roi Henri d'Angleterre, nul ne sauroit raconter les grands estats, pompe et bobans qui furent faicts en son hostel[2]. » Cette idée l'avoit tellement frappé qu'elle lui revient encore à l'occasion de la *solennité* de la pentecôte, que le roi et la reine d'Angleterre vinrent célébrer à Paris, en 1422 : « Tin-

---

1. Tom. 1, fol. 134 et suiv.
2. Tom. 1, fol. 302. verso.

drent à ce dit jour lesdits roi et royne, noble court et large.... Mais le roi Charles.... se séoit en son hostel à Saint-Pol, avec lui la royne sa compagne, assez seuls ... par lesquelles choses plusieurs loyaux François avoient au cœur grande tristesse, et non pas sans cause [1]. »

Ces différents traits réunis concourent, si je ne me trompe, à prouver qu'on a trop légèrement taxé Monstrelet de partialité pour la maison de Bourgogne, et de mauvaise volonté pour celle de France.

Jusqu'ici je n'ai prétendu parler que des deux premiers livres des chroniques de Monstrelet. Le troisième, qui commence au mois d'avril 1444, m'a paru devoir être traité séparément, parce que je n'y vois rien ou presque rien qu'on puisse lui attribuer. D'abord, les treize dernières années depuis sa mort en 1453, jusqu'à celle du duc de Bourgogne en 1467, qui forment la plus grande partie de ce volume, ne sauroient être de lui. En second lieu, les neuf années précédentes dont Monstrelet, qui vivoit encore, pourroit être l'auteur, me paroissent d'une autre main. On n'y reconnoît ni son style, ni sa manière. Au lieu de la prolixité qui lui a été si justement reprochée,

---

[1]. *Ibid.*, fol. 320.

tout ce morceau est traité avec la sécheresse de la chronique la plus décharnée; c'est un journal abrégé de ce qui s'est passé de mémorable en Europe, et particulièrement en France, depuis 1444 jusqu'en 1453, dans lequel les événements sont rangés méthodiquement, suivant l'ordre des jours où ils sont arrivés, et sans autre liaison que celle des dates. Chacun des deux premiers volumes est précédé d'une préface ou prologue, qui sert d'introduction aux événements qu'on va lire; le troisième n'a ni prologue, ni préface. Enfin, excepté l'arrêt prononcé contre le duc d'Alençon, on ne trouve dans celui-ci aucune des pièces justificatives, négociations, lettres, traités, ordonnances, qui font le principal mérite des deux autres. Il étoit néanmoins facile au compilateur d'imiter en ce point Monstrelet, puisque la plupart de ces pièces sont rapportées par le chroniqueur de Saint-Denis, qu'il cite plusieurs fois dans les cinquante premières pages [1].

Une nouvelle observation m'a confirmé dans mon soupçon. En cherchant à vérifier quelques-unes des citations dont je viens de parler, j'ai remarqué que le compilateur n'a fait autre chose que copier toujours, mot à mot, tantôt les Grandes Chroniques

---

1. Fol. 2, 34, 40, etc.

de France, tantôt, mais plus rarement, l'histoire de Charles VII, par Jean Chartier, et plus rarement encore le chroniqueur d'Arras, dont il emprunte quelques faits relatifs à l'histoire de Flandre [1]. On

---

[1]. J'ai collationné ces différentes chroniques, en voici le résultat :

Fol. 1 et 2. Trèves entre la France et l'Angleterre. *Idem*, dans les Grandes Chroniques de France, fol. 135, 3ᵉ vol., édit. de Paris, en 1514, caractères gothiques.

Fol. 4 recto. Démarches faites par le roi pour rétablir la paix de l'Église troublée par l'élection du duc de Savoie à la papauté. *Id.*, dans les Grandes Chron., fol. 135 vers. et 136 rect. et vers.

Fol. 5 verso, 6. rect. et vers. Suite de la même affaire. *Id.* Grandes Chroniques, fol. 136 vers., 137 rect. et vers.

Fol. 6 vers., et 7 rect. Prise de Fougières. *Id.* Grandes Chroniques, fol. 137 vers., et 138 rect. *Id.*, dans Jean Chartier.

Fol. 7 vers. Sédition à Londres, etc. *Id.* Grandes Chroniques, fol. 138 rect. et vers. *Id.*, Chartier.

Fol. 8 rect. et vers., 9 rect. Prise du Pont-de-l'Arche et de plusieurs autres places. *Id.* Grandes Chron. fol. 138 vers., 139 rect. et vers. *Id.* Chartier.

Fol. 9 verso, 10 rect. et vers., 11 rect. Suite de la guerre. *Id.* Grandes Chron., fol. 139 vers., 140 rect. et vers., 141 rect. *Id.*, Chartier.

Fol. 11 jusqu'au fol. 28 verso. *Id.* Grandes Chroniques, depuis le fol. 141 jusqu'au fol. 157, avec cette différence que le continuateur de Monstrelet omet de rapporter les traités

ne peut pas dire, pour expliquer cette ressemblance, que les rédacteurs des Grandes Chroniques ont copié Monstrelet, puisque les Grandes Chroniques sont très souvent citées dans ce troisième volume, qui, par conséquent, n'a pu être composé que postérieurement. Il n'y auroit pas plus de fondement à supposer que c'est Monstrelet qui les a copiées, en se contentant d'y insérer les événements qui appartiennent plus particulièrement à l'histoire des ducs de Bourgogne. La différence

---

de reddition des villes, et qu'il intervertit quelquefois l'ordre des faits.

Fol. 29 rect. jusqu'au fol. 35 vers. *Id.* Grandes Chron., depuis le fol. 158 rect. jusqu'au fol. 164 vers.; si ce n'est que le continuateur ne rapporte point les traités.

Fol. 35 vers., et 36 rect. On reconnoît les Grandes Chroniques, mais elles sont un peu abrégées.

Fol. 36 vers. jusqu'au fol. 38. *Id.* Grandes Chroniques. à cela près que le continuateur omet de rapporter les traités pour la reddition des villes de Guyenne, qui se trouvent dans les Chroniques, depuis le fol. 165 jusqu'au fol. 171.

Fol. 38 jusqu'au fol. 40. *Id.*, Grandes Chron. Alors le continuateur rapporte, d'après le chroniqueur d'Arras, l'origine de la révolte des Gantois, qui tient presque tout le vers. du fol. 40. Les Chroniques reprennent ensuite jusqu'au fol. 42.

Fol. 42 jusqu'au fol. 55. Guerre du duc de Bourgogne contre les Gantois, dont les Chron. ne parlent que très peu. D.

d'exécution entre les deux premiers volumes et celui-ci, indique manifestement un autre écrivain; mais s'il reste encore quelque doute, il sera bientôt levé par le témoignage d'un contemporain, qui fixe précisément à l'année 1444 la fin du travail de Moustrelet. Mathieu d'Escouchy, ou de Coucy, auteur d'une histoire qui a été publiée par Denys Godefroi, à la suite de celle de Charles VII, par Jean Chartier (page 531), s'exprime ainsi dans le prologue qu'il a mis à la tête : « Je commencerai mondit livre depuis le vingtième jour du mois de mai en l'an 1444, qui est la fin *du dernier livre que fit et chroniqua en son temps, ce noble homme et vaillant historien Enguerran de Monstrelet,* natif de la comté de Boullenois, qui trespassa prévost et citoyen de la cité de Cambrai ; duquel pour ses œuvres sera renommée un grand temps après son trépas. » Et un peu plus bas : « Au commencement de mondit livre, mon intention est d'ensuivre la matière que feu Enguerran *laissa des trèves qui furent prises et confirmées à Tours en Touraine,* au mois de mai, an et jour dessus dits, entre très excellents et très puissants, de très noble mémoire, Charles le bien servi, roi de France, septième de ce nom, et Henri, roi d'Angleterre, son neveu. » Ces trèves remplissent le dernier chapitre du second volume de Monstrelet. C'est donc là que finissent les vraies chroniques ; et c'est à tort qu'on l'a regardé jusqu'à présent comme l'auteur des neuf années qui ont précédé sa mort ; car il n'y a pas d'apparence qu'on récuse le témoignage de Mathieu de Coucy. Né au Quesnoy, en Hainaut, et demeurant à Péronne, pendant que Monstrelet habitoit Cambrai, la proximité des lieux le mettoit bien à portée d'être instruit de ce qui regardoit la personne de l'historien et son ouvrage.

Si nous ôtons à Monstrelet ce qui lui avoit été attribué mal à propos, il est bien juste de lui adjuger ce qui lui appartient légitimement. Suivant le Nécrologe des cordeliers de Cambrai, et les Mémoriaux de Jean-le-Robert, il avoit écrit l'histoire de la guerre des Gantois contre le duc de Bourgogne. Or les événements de cette guerre, qui commença au mois d'avril 1452, et qui ne fut terminée qu'à la fin de juillet de l'année suivante, sont racontés avec beaucoup de détails dans le troisième volume[1]. On ne peut douter, d'après les deux autorités que je viens de citer, que Monstrelet ne soit véritablement l'auteur, sinon du morceau entier, du moins de la plus grande partie. Je dis d'une partie ; car il ne peut avoir écrit la fin de cette guerre, puisque la paix ne fut conclue entre les Gantois et leur souverain que le 31 juillet, et qu'il fut enterré le 20.

---

[1]. Depuis le fol. 42 jusqu'au fol. 54.

Il n'est pas même vraisemblable qu'il ait eu le temps de recueillir les faits arrivés au commencement de ce mois, si on ne suppose qu'il mourut subitement; d'où je crois pouvoir conjecturer, avec assez de fondement, que Monstrelet a dû cesser d'écrire vers la fin du mois de juin, lors de la prise du château d'Helsebecque par le duc de Bourgogne[1]; et que la suite de la guerre est du continuateur, qui peut même avoir refondu les matériaux que Monstrelet avoit préparés, et n'avoit pas encore mis en œuvre.

Il paroît résulter de là une espèce de contradiction entre Mathieu de Coucy, qui fixe, comme je l'ai dit, à l'année 1444 la fin de l'ouvrage de Monstrelet, et le Nécrologe des cordeliers, conforme aux Mémoriaux de Jean-le-Robert ; mais la contradiction disparoîtra si l'on veut faire réflexion que l'histoire de la révolte des Gantois, en 1453, est un morceau isolé, qui n'a nul rapport à l'histoire du règne de Charles VII, et qu'on ne sauroit regarder comme faisant suite aux deux premiers volumes, dont il est séparé par une lacune de huit ans; qu'ainsi Mathieu de Coucy, de qui d'ailleurs ce fragment historique n'étoit peut-être pas connu, a pu dire que les Chroniques de Monstrelet finissoient à l'année 1444.

---

1. Fol. 51.

Après avoir rapporté la conclusion de la paix entre les Gantois et leur seigneur [1], le compilateur recommence à copier, tantôt les Grandes Chroniques, tantôt Jean Chartier, avec plus ou moins d'exactitude, ainsi qu'on peut le voir par le résultat de la comparaison que j'en ai faite, et qu'on trouvera dans les notes [2] ; il y mêle seulement quelques traits relatifs à l'histoire de Bourgogne, et continue de même jusqu'à la mort de Charles VII.

Cette partie, plus intéressante que la première, parce que l'auteur ajoute aux Chroniques des faits qui y manquent, est plus défectueuse par la forme. Plusieurs événements qui concernent l'histoire générale du royaume, y sont racontés deux fois de suite : d'abord en abrégé, puis dans un plus grand détail ; quelquefois avec des différences si considérables, qu'il semble presque impossible que les

---

1. Fol. 54.

2. Fol. 56 jusqu'au fol. 59. *Id.* Grandes Chroniques, fol. 174 et suiv.

Fol. 59 vers. jusqu'au fol. 62 vers. Prise de Constantinople par les Turcs, copiée de Jean Chartier, pag. 271 et suivantes.

Fol. 62 vers. jusqu'au fol. 64. *Id.* Jean Chartier, et diffère peu des Chroniques. Une partie du fol. 64 contient des faits particuliers à l'histoire de Bourgogne.

Fol. 65 jusqu'à la fin du règne de Charles VII, fol. 85.

deux récits soient du même écrivain [1]. Aussi y auroit-il de l'injustice à imputer ce dernier défaut au continuateur de Monstrelet. On voit si clairement qu'il n'a traité l'histoire générale de la France qu'autant qu'elle est liée à celle de Bourgogne, qu'on ne peut le soupçonner d'avoir voulu revenir deux fois sur des événements étrangers à l'objet principal de son travail. Il est bien plus naturel de penser que le récit abrégé est de lui, et que les premiers copistes le trouvant trop court, y auront ajouté le morceau correspondant des Grandes Chroniques, ou de Jean Chartier qu'il s'étoit contenté de donner par extrait.

Depuis la mort du roi Charles VII, en 1461, jusqu'à celle du duc de Bourgogne Philippe, on ne rencontre plus de ces répétitions. L'historien (il

---

Le continuateur copie moins exactement les Chroniques; cependant on y reconnoît encore souvent les mêmes termes. D.

1. Fol. 71 vers. La prise de Sandwich par les François avoit déjà été racontée au fol. 72. verso.

Fol. 72 verso, et suiv. Nouveau récit de l'ambassade du roi de Hongrie à Charles VII, rapportée déjà d'après les Grandes Chroniques, au fol. 69 vers., et 70 rect. et vers.

Fol. 75 vers. et suiv. Récit de l'entrée du duc de Bourgogne dans la ville de Gand, conforme à celui des Grandes Chroniques et de Jean Chartier. Ce récit avoit déjà été fait moins au long, au fol. 74.

Fol. 79 rect., jusqu'au fol. 83. Procès du duc d'Alençon

mérite alors ce nom) cesse de copier les Chroniques, et commence à marcher sans guide; aussi s'égare-t-il souvent.

Je ne m'arrêterai point à relever les défauts qui lui sont communs avec Monstrelet; je ne pourrois que répéter ce que j'ai déjà dit. Mais il en est un qui lui est propre, dont l'influence s'étend sur tout l'ouvrage : c'est une partialité outrée pour la maison de Bourgogne. On pourroit lui pardonner de n'avoir écrit, sous le titre d'Histoire générale de la France, que l'histoire particulière de Bourgogne, et de n'avoir traité celle de France qu'incidemment, en tant qu'elle intéressoit les princes bourguignons ; on lui pardonneroit encore, avec plus de raison, d'avoir peint Charles VII comme un prince voluptueux [1], et Louis XI, tantôt comme un tyran, tantôt comme un politique sombre et farouche, qui méprisoit les engagements les plus sacrés [2]. Mais la fidélité de l'histoire exigeoit qu'il ne dissimulât pas les vices du duc de Bourgogne

---

copié d'après Jean Chartier ; il avoit déjà été rapporté avec assez de détails, aux fol. 77 et 78, rect. et vers.

Fol. 92 vers., et 93 rect. Récit de ce qui se passa aux funérailles de Charles VII, conforme à celui de Chartier. Il en avoit déjà été question dans deux des chapitres précédents. D.

1. Fol. 86.
2. Fol. 123, et al.

et de son fils, qui plongèrent la France dans un abîme de calamités, et que sa prédilection pour ces deux princes n'éclatât point à chaque page [1].

On a jusqu'à présent ignoré quel est ce continuateur; je ne sais si un heureux hasard ne me l'a pas fait découvrir. Dom Berthod, savant religieux bénédictin de la congrégation de Saint-Vanne, qui a travaillé depuis quelques années à rechercher les monuments de notre histoire, dans les bibliothèques et les chartriers de la Flandre, en a rapporté des notices de plusieurs manuscrits que nous ne connoissions que par des indications vagues. Il a bien voulu m'en communiquer quelques-unes, entr'autres celle de la Chronique de Jacques du Clercq [2] qui commence à l'année 1448, et finit, comme la continuation de Monstrelet, à la mort du duc de Bourgogne, en 1467. D. Berthod a copié surtout avec exactitude, pour donner une idée de la marche générale de l'ouvrage, la table des chapitres composée par Jacques du Clercq

---

1. *Voyez*, entre autres le fol. 103.

2. L'exemplaire de cette Chronique, d'après lequel Dom Berthod a fait son extrait, se conserve dans la bibliothèque royale de Bruxelles. Le P. Lelong et M. de Fontette, indiquent un autre exemplaire qui se trouve dans l'abbaye de Saint-Vast d'Arras. Ce doit être l'original. Dom Berthod m'a dit que celui de Bruxelles est une copie. D.

lui-même, ainsi qu'il le dit dans sa préface. J'ai comparé cette table et les extraits avec la continuation de Monstrelet, et j'y ai remarqué une telle conformité, particulièrement depuis l'année 1453 jusqu'en 1467, qu'il me paroît impossible que deux écrivains se rencontrent si juste, à moins que l'un n'ait travaillé d'après l'autre.

Faute d'avoir vu l'ouvrage entier, je ne puis proposer cette idée que comme une conjecture assez vraisemblable ; elle le deviendra encore plus, si l'on considère que Jacques du Clercq et le continuateur de Monstrelet habitoient dans le même pays. Le premier demeuroit à Arras ; et par les détails minutieux concernant la Flandre, dans lesquels entre le second, on peut juger qu'il faisoit sa résidence dans cette province. Quelques maisons brûlées dans un village [1], d'autres événements moins intéressants encore, ignorés hors du pays où ils se passent, trouvent place dans son histoire. C'est ainsi qu'on reconnoîtroit sans peine, si on ne le savoit pas d'ailleurs, que le rédacteur des Grandes Chroniques étoit un moine de Saint-Denis, quand on le voit raconter gravement, comme un fait important, qu'un tel jour le marmiton de l'abbaye fut trouvé mort dans son lit, et qu'un paysan

---

[1]. Fol. 85.

de Clignancourt battit sa femme au point qu'elle en mourut.

A ces différents rapports entre ces deux écrivains, il faut joindre celui du temps où ils ont écrit. On voit par la préface de du Clercq, qu'il composa son histoire après la mort de Philippe-le-Bon, arrivée en 1467; et le continuateur de Monstrelet, en parlant de la détention du bâtard de Rubenpré en Hollande, où il étoit allé par ordre de Louis XI, dit que « le bâtard estoit encore *prisonnier à la façon de cet écrit....* En fin de février, l'an 1468, devant Pâques [1] »; c'est-à-dire qu'il travailloit à son histoire au mois de février 1469, suivant notre manière actuelle de compter les années.

Mais que cette continuation soit la chronique abrégée de Jacques du Clercq, où une chronique originale, il paroît certain qu'on a jugé Monstrelet par ce troisième volume, et que sa réputation d'écrivain passionné s'est établie sur la fausse opinion qu'il en étoit l'auteur.

Je ne puis terminer ce mémoire, sans remarquer combien il est étonnant que personne, avant la publication de l'article du Nécrologe des cordeliers de Cambrai, n'ait soupçonné qu'il y avoit au moins

---

1. Fol. 103.

une partie de ce troisième volume attribué communément à Monstrelet, qui ne pouvoit être de lui. Tout lecteur attentif devoit être frappé du passage dans lequel le continuateur, racontant la mort de Charles duc d'Orléans, et rappelant en peu de mots les malheurs que le meurtre de son père avoit causé à la France, renvoie, pour s'instruire des détails, à l'histoire de Monstrelet. « *Comme on le peut voir ci-dessus*, dit-il, *par la Chronique d'Enguerran de Monstrelet* [1]. »

Je ne parlerai ni des autres continuations qui s'étendent jusqu'au règne de François Ier, cet article a été traité par M. de Foncemagne, dans un mémoire lu à l'Académie en 1742 [2]; ni des différentes éditions de Monstrelet : M. Le Duchat, dans ses remarques sur divers sujets de littérature [3], et l'éditeur de la nouvelle Bibliothèque des historiens de France [4], ne laissent rien à désirer à cet égard.

J. B. Dacier.

---

1. Fol. 105.
2. Recueil de l'Acad., tom. 16, pag. 251.
3. Tom. 1, p. 129.
4. Tom. 2, pag. 195.

PROLOGUE

D'ENGUERRAND DE MONSTRELET.

Selon ce que dit Saluste au commencement d'un sien livre nommé Catilinaire, où il raconte aucuns merveilleux faits, tant des Romains comme de leurs adversaires, tout homme doit fuir oiseuse (oisiveté), et soi exerciter aux bonnes œuvres, afin qu'il ne soit pareil aux bêtes qui ne sont utiles qu'à elles seulement, si à autres choses ne sont contraintes et induites. Comme doncques assez soit convenable et digne occupation, que les très dignes et hauts faits d'armes, les inestimables et aventureux engins et subtilités de guerre, dont les vaillants hommes d'armes ont usé, tant ceux qui de nobles maisons sont issus, comme autres du moyen et bas état, et qui sont advenues au très chrétien royaume de France, et en plusieurs autres contrées de la chrétienté, et des marches et pays d'autre part et d'autre loy, fussent et soient mis et récités par écrit en manière de chronique sou histoires, à l'avertissement et introduction de ceux qui à juste cause se voudroient en armes honorablement exerciter, aussi à la gloire et louange de ceux qui, par force de courage et puissance de corps, vaillamment s'y sont portés, tant en rencontres ou assauts surpris et soudains, comme en journées entreprises et assignées, corps contre corps, plusieurs contre un, ou puissance contre autre, et en toutes les manières que vaillant homme se peut avoir, lesquelles le lisant ou oyant doit ententivement comprendre, incorporer et considérer. Or est-il que, pour principalement ramener à mémoire les dessusdits hauts faits d'armes, et autres matières dignes de recordation, et mêmement des prouesses et vaillances advenues au temps dont cette présente histoire fera mention, aussi des discords, guerres, et contents (débats) émus et par long-temps continués entre les princes et grands seigneurs dudit royaume de France, des pays voisins et autres marches lointaines, à quelque occasion que lesdites guerres aient pris source ou naissance :

Je, Enguerran de Monstrelet, issu de noble génération, résidant, au temps de la compilation de ce présent livre, en la noble cité de Cambrai, ville séant en l'empire d'Allemagne, me suis entremis et occupé d'en faire et composer un livre ou histoire en prose, jaçoit-ce-que (quoique) la matière requiert bien plus haut et subtil engin que le mien ; parce que plusieurs choses qui y sont récitées sont à peser, si comme les royales majestés, hautesses et puissances des princes, excellence et noblesse en armes dont icelui sera composé ; mêmement aussi que pour enquérir et savoir comment les besognes ont été faites, et icelles comprendre par voix continuées, en ayant considération à ce que par maintes fois ai aperçu, qu'aucuns d'un même parti ou de plusieurs, faisoient, d'icelles besognes où ils avoient tous ensemble été présents, divers rapports et difficiles ; et me suis, par maintes fois, en moi merveillant, appensé comment ce se pouvoit faire, et si de la diversité de leursdits rapports y pouvoit avoir autres causes ou raison que faveur aux parties, et peut être que oui ; considéré que ceux qui sont aucunes fois à un bout d'un assaut, bataille, rencontre ou escarmouche ont assez à penser à eux vaillamment conduire, et garder leurs corps et honneur, et ne peuvent bonnement lors voir ce qui advient d'une autre partie. Néanmoins, pour ce que dès ma jeunesse, et que je me suis connu, ai été enclin à voir et ouïr telles ou semblables histoires, et y ai pris très volontiers peine et labeur, en continuant à ce faire selon mon petit entendement, jusques au temps de mon plus mûr âge, pour la vérité d'icelles enquérir par mainte diligence, et dont je me suis informé, dès les premiers points d'icelui livre jusques aux derniers, tant aux nobles gens qui, pour honneur de gentillesse, ne doivent ou voudroient dire pour eux ni contre eux que vérité, comme aussi aux plus véritables que j'ai su dignes et renommés de foi de toutes les parties, et par spécial des guerres du royaume de France, et pareillement aux rois d'armes, hérauts et poursuivants de plusieurs seigneurs et pays, qui, de leur droit et office, doivent de ce être justes et diligents enquéreurs, bien instruits et vrais relateurs. Sur la relation et récitation desquels à diverses fois récitées, en mettant arrière tous rapports que j'ai douté ou espéré être non prouvables par continuation, pour jamais atteindre les cas ; après que sur iceux ai eu plusieurs considérations et grands dilations de moi informer, comme dessus, ai pris mon arrêt en la déclaration et rapport des plus vénérables, et l'ai fait grosser (écrire) au bout d'un an, et non devant.

Je me suis déterminé et conclu de poursuivre ma susdite matière depuis le commencement de mon livre jusques en fin d'icelui. Et ainsi l'ai fait, sans favoriser à quelque partie : ainçois (mais) à mon pouvoir ai voulu, comme raison, donner et rendre à chacune partie vraie déclaration de son fait selon ma connoissance ; car autrement faire seroit embler (enlever) et taire (ravir) l'honneur et prouesse que les vaillants hommes et prudents auroient acquis, à la peine, travail et péril de leur corps, dont la gloire et louange doit être rendue et perpétuellement dénoncée à l'exaltation de leurs nobles faits.

Et pour ce que icelle besogne est de soi dangereuse, et ne se peut du tout mettre au plaisir de chacun en particulière affection ; ou autrement, et par aventure voudroient aucuns maintenir aucune chose y déclarée non être telle ou ainsi avenue, je prie et requiers très instamment à toutes nobles personnes et autres, de quelque état qu'ils soient, qui ce présent livre liront ou orront, qu'il leur plaise moi tenir pour excusé s'ils y trouvent aucune chose qui, à leur entendement, ne soit agréable, puisque délibéré me suis d'écrire vérité, selon la relation qui faite m'en a été; car si faute y étoit trouvée ou autrement entendue, dont je me suis à mon pouvoir gardé, icelle doit être et retourner sur ceux qui, du propos dont elle feroit mention, m'en auroient fait les rapports et rendu certain ; et s'ils y trouvent aussi aucune chose vertueuse, digne de mémoire et recordation, en quoi on se puisse ou doive délecter, et y prendre bon exemple ou introduction, la grâce et mérite en soit sur ceux dont ce procède en perpétuelle mémoire, et non pas à moi qui ne suis en cette partie que simple expositeur.

Et commencera cette présente chronique, au jour de Pâques communiaux,[1] l'an de grâce 1400, auquel an finit le dernier volume de ce que fit et

---

[1] *Voyez* la note pag. 13 et 14 du Mémoire qui précède.

composa, en son temps, ce prudent et très renommé historien maître Jean Froissart, natif de Valenciennes, en Hainaut, duquel, par ses nobles œuvres, la renommée durera par long-temps. Et finira, cestui premier livre, au trépas du très chrétien roi de France, de très noble mémoire, Charles-le-Bien-Aimé, sixième de ce nom; lequel expira sa vie en son hôtel de Saint-Paul, à Paris, près les Célestins, le vingt-deuxième jour du mois d'octobre, l'an de grâce 1422.

Et afin qu'on voie aucunement les causes pourquoi les divisions, discords et guerres s'émurent en la très noble, très excellente et très renommée seigneurie de France, dont, à cause de ce, tant de maux et inconvénients sont venus, au grand dommage et désolation dudit royaume, que piteuse chose sera du recorder, je toucherai un petit, au commencement de mon livre, de l'état et gouvernement, maintien et conduite du dessusdit roi Charles au temps de sa jeunesse.

CHRONIQUES

D'ENGUERRAND

DE MONSTRELET.

~~~~~~

LIVRE PREMIER.

CHAPITRE PREMIER.

Comment Charles-le-Bien-Aimé régna en France après qu'il eut été sacré à Reims, l'an 1380, et des grands inconvénients qui lui survinrent.

Pource qu'en mon prologue ai aucunement touché, que parlerai au commencement de ce présent livre de l'état et gouvernement du roi de France Charles-le-Bien-Aimé, sixième de ce nom, et afin que plus pleinement soient sues les causes et raisons pourquoi les seigneurs du sang royal furent durant son règne et depuis en division, en ferai en ce présent chapitre aucune mention.

Vérité est que le dessus dit roi Charles-le-Bien-

Aime, fils du roi Charles-le-Quint, commença à régner, et fut sacré à Rheims, le dimanche devant la fête de Tous-saints, l'an de grâce mille trois cent et quatre-vingts, comme plus à plein est déclaré au livre de maître Jean Froissart; et n'avoit lors que quatorze ans d'âge : et depuis là en avant gouverna moult grandement son royaume; et par très noble conseil, fit en son commencement de beaux voyages où il se porta et conduit, selon sa jeunesse, assez prudentement et vaillamment, tant en Flandre, où il conquit la bataille de Rosebecque, et réduit les Flamands en son obéissance, comme depuis en la vallée de Cassel, et ès mettes (frontières) du pays de là environ, et aussi contre le duc de Gueldres; et depuis fut-il à l'Ecluse pour passer outre en Angleterre, pour lesquelles entreprises fut fort redouté par toutes les parties du monde où on avoit de lui connoissance. Mais fortune qui souvent tourne sa face aussi-bien contre ceux du plus haut état comme du moindre, lui montra de ses tours; car l'an mille trois cent quatre-vingt et douze, le dessus dit roi eut volonté et conseil d'aller à puissance en la ville du Mans, et de là passer en Bretagne, pour subjuguer et mettre en son obéissance le duc de Bretagne, pour ce qu'il avoit soutenu et favorisé messire Pierre de Craon, qui avoit vilainement navré et injurié dedans Paris, à sa grande déplaisance, messire Olivier de Clisson son connétable; auquel voyage lui advint une très piteuse aventure, et dont son royaume eut depuis moult à souffrir : laquelle sera ci aucunement déclairée : jà soit ce-que (quoique) ce ne fût pas du temps, ni de la date de cette histoire.

Or est-il ainsi que le roi dessus dit, chevauchant de ladite ville du Mans à aller audit pays de Bretagne, ses princes et sa chevalerie étant assez près de lui, lui prit assez soudainement une maladie, de laquelle il devint comme hors de sa bonne mémoire; et incontinent tollit (ôta) à un de ses gens un épieu de guerre qu'il avoit, et en férit le varlet au bâtard de Langres, tellement qu'il l'occit; et après occit ledit bâtard de Langres; et si férit tellement le duc d'Orléans son frère; que nonobstant qu'il fût armé, il navra au bras, et de rechef navra le seigneur de Sempy, et l'eût mis à mort, à ce qu'il disoit, si Dieu ne l'eût garanti; mais en ce faisant se laissa cheoir à terre; et là fut, par la diligence du seigneur de Couci et autres, ses feables serviteurs, pris; et lui ôtèrent à grand'peine ledit épieu; et de là fut mené en ladite ville du Mans, en son hôtel, où il fut visité par notables médecins : néanmoins on y espéroit plus la mort que la vie; mais par la grâce de Dieu il fut depuis en meilleur état, et revint assez en sa bonne mémoire, non pas telle que par avant il avoit eue. Et depuis ce jour, toute sa vie durant, eut par plusieurs fois de telles occupations comme la dessus dite ; pourquoi il falloit toujours avoir regard sur lui et le garder. Et pour cette douloureuse maladie perdit, toute sa vie durant, grande partie de sa bonne mémoire, qui fut la principale racine de la désolation de tout son royaume. Et depuis ce temps commencèrent les envies et tribulations, entre les seigneurs de son sang, parce qu'un chacun d'eux contendoit à avoir le plus grand gouvernement de son royaume, voyant assez clairement qu'il étoit assez content de faire et accorder ce que par iceux lui étoit requis : lesquels se trouvoient vers lui les uns après les autres ; et, à cautelle, en absence l'un de l'autre, l'inclinoient à faire leur singulière volonté et plaisir, sans avoir regard tous ensemble, par une même délibération, au bien public de son royaume et domination. Toutefois aucuns en y eut qui assez loyaument s'en acquittèrent, dont recommandés grandement après leur mort en furent; lequel roi en son temps eut plusieurs fils et filles : desquels, c'est à savoir de ceux qui vécurent jusqu'à âge compétent, les noms s'ensuivent.

Premièrement Louis, duc d'Acquitaine, qui eut épouse la fille première née du duc Jean de Bourgogne, qui mourut devant le roi son père, sans avoir génération. Le second eut nom Jean, duc de Touraine, qui épousa la seule fille du duc Guillaume de Bavière, comte de Hainault, qui pareillement mourut sans génération, devant le roi son père. Le tiers fut nommé Charles, qui épousa la fille de Louis, roi de Sicile, et en eut génération, de laquelle sera ci-après faite aucune déclaration; et succéda au royaume de France après le trépas du roi Charles son père. La première fille eut nom Isabelle, et fut mariée la première fois au roi Richard d'Angleterre, et depuis au duc Charles d'Orléans, duquel elle délaissa une seule fille. La seconde fut nommée Jeanne, et fut mariée à Jean, duc de Bretagne, duquel elle eut plusieurs enfants. La tierce eut nom Michelle, et eut à mari le duc Philippe de Bourgogne, de laquelle ne demeura nul enfants. La quarte fut nommée Marie, qui fut religieuse à Poissy. La quinte eut nom Catherine, et eut épousé le roi Henri d'Angleterre, duquel elle eut un fils nommé Henri qui, après le trépas de son père fut roi dudit royaume d'Angleterre. Lequel roi Charles VI eut tous les enfants dessus dits de la reine Isabelle son épouse, fille du duc Étienne de Bavière.

CHAPITRE II.

Comment un écuyer d'Arragon, nommé Michel d'Oris, envoya en Angleterre lettres pour faire armes, et les réponses qu'il eut d'un chevalier du pays.

Au commencement de cet an mille quatre cents, furent envoyées au royaume d'Angleterre des lettres par un écuyer du royaume d'Arragon, nommé Michel d'Oris; desquelles la teneur s'ensuit :

«Au nom de Dieu, et de la benoîte vierge Marie, de S. Michel et de S. Georges, je, Michel d'Oris, pour mon nom exaucer, sachant certainement la renommée des prouesses de chevalerie d'Angleterre, ai, au jour de la date de ces présentes, pris un tronçon de grève (botte) à porter à ma jambe jusques à tant qu'un chevalier dudit royaume d'Angleterre m'aura délivré à faire les armes qui s'ensuivent. Premièrement d'entrer en place à pied, et d'être armé chacun ainsi que bon lui semblera, et d'avoir chacun sa dague et son épée sur son corps en quelque lieu qu'il lui plaira, ayant chacun une hache, dont je baillerai la longueur. Et sera le nombre des coups de tous les bâtons et armes en suivant : c'est à savoir : de la hache, dix coups sans reprendre. Et quand ces dix coups seront parfaits et que le juge dira : hô! nous férirons dix coups d'épée, sans reprendre ni partir l'un de l'autre, et sans changer harnois. Et quand le juge aura dit : hô! nous viendrons aux dagues et férirons dix coups sur main. Et si aucun de nous perdoit ou laissoit cheoir un de ses bâtons, l'autre pourra faire son plaisir du bâton qu'il tiendra jusqu'à ce que le juge ait dit : hô! Et les armes à pied accomplies, nous monterons à cheval ; et sera armé du corps chacun ainsi qu'il lui plaira, et aura deux chapeaux de fer paraux (pareils), lesquels je livrerai ; et choisira mondit compagnon lequel qu'il lui plaira des deux chapeaux : et aura chacun tel gorgerin qu'il lui plaira, et avec ce, je baillerai deux selles dont mondit compagnon aura le choix. Et outre plus, aurons deux lances d'une longueur ; desquelles lances nous férirons vingt coups sans reprendre, à cheval, sur main; et pourrons férir par devant et par derrière, depuis le faux du corps en amont. Et icelles armes de lances faites et accomplies, ferons les armes qui s'ensuivent. C'est à savoir, s'il advenoit que l'un ou l'autre ne fût blessé, nous serons tenus après, en icelle journée même et au second jour après, férir de coups de lance à course de chevaux à trois rangs, tant que l'un ou l'autre cherra par terre ou soit blessé, si qu'il n'en puisse plus faire. Et que chacun s'arme à sa volonté, le corps et la tête. Et les targes soient de nerfs ou de cornes, sans ce qu'elles soient de fer ni d'acier, ni qu'il y ait aucune maîtrise (sorcellerie). Et courrons lesdites lances atout avec les selles que lesdits chevaux auront, faisant lesdites armes à cheval : et chacun liera et mettra ses étriers à sa volonté, sans faire nulle maîtrise. Et pour y ajouter plus grande foi et fermeté, je, Michel d'Oris, ai scellé cette lettre du sceau de mes armes : laquelle lettre fut faite et écrite à Paris le vendredi vingtième jour d'août, l'an 1400. »

Lequel poursuivant nommé Aly, s'adressa atout (avec) ses lettres, en la ville de Calais : et là furent icelles vues par un chevalier d'Angleterre nommé messire Jean de Prendregrest [1], lequel accepta de faire lesdites armes, au cas qu'il plairoit au roi

---

1. Johnes l'appelle Prender Gast.

d'Angleterre son souverain seigneur : et sur ce récrivit ses lettres à l'écuyer d'Arragon dessus nommé, desquelles la teneur s'ensuit.

« A noble homme et honorable personne Michel d'Oris, Jean de Prendregrest, chevalier et familier de très haut et puissant seigneur monseigneur le comte de Sombreseil (Sommerset); honneur et plaisance.

» Plaise vous savoir que j'ai ores personnellement vues unes lettres par deçà envoyées par Aly le poursuivant : par lesquelles j'entends la vaillance et courageux désir d'armes qui sont en vous ; et aussi que vous avez fait vœu de porter une certaine chose, laquelle, comme vos dites lettres contiennent, vous fait grand mal à la jambe ; et que vous le porterez jusqu'à certain temps, que vous serez délivré d'aucun chevalier Anglois d'avoir fait certaines armes composées en vosdites lettres. Moi, désirant honneur et plaisance, comme gentilhomme, de tout mon pouvoir, ai, au nom de Dieu et de la douce vierge Marie, de monseigneur saint Georges, et de saint Antoine, accepté et accepte votre requête telle et en la meilleure manière que vosdites lettres le contiennent; tant pour vous alléger de la peine et du mal que vous souffrez, comme aussi pour ce que j'ai longuement désiré d'avoir aucune accointance avec aucun noble et vaillant de la partie de France, afin d'apprendre aucune chose appartenante à honneur d'armes ; pourvu qu'il plaise à mon sire, le roi, de sa grâce spéciale, de me donner congé de le faire, soit devant lui et sa personne royale en Angleterre, ou autrement à Calais par devant mondit seigneur le comte de Sombreseil (Sommerset). Et en outre, pourtant que vos dites lettres font mention que vous apporterez chapeaux; desquels votre compagnon choisira lequel qu'il lui plaira, et aura chacun tel gorgerin qu'il lui plaira; à vous plaise savoir que pour ce que ne voudrois que par aucune subtilité de ma partie, d'une pièce de harnois ni d'autre, le fait par bon vouloir entrepris pût aucunement être détourbé ou délayé (retardé), je veuil s'il vous plaît, que vous apportez deux gorgerins pareils et deux chapeaux; ou autrement, si vous voulez, je porterai deux chapeaux et deux gorgerins d'une façon, de quoi vous aurez semblablement le choix. Et vous promets en bonne foi, que loyaument je mettrai et ferai diligence à mon pouvoir devers messeigneurs mes amis et de moi-même, d'impétrer ledit congé: à quoi, j'ai espoir en Dieu que je ne faudrai pas. Et avec ce, du jour et lieu où lesdites armes se feront, s'il est le plaisir du roi notre sire, (comme dit est), j'écrirai au capitaine de Boulogne, dedans le jour de la Tiphaine [1] prochain venant, ou au plus tôt que faire se pourra; afin que de mon entente et volonté pussiez hâtivement être certifié,

---

1. Théophanie.

et de la plénière volonté de mon cœur en cette partie.

« Noble, et vaillant seigneur honorable, je prie à celui qui est le faiseur et créateur de tous biens, qu'il vous octroie joie, honneur et plaisance, avec tous biens que vous voudriez de votre dame ; à laquelle je vous prie que ces présentes me puissent recommander : écrit sous mon sceau, à Calais, le onzième jour de juin, en l'an dessus dit. »

Depuis lesquelles lettres dessus dites envoyées audit écuyer d'Arragon, pour ce qu'icelui chevalier n'avoit pas assez brève réponse, et que la besogne fut par long-temps délayée (retardée), lui récrivit autres lettres de rechef, dont la teneur s'ensuit.

« A honorable homme Michel d'Oris, je, Jean de Prendregrest, chevalier, salut. Comme pour vous aisier et alléger de la peine que vous avez souffert et souffrez de porter le tronçon d'une grève (botte), je vous ai octroyé à délivrer des armes que vous avez vouées, et desquelles mention est faite ès lettres scellées du sceau de vos armes ; et sur ce j'ai tant fait qu'à ma poursuite et avec l'aide de monseigneur de mon lignage, que le roi mon souverain et lige seigneur me l'a octroyé ; et sur ce ordonné excellent et puissant seigneur monseigneur de Sombreseil son frère, capitaine de Calais, à être notre juge, si comme écrit vous ai par Aly le poursuivant, par mes lettres portant date du onzième jour de juin dernièrement passé : lesquelles vous pouvez bien avoir vues en dû et suffisant temps, si comme peut apparoir par les lettres de noble et puissant homme le seigneur de Gaugourt, chambellan du roi de France, portant date du vingtième jour du mois de janvier : lesquelles contiennent qu'à vous même il a lesdites lettres envoyées pour hâter de venir par-deça. Pourquoi pouvez bien entendre que le jour de l'accomplissement de nos dites lettres sera le premier lundi du mois de mai prochain venant : car ainsi fut-il appointé et ordonné par le roi notre sire, sur la poursuite de madite impétration; et ainsi il me le convient tenir. Sur quoi, pour ce qu'il a plu à icelui mon seigneur le roi, pour autres plus hautes causes et matières, touchant et regardant le fait de sa royale excellence, avoir ordonné monseigneur son frère en autres parties, être audit jour, il lui a plu avoir tant fait, à l'humble supplication de moi, et pour contemplation de mesdits seigneurs et amis de lignage, que, pour tenir ladite journée et être notre juge, il a commis et député son cousin et mon très honoré seigneur monseigneur Hue Lutrelles (Luttrell), lieutenant de mondit seigneur de Sombreseil, audit lieu de Calais : et pour ce suis venu, prêt pour accomplir lesdites armes, au plaisir de Dieu, de saint Georges et de saint Antoine; espérant que de votre partie pour l'aisement et l'allégeance de votre dite penance, vous y serez aussi présent : en icelle entente, je vous envoie sauf-conduit pour quarante personnes et autant de chevaux.

« Autre chose de présent ne vous sais que recrire; car vous savez assez qu'il appartient à votre honneur. Si prie au dieu d'amour, qu'ainsi comme vous désirez l'amour de votre dame, vous avancez votre venue. Écrit audit lieu de Calais, sous le scel de mes armes, le second jour de janvier, l'an 1400. »

S'ensuit la tierce lettre du chevalier anglois envoyée audit écuyer d'Arragon.

« A honorable homme Michel d'Oris, je, Jean de Prendregrest, chevalier, salut. Il vous plaise bien avoir en remembrance, que de par vous furent envoyées par deçà, par Aly le poursuivant, unes lettres générale et universelles adressantes à tous chevaliers anglois, écrites à Paris, le vendredi, vingtième jour d'avril, l'an 1400, scellées du scel de vos armes.

» Et aussi, vous ne devez pas oublier la réponse que je fis auxdites lettres, comme sait le chevalier du pays d'Angleterre à qui elles vinrent premièrement : de laquelle réponse et de ce qui depuis s'en est ensuivi, je vous ai écrit la substance par mes lettres scellées de mes armes, à la date du onzième jour de juin dernier passé.

» Et aussi vous envoyai sauf-conduit bon et suffisant pour venir par deçà accomplir l'entente de vosdites lettres universelles; si comme èsdites miennes dernières lettres est pleinement contenu, où s'ensuit : »

A honorable homme Michel d'Oris, etc.

» Sur quoi, veuillez savoir que j'ai grand'merveille; car, entendu la teneur et substance d'icelles lettres, je n'ai eu de vous autres nouvelles, soit de venir au jour qui assigné étoit, ou autrement de due excusation pour essoine (soin) de votre corps.

» Néanmoins, je ne sais si le Dieu d'amour qui vous enhorta et mit en courage de vosdites lettres générales envoyées, ait en aucune chose été si déplu, par quoi il ait changé les conditions anciennes qui souloient (avoient coutume) être telles que, pour esbaudir (réjouir) armes et chevalerie accroître, il tenoit les nobles de sa cour en si royale gouvernance que, pour accroissement de leur honneur, après ce qu'ils avoient empris aucuns faits d'armes, ils s'absentoient du pays où ils avoient fait leurdite emprinse, jusques à tant que fin en fût faite; ni aussi ne faisoient leurs compagnons frayer, travailler, ni dépendre leurs biens en vain. Non-pour-quant (néanmoins) je ne voudrois pas qu'il trouvât cette deffaute en moi, si qu'il eût cause de moi bannir de sa cour; pourtant je veux encore demeurer par deçà jusqu'au huitième jour de ce présent mois de mai; prêt, à l'aide de Dieu, de saint George et de saint Antoine, à vous délivrer, ainsi que ma dame et la vôtre puissent savoir que, pour la révérence d'icelles, j'ai volonté de vous aisier de votre grève (botte) qui, par si long-temps, vous a mésaisé, comme vos dites lettres contiennent; pourquoi aussi vous avez cause de désirer votre allégeance. Après lequel temps, si venir ne voulez, je pense, au plaisir de Dieu, de m'en retourner en Angleterre par-devers nos dames, auxquelles j'ai espoir en Dieu que sera témoigné par chevaliers et écuyers, que je n'ai en rien mépris envers le Dieu d'amour, lequel veuille avoir lesdites ma dame et la vôtre pour recommandées, sans avoir déplaisir envers elles, pour quelque cause qui soit avenue. Écrit à Calais, sous le scel de mes armes, le second jour de juin, l'an 1401. »

S'ensuit la teneur des lettres que l'écuyer d'Arragon écrivit au chevalier d'Angleterre, sur lesdites lettres prochaines précédentes.

« A très noble personne messire Jean de Prendregrest, chevalier, je, Michel d'Oris, écuyer, natif du royaume d'Arragon, fais à savoir, que pour l'ardent désir et courageux vouloir que j'ai tousdis (toujours) eu, et aurai tant que Dieu me fera vivre, d'employer et user mon temps en armes, ainsi que à chacun gentilhomme appartient, sachant qu'au royaume d'Angleterre soient plusieurs chevaliers anglois pleins de grand'chevalerie, lesquels, longuement à mon avis, étoient demeurés endormis; pour les réveiller à démontrer leur hardement, et pour avoir d'eux aucune compagnie et connoissance, l'an 1400, pris un tronçon de grève à porter en ma jambe, jusqu'à tant que je serois délivré des armes contenues en mes lettres, dont la teneur s'ensuit : Au nom de

Dieu, etc., écrit à Paris, le vingt-septième jour de mai 1400 ; lesquelles lettres furent portées par Aly le poursuivant, si comme vos lettres données à Calais, le onzième jour de juin, le témoignent, desquelles afin que ma réponse à icelles puisse mieux convenir, la teneur s'ensuit : « A noble homme et honorable personne Michel d'Oris. etc.

» Du contenu au commencement desdites lettres, je vous remercie de ma part tant comme je puis, de ce que me voulez délivrer de la peine en quoi je suis, ainsi qu'en vos gracieuses lettres maintenez, que vous avez long-temps désiré d'avoir aucune accointance avec aucun noble et vaillant de la partie de France; comme si vous vouliez ignorer dont je suis. Pour ce, vous ai fait ci-dessus à savoir que je suis né du royaume d'Arragon; non pour quant (ce n'est pas) que je, et chacun plus grand que moi, peut justement dire avoir bon titre, quand il est né du royaume de France; car il n'est nul qui pût dire sur François avoir trouvé vilain reproche, en chose qu'un chacun prud'homme et gentilhomme peut faire, qui la vérité en voudroit dire. Mais pourtant que nul prud'homme ne doit dénier son pays; et pour vous faire à savoir et montrer la volonté que j'ai eu, et ai, et aurai, tant que soient accomplies les armes déclarées en mes premières lettres, il est vrai que je, demeurant audit royaume d'Arragon, empris le vœu des armes dessusdites. Mais voyant que j'étois trop loin des parties d'An-

5.

gleterre, pour plus tôt la chose accomplir, me partis d'illec (là), et m'en vins à Paris, où je demeurai en attendant vos nouvelles, long-temps depuis ce que je vous avois envoyé mes premières lettres ; et depuis, pour certaines causes nécessaires, touchant mon souverain seigneur le roi d'Arragon, me partis de France et m'en retournai en mon pays, très mélancolieux et esmayé (fâché) de ce que je trouvai délais en tant de nobles chevaliers, de si petit ébattement comme j'avois devisé, dont n'avois eu nulle réponse. Si y demeurai par l'espace de deux ans, pour cause de guerre qui étoit entre mes amis. Puis, pris congé à mondit seigneur, et retournai à Paris pour savoir nouvelles, pour moi acquitter dudit fait. Et lors je trouvai à l'hôtel de monseigneur de Gaucourt, à Paris, ès-mains de Jean d'Olmédo, écuyer dudit seigneur, vosdites lettres dont ci-dessus est faite mention ; lesquelles y avoient été apportées après ce que je m'en étois allé audit royaume d'Arragon ; pour quelle occasion elles furent après mon département envoyées. Je n'en dis plus, mais un chacun y pourra penser, selon la teneur du fait, ce que bon lui semblera. De laquelle lettre je suis moult émerveillé ; et aussi sont plusieurs autres chevaliers et écuyers qui la teneur en ont ouïe, considérant le bon rapport de votre chevalerie que tant avez observé les droits des armes, et orendroit les voulez changer ; et sans nul autre traité ni avis de partie, par vous-même avez voulu élire juge et place à votre plaisir et avantage; laquelle chose, comme chacun peut savoir, n'est pas convenable. Et quant aux autres lettres qui ensemble furent trouvées avec les lettres dessus écrites, en l'hôtel de mondit seigneur de Gaucourt, à Paris, pour y mieux répondre, j'ai ci fait insérer la teneur comme il s'ensuit.

» Quant au premier point contenu èsdites lettres, où avez voulu dire qu'autres lettres envoyées m'avez, avec sauf-conduit, pour accomplir les armes, là et au jour où il vous avoit plu, à votre avantage et plaisir : sachez certainement et sur ma foi, qu'oncques autres lettres ne vis de vous, fors celles-ci, qui me furent baillées, comme ci-dessus est dit, le douzième jour de mars ; ni celui sauf-conduit oncques ne vis. Car, sans doute, si je l'eusse eu avec vosdites lettres, vous eussiez assez tôt ouï nouvelles de moi et reponse à icelles ; car c'est la chose que plus je désire à être accomplie que chose qui soit ; et bien pouvez savoir que le très grand désir et vouloir que j'ai à me délivrer desdites armes, m'a fait, par deux fois, venir et éloigner de mon pays par deux cent cinquante lieues, à grands frais et dépens, comme chacun peut savoir.

» Et pour ce qu'autrefois et plus à peine èsdites lettres me fîtes savoir que vous aviez élu place à Calais, par-devant noble et puissant prince le comte de Sombreseil ; et après, pourtant qu'il étoit occupé autre part, ainsi que vosdites lettres veulent dire, messire Hue de Lutrelley (Lutrell), lieutenant à Calais dudit seigneur de Sombreseil, fut commis pour tenir la place par très haut et puissant prince le roi d'Angleterre, votre souverain seigneur, à votre volonté et poursuite, sans mon vouloir, su ni congé; dont je suis moult émerveillé, et à bon droit, que sans moi êtes tant allé avant, comme d'élire juge et place, et mêmement si à votre souhait. Et me semble, que de votre pays ne voudriez pour rien perdre la vue; et toutefois nos devanciers, les nobles chevaliers anciens, qui tant nous ont laissé de beaux exemples, n'acquirent oncques grands honneurs en leur propre pays, ni oncques ne furent coutumiers de requerre choses déconvenables, car ce n'est que pour éloigner les bonnes entreprises. Si suis bien certain qu'en ce cas vous n'ignorez pas que le devis du juge, du jour et de la place, doit être élu du commun assentiment des parties; et si j'eusse eu vos lettres à temps, je le vous eusse fait savoir.

» De ce que vous dites, que ne savez si le Dieu d'amour m'a de soi banni, pour ce que je suis éloigné du pays de France, où mes premières lettres furent écrites, ni s'il m'a fait changer mon propos, je vous fais à savoir, tout à certes et sans nulle feintise, qu'oncques, puis que j'eus cette chose encommencée, ne changeai mon propos, ni ferai tant que Dieu me garde de méchef; ni en mon lignage n'eut oncques homme qui n'ait toujours fait ce que prud'homme et gentil doit faire. Et quand ce viendra à la journée, laquelle, à l'aide de Dieu, sera brièvement, si par vous ne demeure, je crois qu'il vous besognera d'avoir meilleur cœur, que d'avoir affaire à homme retrait de son propos.

» Pourquoi je vous prie que laissons telles paroles qui ne peuvent porter fruit, car ce n'est pas fait de chevalerie ni de gentillesse; mais pensez au fait, ainsi que m'en avez donné espérance. Si vous fais à savoir qu'on m'a rapporté que vous avez en Calais entré en place tout seul et, contre moi qui étois du fait tout non sachant, comme ci-dessus est dit, et loin de vous pour lors bien de trois cents lieues; et si j'eusse fait semblables armes contre vous, là où pour le temps de lors étois, ce que Dieu ne veuille! je crois que les haubergeons n'en fussent jà froissés, ni les lances brisées, aussi peu comme les vôtres furent. Si eûtes vous lors de vous-même le prix sans contredit. Et en vérité je pense que votredite entreprise et journée ne fut oncques à mûre délibération de vos amis conclue, ni par autres qui en ont ouï parler ne sera jà louée; mais non pour quant (néanmoins) je ne voudrois pas que par semblables fictions colorées, ce qui a été dit et prononcé et promis par vous, on dît que vous l'ayez baillé par paroles sans nul effet, je vous prie, tant chèrement et si à certes comme je puis, que vous me veuillez accomplir mesdites armes, ainsi, comme elles sont en mesdites lettres devisées, et que j'en ai grand désir et espoir. Et ne veuillez autrement, le temps tenir en paroles, car je ne doute pas que en Angleterre n'ait plusieurs chevaliers qui piéçà m'eussent délivré de ma peine, si par vous n'eût été la chose entreprise ; et sur ce, ne vous excusez plus par vos lettres que vous dites avoir à moi envoyées, car j'en suis tout sans coulpe, comme ci-dessus est dit.

» Si suis prêt, sachez de vrai, de soutenir et garder mon honneur, et qu'il n'y a nulle chose, ci-dessus écrite de ma part contre vérité, qui du contraire me voudroit charger. Et pour ce que je ne voudrois pas être si importun, que je dusse le lieu et la place proprement élire sans le vous faire savoir, j'offre, si vous voulez, aller devant très haut et très excellent prince et mon souverain lige seigneur le roi d'Arragon, ou devant les rois d'Espagne, de Portugal ou de Navarre. Et si nuls d'iceux princes ne voulez élire, pour plus être près de votre repaire, et pour non éloigner de vos marches et de madame la vôtre, à laquelle de mon pouvoir je voudrois complaire, je suis prêt d'aller à Boulogne et que vous venez à Calais ; et là, où le capitaine de Calais de votre part, et le capitaine de Boulogne de ma part, et au jour que ces deux diront et voudront élire, je suis prêt et appareillé d'y aller, et vous accomplir lesdites armes, ainsi qu'elles sont en mesdites lettres comprises, à l'aide de Dieu et de Notre-Dame, de monseigneur saint Michel et de monseigneur saint George. Et nonobstant que je suis si lointain de mon pays, j'attendrai votre réponse jusques à la fin du mois d'août prochain venant ; et tandis, pour l'honneur de vous, je ne porterai pas le tronçon de grève, combien que plusieurs m'aient enhorté du contraire. Lequel terme passé, si je n'ai de vous or nouvelles, je porterai ledit tronçon de grève, et ferai aller poursuivre mesdites premières lettres par votre royaume, par tout où bon nous semblera, tant que j'aie trouvé qui me délivre de ma peine. Et afin que vous ajoutiez plus grand' foi aux choses dessusdites, j'ai mis à ces présentes lettres le scel de mes armes, et icelles signées de mon seing manuel, et parties par A. B. C. Lesquelles furent faites et écrites à Paris, le quatrième jour de septembre, l'an 1401. »

S'ensuit la tierce lettre de l'écuyer d'Arragon, envoyée au chevalier anglois.

« Au nom de la sainte Trinité, de la benoite vierge Marie, de monseigneur saint Michel l'ange, et de monseigneur saint George, qui me jette à mon honneur, je, Michel d'Oris, écuyer, natif du royaume d'Arragon, fais à savoir à tous chevaliers anglois qui, pour exaucer (agrandir) mon nom et mon honneur, et quérant armes à faire, j'ai su et sais certainement qu'il y a noble chevalerie ès parties d'Angleterre, et désirant d'avoir votre accointance et d'apprendre de vous les tours et faits d'armes, vous requiers pour l'ordre de chevalerie et pour rien (chose) que plus aimez ; que vous me veuillez délivrer des armes qui ci-après s'ensuivent.

» Premièrement d'entrer en la place à pied, etc, et tout ainsi qu'il est contenu ès premières lettres universelles, excepté qu'il avoit écrit en la fin ainsi :

» Et m'offre pour abréger mon fait et pour mieux montrer ma bonne volonté et souveraine diligence, d'être par-devant votre juge à Calais dedans deux mois, après ce que j'aurai reçu votre réponse scellée du scel de vos armes, si Dieu me garde d'essoines (embarras); et dedans iceux deux mois je vous enverrai lesdits deux chapeaux et deux selles, et la mesure de tous les bâtons (armes) dessusdits. Et je prie à celui qui, par sa bonne volonté, me voudra délivrer, que brief j'aie sa bonne et honorable réponse, si comme j'ai espoir de l'avoir des nobles dessusdits : toutefois envoyez moi sauf-conduit bon et sûr pour toutes choses qui contre moi et ma compagnie pourroient venir, jusqu'au nombre de trente-cinq chevaux ; et que j'aie votre réponse par Longueville, porteur de cestes ; et pour y ajouter plus grand'foi et fermeté, j'ai signé ces lettres de mon seing manuel et scellé du scel de mes armes. Lesquelles furent faites à Paris, le premier jour de janvier, l'an 1402. »

S'ensuit la quarte lettre de l'Écuyer d'Arragon.

» En l'honneur de Dieu, père de toutes choses, et de la benoite vierge Marie, sa mère, qui me soit en aide et me veuille par sa grâce adresser et conforter de venir à vraie conclusion de cette œuvre que j'ai enprise ; à tous chevaliers anglois, je, Michel d'Oris, natif du royaume d'Arragon, fais à savoir que naguères, c'est à savoir l'an 1400, comme celui qui pour lors voulois être séparé et abstrait de toutes autres cures, ayant en remembrance les très singulières gloires que nos devanciers du temps de jadis reçurent, par les très excellentes prouesses qu'ils firent et montrèrent en exercite d'armes : lesquels considérant de cœur acquérir aucune nouvelle louange et mérite, et pour moi habiliter en aucune chose digne et vertueuse, disposai en mon cœur, aucunes armes faire avec aucun chevalier anglois qui délivrer m'en voudroit par sa prouesse. Lesquelles armes accepta noble et honorable homme messire Jean de Prendregrest, chevalier d'Angleterre, ainsi qu'il peut apparoir par ses lettres ci-après déclarées. Et afin que je puisse venir à conclusion au propos que je tins, j'ai fait incorporer après mes lettres dernières, audit messire Jean de Prendregrest n'aguères envoyées, toutes lesquelles lettres sur ce faites d'une part et d'autre, sont ici comprises, desquelles la teneur s'ensuit : A très noble personne, etc. ; et puis toutes les lettres jusques à la tierce lettre dudit écuyer. Lesquelles lettres je fis renvoyer à Calais par Berry, roi d'armes, pour bailler audit messire Jean de Prendregrest. Et pour ce que ledit héraut, en revenant dudit lieu, rapporta lui avoir été dit de par très puissant prince le comte de Sombreseil, capitaine de Calais, que dedans le mois d'août, auroit renvoyé réponse desdites lettres à Boulogne, combien qu'il n'ait pas été accompli : toutefois, pour l'honneur dudit seigneur et capitaine de Calais, qui par son humilité s'étoit chargé de renvoyer la réponse à Boulogne, ainsi qu'il fut dit et rapporté dudit roi d'armes par Faulcon, roi d'armes d'Angleterre, et aussi pour l'honneur de chevalerie, et afin que par nulle occasion indue ne fût dit au temps à venir, que j'aie fait mes poursuites trop importunément, j'ai attendu passer ledit terme que la réponse me devoit être envoyée, par l'espace d'un mois après; et en après, afin qu'il soit apparent, et chose notoire à un chacun, de ma grâce et bonne volonté et de mes lettres à vous envoyées, et aussi, à qui la faute et coulpe de cette matière peut toucher, j'ai fait ci-après insérer mes dernières lettres à vous envoyées, desquelles la teneur s'ensuit : Au nom de la sainte Trinité, etc., et la tierce lettre de l'écuyer; par cette condition que si vous ne me délivrez à cette fois, je n'entends plus à écrire sur cette matière en Angleterre, quant à présent, car je vous sais si mal courtois et si mal gracieux, quand tant de fois avez ouï ma requête et bonne volonté, tant par lettres que Aly le poursuivant, à présent appelé Longueville le héraut, vous a présentées de par moi par Graville au royaume d'Angleterre, en l'an 1401, comme de mes autres pareilles, à vous présentées par Graville le poursuivant, faisant mention de mes premières lettres générales faites en l'hôtel de monseigneur de Gaucourt, à Paris, le douzième jour de mars, l'an 1402 : et comme par unes autres lettres à vous envoyées de par moi, par Berry, roi d'armes, lesquelles a reçues très puissant seigneur, monseigneur de Sombreseil, capitaine de Calais, et aussi par mes autres lettres, écrites à Paris le douzième jour de juin, l'an 1402, si qu'il vous pourra apparoir par icelles, et aussi par mes autres lettres, qui furent écrites à Paris le douzième jour de juin, l'an 1403, lesquelles sont ci-dessus transcrites ; et furent icelles présentées par Longueville le héraut, à très puissant prince, monseigneur de Sombreseil, capitaine de Calais ; à toutes lesquelles lettres je n'ai trouvé nul chevalier qui m'ait envoyé son scellé, selon le contenu d'icelles. Et pourtant, communément pourrois bien dire que nulle amitié ni bonne compagnie je n'ai trouvé en tant de noble chevalerie, comme il y a au royaume d'Angleterre, vu que je suis venu de si lointain pays en approchant votre pays, poursuivant en cette peine par deux ans ou environ ; et m'en faudra aller au royaume dont je suis, sans avoir accointance de vous, comme j'ai eu et ai très grand désir, ainsi qu'il vous peut apparoir et apper par mesdites lettres générales. Et ainsi, me pars de vous sans nul effet, je vous aurai peu à mercier, considéré la peine où je suis et ai été moult longuement. Et vu votre réponse, quinze jours après la date de ces présentes lettres, j'ai intention, au plaisir de Dieu, de Notre-Dame, de monseigneur saint Michel, et de monseigneur saint George, de m'en retourner à la cour de mon très redouté souverain et lige seigneur le roi d'Arragon : et si dedans iceux quinze jours me voulez aucune chose récrire, vous me trouverez en l'hôtel monseigneur le prévôt de Paris. Autre chose ne vous sais que récrire, fors que je vous prie qu'il vous souvienne de moi, et de la peine où je suis : et pour ajouter plus grand'foi et fermeté à ces présentes lettres ; je les ai signées de mon seing manuel, et ai scellées du scel de mes armes. Si les ai fait écrire doubles et parties par A. B. C.; desquelles lettres j'ai retenu l'une par-devers moi. Écrit à Paris, le dixième jour de mai, l'an 1403. »

Depuis lesquelles lettres, Perrin de Loherene (Lorraine), sergent d'armes du roi d'Angleterre, soi disant être procureur en cette partie dudit chevalier anglois, envoya une lettre par manière de réponse audit écuyer d'Arragon, dont la teneur s'ensuit.

« A très noble écuyer Michel d'Oris : Je vous signifie de par monseigneur Jean de Prendregrest, que si vous lui voulez présentement payer et restaurer en ses mains les coûtages et depuis qu'il fit, pour vous délivrer des armes contenues en vosdites lettres, lesquelles il maintient que par votre défaut sont encore non faites il vous en délivrera, très volontiers; et autrement sachez qu'il ne vous en délivrera en rien, ni aussi ne souffrira aucun chevalier ni écuyer de par deçà vous en délivrer, ni à ce donner réponse. Et pour ce, si vous lui voulez envoyer cinq cents marcs d'esterlins pour les dépens dessusdits, lesquels il dit avoir tant coûté, je tiens que n'attendrez pas longuement à être délivré desdites armes. Si vous conseille, par voie de gentillesse, que au cas que lesdits dépens vous ne voudriez prestement envoyer par-deçà, comme dit est, vous vous gardez d'aucune chose si légèrement parler de la chevalerie d'Angleterre, comme en disant que vous n'y avez trouvé nul chevalier qui vous ait envoyé son scellé, selon le contenu de vosdites lettres, comme vous touchez en votre dernière écriture. Car pour certain, s'il convient que plus avant en soit parlé, je vous fais bien à savoir de par monseigneur Jean de Prendregrest, chevalier, qu'il sera trouvé prêt à maintenir le contraire en défense de son honneur que vous touchez en ce trop âprement, si comme il semble à nos seigneurs qui de ce savent la vérité; car il en a fait ce que prud'homme et gentil doit faire. Et de ces choses m'envoyez la réponse, et votre volonté, par Chalon, le héraut, porteur de ces présentes lettres: lesquelles pour y ajouter plus grand'foi, j'ai scellées et signées à Paris, l'an 1404. »

Lesquelles lettres ainsi envoyées de l'une partie à l'autre, finalement quant au fait, rien n'en fut exécuté ni mis à effet.

CHAPITRE III.

Comment les grands pardons furent à Rome.

En cet an, c'est à savoir l'an mille quatre cents, furent les grands pardons à Rome ; auxquels allèrent, pour acquérir le salut de leurs âmes, infinies personnes de toutes les parties de chrétienté. Durant lequel temps régna très grande mortalité universelle ; dont, entre les autres, moururent plusieurs légions de pélerins allant audit lieu de Rome.

CHAPITRE IV.

Comment Jean de Montfort, duc de Bretagne, mourut, et du partement de l'empereur de Constantinople, de Paris, et le retour de la reine d'Angleterre.

Au commencement de cet an mourut Jean de Montfort, duc de Bretagne, auquel succéda Jean, son fils premier né, qui avoit épousé la fille du roi de France, et avoit plusieurs frères et sœurs. Auquel temps l'empereur de Constantinople [1], qui

---

1. Manuel Paléologue arriva à Paris le 3 juin 1400, pour demander des secours contre Bajazet ; il fut magnifi-

avoit été grand espace de temps en la ville de Paris, aux dépens du roi de France, se partit atout (avec) ses gens et s'en alla en Angleterre, où il fut moult honorablement reçu du roi Henri et de ses princes, et de là s'en retourna en son pays. Et adonc, plusieurs notables ambassadeurs par diverses fois furent envoyés de France en Angleterre, et d'Angleterre en France, pour traiter principalement que le roi d'Angleterre voulsît (voulût) renvoyer la reine Isabelle, fille du roi de France, jadis femme du roi Richard; et, avec ce, qu'il la laissât jouir et posséder du douaire qui en convenancé (promis) lui avoit été au traité du mariage. Lesquels ambassadeurs, après plusieurs traités enfin vinrent à conclusion; et fut icelle reine ramenée en France par messire Thomas de Percy, connétable d'Angleterre, qui avoit en sa compagnie plusieurs chevaliers et écuyers, dames et damoiselles, pour icelle accompagner; et fut conduite jusques à un lieu nommé Lolinghen, entre Boulogne et Calais; et là fut délivrée et baillée à Valeran, comte de St.-Pol, capitaine et gouverneur de Picardie, avec lequel étoient l'évêque de Chartres et le seigneur de Longueville,

---

quement accueilli à Paris par Charles VI, qui déjà, l'année précédente, lui avoit envoyé le maréchal Boucicaut avec douze cents hommes. (*Voy.* le Moine de Saint-Denis, année 1400.) Manuel Paléologue passa en Angleterre au mois de septembre 1400, et revint à Paris le 28 février 1401; il retourna à Constantinople dans le cours de cette année.

pour la recevoir ; et si y étoient la damoiselle de Montpensier, sœur au comte de la Marche, et la damoiselle de Luxembourg, sœur audit comte de St.-Pol, et autres dames et damoiselles envoyées de par la reine de France. Lesquels tous ensemble, après qu'ils eurent pris congé aux seigneurs et dames d'Angleterre, se partirent de là et amenèrent ladite dame aux ducs de Bourgogne et de Bourbon, qui à grand' compagnie l'attendoient sur une montagne assez près de là. Si fut d'eux reçue et bien venue très honorablement : et, ce fait, l'amenèrent à Boulogne, et de là à Abbeville, où ledit le duc de Bourgogne, pour sa bien venue, fit un très honorable dîner ; et, après, icelui duc prit congé d'elle et retourna en Artois. Et le dit duc de Bourbon et les autres, qui étoient à ce commis, l'amenèrent à Paris devers le roi son père et la reine sa mère, desquels elle fut reçue et bien venue très bénignement. Néanmoins jaçoit (combien) qu'elle fût honorablement renvoyée, comme dit est, si ne lui fut assigné aucune rente ni revenus pour son douaire, dont plusieurs princes de France ne furent pas bien contents dudit roi d'Angleterre, et désiroient moult que le roi de France se disposât à lui faire la guerre.

CHAPITRE V.

Comment le duc Philippe de Bourgogne, oncle du roi de France, alla en Bretagne, de par le roi, et le duc d'Orléans, frère du roi, à Luxembourg, et du discord qu'ils eurent ensemble.

En ce même an, s'en alla en Bretagne le duc Philippe de Bourgogne, prendre, de par le roi de France, la possession d'icelle duché pour le jeune duc; lequel pays lui fit tantôt obéissance. Et s'en alla à Nantes voir la duchesse veuve, qui étoit sœur au roi de Navarre, et avoit promis d'épouser tôt après le roi Henri d'Angleterre. Et pourtant ledit duc de Bourgogne, qui étoit son oncle, traita tant ave celle, qu'elle quitta (céda) son douaire à ses enfants, par condition qu'elle devoit avoir par chacun an, en récompensation d'icelui, certaine somme d'argent. Après lesquels traités, et qu'icelui duc eut mis garnisons de par le roi en aucuns lieux et des plus fortes places du pays, il s'en retourna à Paris, menant avec lui le dessusdit jeune duc et ses deux frères, lesquels du roi et de la reine furent reçus honorablement. Et lors le duc Louis d'Orléans et frère du roi alla prendre possession du gouvernement de la duché de Luxembourg, par le consentement du roi de Bohême, à qui elle appartenoit, avec lequel il avoit eu spéciales convenances. Si mit garnison de ses gens en plusieurs villes et forteresses d'icelle duché, et après s'en retourna en France; et peu de temps après sourdit grand' dissension entre icelui duc d'Orléans et son oncle le duc de Bourgogne; et tant que chacun d'eux assembla grand nombre de gens d'armes entour Paris; mais enfin, par le moyen de la reine et des ducs de Berri et de Bourbon, fut la paix faite; et par ainsi se retrahirent (retirèrent) toutes manières de gens d'armes ès lieux dont ils étoient venus.

CHAPITRE VI.

Comment Clément, duc en Bavière, fut, par les électeurs d'Allemagne, élu à être empereur, et comment il fut à grand' puissance mené à Francfort.

En l'an dessusdit, Clément, duc en Bavière, fut par les électeurs d'Allemagne, élu empereur de Rome [1], après ce que réprouvé et déposé fut le roi de Bohême, jadis empereur de Rome. Si fut mené par iceux à Francfort; et avoit adonc en sa compagnie bien quarante deux mille hommes de guerre. Si mit le siége devant icelle ville qui étoit à lui rebelle, là où il fut environ quarante jours; durant lequel

---

1. Lorsque les vices et la crapule de Wenceslas, roi de Bohême et empereur d'Allemagne, décidèrent à faire le choix

temps se commença entre ses gens une grand' mortalité d'épidémie, dont bien moururent quinze mille de ses gens; en la fin desquels quarante jours, un traité se fit, et se mit icelle ville de Francfort en l'obéissance dudit empereur. Et pareillement se y mirent Cologne, Aix, et plusieurs autres villes; et lui baillèrent leurs lettres, reconnoissant que son élection avoit été bien et duement faite. Et après fut couronné en icelle ville par l'évêque de Mayence; à laquelle coronation plusieurs princes et seigneurs du pays firent grand' fête. Et y furent faites nobles joûtes et grands ébatements. Laquelle fête passée, le dit empereur envoya Étienne, son cousin germain, duc en Bavière, père de la reine de France, à Paris, pour confirmer la paix entre ledit empereur et le roi de France : lequel duc Étienne venu audit lieu de Paris, fut reçu à grand'joie, tant de sa fille la reine, comme des princes et seigneurs du sang royal; car le roi étoit pour lors malade. Et après qu'il eut

---

d'un nouvel empereur, les trois électeurs ecclésiastiques et le comte palatin du Rhin, assemblés le 20 août 1400, déposèrent d'abord Wenceslas ; et s'étant transportés de là à Rentz, ils y élurent empereur Frédéric, duc de Brunswick Rimbock. Celui-ci ayant été tué deux jours après par le comte de Waldeck, une nouvelle assemblée eut lieu à Munster, en août 1400, où se réunirent les mêmes électeurs, auxquels se joignirent l'électeur de Bavière et plusieurs princes. Ce fut alors que Robert, comte palatin du Rhin, fut élevé à l'empire.

faite sa requête, en un certain jour lui fut faite réponse par les dessusdits seigneurs, que bonnement sauva l'honneur du roi et leur serment ne pouvoient faire paix au préjudice de leur beau cousin le roi de Bohême, qui autrefois avoit été élu et couronné roi d'Allemagne. Après laquelle réponse, icelui duc s'en retourna à par le pays de Hainaut, en Allemagne devers ledit nouvel empereur, auquel il raconta et dit ce qu'il avoit trouvé et besogné en France : si n'en fut pas bien content, mais autrement ne le put avoir. En après, icelui empereur avoit proposé d'aller personnellement en Lombardie, à puissance de gens d'armes, pour conquerre les passages; et en envoya une partie devant; mais les gens d'armes du duc de Milan vinrent à main armée contre iceux, et en occirent et prirent plusieurs. Entre lesquels fut pris messire Gérard, chevalier, seigneur de Héraucourt, maréchal du duc d'Autriche, et plusieurs autres. Et par ainsi fut rompu le voyage dudit empereur.

CHAPITRE VII.

Comment Henri de Lenclastre, roi d'Angleterre, combattit ceux de Persiaque [1] et de Galles, qui étoient entrés en son pays, et les vainquit.

ENVIRON le mois de mars de cet an, s'émut grand dissension entre le roi Henri d'Angleterre et ceux de Persiaque (Percy) et de Galles (Galloway), avec lesquels étoient plusieurs Écossois : si entrèrent en grand' puissance au pays de Northumberland ; et là les trouva le dessusdit roi Henri, qui, pour les combattre, avoit fait grand' assemblée ; mais de première venue iceux déconfirent et ruèrent jus son avant-garde ; et pour ce, sa seconde bataille n'osa aller contre eux. Et adonc le roi, qui menoit l'arrière-garde, épris de grand' volonté, voyant aussi ses gens doutablement assembler à leurs adversaires, se mit et plongea vigoureusement dedans la bataille de ses ennemis, en laquelle il se conduisit et porta si chevaleureusement comme il fut su et relaté par plusieurs nobles des deux partis, que ce jour il occit et mit à mort, de sa propre main, plus de trente-six hommes d'armes, jaçoit-ce (quoique) qu'il fût par trois fois, à coups de lance, abbattu du comte de

---

1. C'est-à-dire ceux qui étoient du parti de Percy.

Douglas; et eût été pris ou occis d'icelui comte, si ses gens ne l'eussent défendu et rescous. Là fut occis Thomas de Persiaque (Percy), et Henri, son neveu, pris, lequel le roi fit tantôt mettre à mort devant lui; et icelui, comte de Douglas, y fut pareillement pris et plusieurs autres. Après laquelle besogne, icelui roi Henri se partit du champ, joyeux de sa victoire; et envoya en Galles plusieurs de ses gens d'armes pour assiéger une ville en laquelle étoient aucuns favorables aux dessusdits Persiaque.

CHAPITRE VIII.

Comment Jean de Werchin, chevalier de grand renom, sénéchal de Hainault, envoya en divers pays lettres par un sien hérault pour faire armes.

Au commencement de cet an, Jean de Werchin, chevalier de grand renom, et sénéchal de Hainaut, envoya, en divers pays par un sien hérault, plusieurs lettres aux chevaliers et écuyers, afin d'être fourni à faire aucunes armes qu'il avoit entrepris à faire; desquelles lettres la teneur s'ensuit[1] :

---

1. Ces lettres de défi sont contenues dans la maison de la bibliothèque du Roi, n° 8407. J'en ai parlé dans ma notice sur G.. Chastellain.

« A tous chevaliers et écuyers, gentilshommes de nom et d'armes, sans reproche : je, Jean de Werchin, chevalier, sénéchal de Hainaut, fais à savoir à tous, qu'à l'aide de Dieu, de Notre-Dame, de monseigneur saint George et de ma dame, serai, le premier dimanche d'août prochain venant, à Coucy, si je n'ai loyal essoine (empêchement) prêt pour lendemain faire les armes qui ci-après sont écrites, pardevant mon très redouté seigneur, monseigneur le duc d'Orléans, lequel m'a accordé la place, s'il est adonc gentilhomme, tel que dessus est dit, en ladite ville, qui accomplir les me veuille. Et premièrement serons, moi et le gentilhomme qui accomplir me voudra mon entreprise, montés à cheval en selles de guerre, sans nulle maîtrise. Et serons armés pour nos corps comme il nous plaira, et aurons targes sans couverture ni ferrure de fer ni d'acier, et aurons chacun une lance de guerre, où ne pourra avoir aggrappe (crochet) ni rondelle, et une épée. Si assemblerons desdites lances une fois ; et asséné desdites lances ou non, chacun ôtera sa targe à part lui, et prendra son épée sans aide d'autrui. Si en férirons vingt coups sans reprise.

« Et je, pour honneur de la compagnie et le plaisir que le gentilhomme m'aura fait d'accomplir mes armes et madite entreprise, le délivrerai prestement à pied, si je n'ai essoine (mal) de mon corps, sans ce que nous prenons ni ôtons, lui ni moi, pièce de harnois ; mais aurons celui que nous aurons porté pour les épées à cheval, sinon que chacun pourra prendre autre visière, et ralonger ses plates s'il lui plaît, de tel nombre de coups d'épée qu'il m'aura voulu deviser, et puis de dague quand il m'aura affirmé d'accomplir ma dessusdite entreprise, pourtant que ledit nombre de coups se puisse fournir en la journée, à telle reprise que je lui deviserai ; et pareillement de tant de coups de hache que deviser me voudra ; mais pour les haches se pourra armer chacun comme il lui plaira. Et s'il advenoit aussi, que jà ne puisse advenir ! qu'en faisant lesdites armes, l'un de nous deux fût blessé, tant que pour la journée ne pussent être parfaites les armes qui adonc seront emprises par nous deux, l'autre ne seroit en rien tenu de l'attendre pour les parfaire, ainçois (mais) seroit d'icelles quitte. Et quand je aurai accompli ce que dessus est dit, ou que le jour sera passé, je avec l'aide de Dieu, de Notre-Dame, de monseigneur saint George et de ma dame, me partirai de la susdite ville, si je n'ai essoine (mal) de mon corps, pour aller à monseigneur saint Jacques en Galice. Et tous les gentilshommes de la condition dessusdite que je trouverai, moi allant audit voyage et retournant jusques en là dessus nommée ville de Coucy, qui me voudront faire tant d'honneur et de grâce de me délivrer de pareilles armes ci-dessus devisées à cheval, et me bailler juge raisonnable, sans m'éloigner de mon droit chemin plus de vingt lieues, ni moi reculer du chemin, et m'affirmer que le plaisir dudit juge soit tel que lesdites armes soient commencées dedans cinq jours que serai venu en la ville ou les armes se devront faire, je, à l'aide de Dieu et de ma dame, si je n'ai loyal essoine (mal) de mon corps, quand ils m'auront accompli mon emprise, les délivrerai prestement à pied, et par la manière ci-dessus devisée, de tel nombre de coups d'épée, de dague et de hache qu'ils m'auront voulu deviser quand ils me promettront d'accomplir ma dessusdite emprise. Et s'il advenoit qu'un gentilhomme et moi fissions accord à faire les dessusdites armes, et m'eût donné juge, comme ci-devant est devisé, et en allant devers le juge, en trouvasse un autre qui me voulît (voulût) délivrer pareillement, et donner juge plus près de moi que le premier, j'aurois tousdis (toujours) à aller premièrement délivrer icelui qui plus près juge me donneroit. Et quand je serois quitte de lui, je retournerois à l'autre pour lui fournir ce qu'accordé aurions ensemble, si je n'avois essoine (mal) de mon corps. Et ainsi pareillement ferai tout le voyage durant; et serai quitte pour faire, devant chacun juge, une fois lesdites armes. Et ne pourra un gentilhomme faire qu'une fois avec moi armes le chemin durant, et aurons bâtons (armes) pareils de longueur, pour faire toutes les armes qui se feront; laquelle longueur baillerai quand en serai requis. Et seront tous les coups de toutes lesdites armes qui se feront depuis le bord des plates dessous en amont.

» Et afin que tous gentilshommes qui auront volonté de moi délivrer, puissent savoir mon chemin, j'ai intention, au plaisir de Dieu, de passer par le royaume de France, et de là tirer à Bordeaux, et puis au pays du comte de Foix, de là au royaume de Navarre, au royaume de Castille, et puis à monseigneur saint Jacques; et au retourner, s'il plaît à Dieu, repasserai par le royaume de Portugal, et de là, au royaume de Valence, au royaume d'Arragon, en Catalogne, en Avignon, et puis repasserai par le dessusdit royaume de France, pourvu que je puisse par les dessus nommés pays sûrement passer sans avoir empêchement, et portant cette présente emprise, excepté ceux du royaume de France et ceux de la comté de Hainaut.

« Et afin que cette emprise soit tenue véritable, j'ai mis le scel de mes armes à cette présente lettre pour accomplir ce que dessus est écrit, et signé de ma main, qui fut faite, l'an de l'incarnation de Notre-Seigneur, mille quatre cent et deux, le premier jour du mois de juin. »

Lequel sénéchal dessus nommé, pour fournir et accomplir son entreprise, alla à Coucy [1], selon le contenu de ses lettres par-devant écrites. Et là, fut du duc d'Orléans très joyeusement reçu : mais audit jour ne comparut homme nul pour faire

---

1. Petite ville de Picardie que le duc d'Orléans avoit achetée en 1400, de Marie de Coucy, veuve de Henri, duc de Bar.

armes contre lui. Et pourtant aucun peu de jours ensuivant, se partit de là pour aller au voyage de Saint-Jacques, ainsi que promis l'avoit. Durant lequel voyage il fit armes en sept lieux et par sept journées devant son retour : auxquelles armes il se porta à toutes les fois si vaillamment et si honorablement, que tous les princes qui étoient juges d'icelles armes furent contents de sa personne.

CHAPITRE IX.

Comment Louis, duc d'Orléans, frère du roi de France, envoya lettres au roi d'Angleterre, pour faire armes, et la réponse qu'il eut.

En après, en cet an 1402, Louis, duc d'Orléans, frère au roi de France, envoya une lettre pour faire armes au roi d'Angleterre, dont la teneur s'ensuit :

« Très haut et puissant prince Henri, roi d'Angleterre, je, Louis, par la grâce de Dieu, fils et frère des rois de France, duc d'Orléans, vous écris et fais à savoir qu'à l'aide de Dieu, et de la benoite Trinité, pour le désir que j'ai de voir à honneur l'emprise que je pense que vous devez avoir pour venir à prouesse, et regardant l'oisiveté en quoi plusieurs seigneurs extraits de royale lignée se sont perdus, quand en faits d'armes ne s'emploient, jeunesse qui mon cœur requiert employer en aucuns faits pour acquérir honneur et bonne renommée, me fait penser de présent à commencer à faire métier d'armes, et que plus honorablement ne le pourrois acquérir, tout regardé, que d'être en lieu, à un jour avisé tant de vous comme de moi, et en une place où fussions nous deux accompagnés chacun de son côté de cent chevaliers et écuyers de nom et d'armes, et sans aucun reproche, tous gentilshommes, et nous combattre jusqu'au rendre. Et cil à qui Dieu donnera la grâce d'avoir la victoire le jour, chacun chez soi, comme son prisonnier pourra mener son compagnon pour en faire sa volonté : et si ne porterons sur nous quelque chose qui tourne à sort, ou invocation quelconque, qui de l'église soit défendu : et n'y aura trait en ladite bataille fors que chacun s'aidera du corps que Dieu lui a prêté, armé comme bon lui semblera, tant à l'un côté comme à l'autre pour sa sûreté, ayant bâtons accoutumés, c'est à savoir, lance, hache, épée et dague; et chacun, de tel avantage comme métier et besoin lui sera pour sa sûreté et pour soi aider, sans avoir alênes, ou crocs, broches, poinçons, fers barbelés, aiguilles, pointes envenimées, ni rasoirs, comme pourra être avisé par gens en ce connoissants, ordonnés tant d'une part comme d'autre, avec toutes les sûretés qui en ce cas sont nécessaires. Et pour venir à l'effet de cette désirée journée dessusdite, je vous fais à savoir qu'à l'aide de

Dieu, de Notre-Dame, et de monseigneur Saint Michel, je pense être, sue votre volonté, accompagné du nombre dessusdit en ma ville et cité d'Angoulême, pour accomplir, à l'aide de Dieu, ce que dit est devant. Or m'est avis que, si votre courage est tel que je pense pour ce fait accomplir, vous pourrez venir jusqu'à Bordeaux; et, là ès marches, nous deux nous trouverons pour outrer notre journée comme pourra être avisé, tant de vos gens comme des miens commis à ce, pleine puissance ayant de toutes parts, comme si nous y étions en ce faisant en nos propres personnes.

» Très haut et très puissant prince, mandez-moi et faites savoir en ce cas votre volonté, pour accomplir les choses dessusdites; et veuillez abréger le temps d'en mander votre plaisir; car je pense que vous pouvez savoir qu'en tout fait d'armes bien avisé, le plus bref compte est le meilleur; principalement et généralement aux rois aux princes, et aux seigneurs. Et en avisant, tant par mandements comme par écrit en cette emprise, n'en pourroit venir entre vous et moi qu'empêchement de faits nécessaires, qui sont ou peuvent être en nos mains. Et pour ce, afin que vous sachez et connoissez que ce que je vous écris et mande je veuille accomplir à l'aide de Dieu, je me suis souscrit de ma propre main, et si ai scellé du sceau de mes armes ces présentes lettres, écrites en mon chastel de Coucy, le septième jour d'août 1402. »

S'ensuit la première lettre de réponse du roi Henri aux lettres du duc d'Orléans.

« Henri, par la grâce de Dieu, roi d'Angleterre et de France, et seigneur d'Irlande, à haut et puissant prince, Louis de Valois, duc d'Orléans. vous écrivons, mandons et faisons savoir que nous avons vu vos lettres de requêtes d'armes, dont la teneur s'ensuit : Très-haut et puissant prince Henri, etc.

« Par la teneur desquelles, nous pouvons bien apercevoir à qui elles s'adressent : néanmoins il est à nous, comme être pourroit entendu, par ce que vous en avez mandé ; nous en avons grandes merveilles pour les causes qui s'ensuivent. Premièrement, pour les trèves jurées entre notre très cher seigneur et cousin le roi Richard, notre dernier prédécesseur, que Dieu absolve, et votre seigneur et frère, lesquelles vous-même avez jurées à tenir, et qui sont affirmées par votre seigneur et frère et nous. Secondement, pour l'alliance qui fut pourparlée entre nous et vous à Paris ; et aussi pour les serments que vous baillâtes en nos mains, et ès mains de nos très chers chevaliers et écuyers, messire Thomas d'Espinghen, messire Thomas Rampson, et Jean Marbury, de la bonne amitié et alliance que vous promîtes à nous tenir : desquelles lettres de votre alliance scellées de votre scel, la teneur s'ensuit :

» Ludovicus, etc.

» Or puis qu'ainsi est que vous avez commencé devers nous, contre raison, par les causes dessus-dites, comme il nous semble qu'il nous soit par vous envoyé, nous vous voulons répondre en la manière qui s'ensuit; c'est-à-dire que nous voulons que Dieu et tout le monde sachent, qu'il n'a été et n'est notre intention d'aller contre chose que nous ayons promis en notre défaut, ni par nous commencée.

» Mais puisque vous avez ainsi commencé en votre personne devers nous, nous vous prions, mandons, et faisons savoir, que la pareille lettre d'alliance que vous avez reçue de nous, laquelle nous voudrions avoir tenue, si vous eussiez tenu la vôtre, nous cassons, annulons, et renonçons tant comme est en nous, et tenons pour nulle amitié, amour, n'alliance dorénavant ; et ce en votre défaut, car il nous semble que nul prince, seigneur, chevalier, ni autre de quelconque état qu'il soit, ne doit demander ni faire armes sous icelle alliance et amitié, et pour ce nous vous quittons devers vous toute notre alliances, et vous répondons à votre dite lettre de requête : combien que, considéré la dignité que Dieu nous a donnée et là où Dieu nous a mis de sa bonne grâce, ne devrions répondre à nul tel fait, sinon de pareil état et dignité que nous

sommes, vous faisons savoir que, là où il est contenu
en votre lettre que : l'entreprise que vous pensez
que nous devons avoir pour venir à prouesse, regardant l'oisiveté, etc. Il est vrai que nous ne sommes
pas tant employés en armes et en honneurs, comme
nos nobles progéniteurs ont été ; mais Dieu est trop
puissant de nous mettre à poursuivre leurs faits
quand lui plaira ; lequel, pour toute l'oisiveté que
nous avons eue de sa bonne grâce, tous-dis (toujours) a gardé notre honneur. Et quant à ce que
vous désirez d'être en lieu et en jour regardé tant
de vous comme de nous, en une place où nous fussions nous deux accompagnés chacun de son côté
de cent chevaliers et écuyers de nom et d'armes,
sans avoir reproche et gentils hommes, à nous
combattre jusques au rendre : vous faisons savoir
qu'il n'a été vu devant cette heure, que aucun de
nos nobles progéniteurs rois ait été ainsi calengé
par aucune personne de moindre état qu'il n'étoit
lui-même ; qu'il n'avoit mis ni employé son corps
en tel fait avec cent personnes ou autre nombre
pour telle cause; car il nous semble que ce qu'un
prince roi fait, il le doit faire à l'honneur de Dieu
et commun profit de toute chrétienté ou de son
royaume, et non pas pour vaine gloire ni pour
nulle convoitise temporelle. Et, parce que nous
voulons partout conserver l'état que Dieu nous a
donné, pris avons tel propos, qu'à quelque heure
qu'il nous plaira et semblera mieux expédient, à
l'honneur de Dieu, de nous et de notre royaume,

nous irons personnellement en notre pays de par delà, accompagnés de tant de gens qu'il nous plaira ; et lesquels nous réputons tous nos loyaux serviteurs, sujets et amis, pour y conserver notre droit.

» Auquel temps, si vous pensez qu'il soit à faire, vous vous pourrez mettre avant, avec tel nombre de gens comme mieux vous semblera, pour vous acquérir honneur et accomplissement de tous vos courageux désirs. Et si Dieu plaît, et Notre-Dame, et monseigneur saint George, vous ne partirez sans être tellement répondu à votre requête, que vous en devrez être tenu pour répondu, soit pour combattre entre nos deux personnes, autant comme Dieu veuille souffrir, laquelle chose nous désirons plus qu'autrement, pour eschever (éviter) effusion de sang chrétien, ou autre plus grand nombre. Et Dieu sait que nous voulons que tout le monde sache que cette nôtre réponse ne procède pas d'orgueil, ni de présomptueuseté de cœur, ni pour mettre en reproche nul prud'homme qui a son honneur cher, mais seulement pour faire abattre la hautesse de cœur et surcuidance de celui, quel qu'il soit, qui ne sait discerner qu'il est lui même. Et si vous voulez que ceux de votre partie soient tous sans reproche, gardez mieux vos lettres, vos promesses, et votre scel que n'avez fait devant cette heure. Et pour ce que nous voulons que vous sachez que cette nôtre réponse, laquelle nous vous écrivons et mandons, procède de notre certaine science, et que nous l'accomplirons en notre droit, si Dieu plaît, nous avons scellé de nos armes ces présentes lettres.

» Donné en notre cour de Londres, le quinzième jour du mois de décembre, l'an de grâce mille quatre cent et deux, et de notre règne le quart. »

S'ensuit la lettre d'alliance, translatée de latin en françois, faite entre le duc d'Orléans, et le duc de Lancastre avant qu'il fut roi d'Angleterre.

» Louis, duc d'Orléans, comte de Valois, de Blois, et de Beaumont, à tous ceux qui ces présentes lettres verront, salut et dilection. Savoir faisons, par ces présentes, que jaçoit-ce que (quoique) par ces présentes, entre très haut et puissant prince, notre très cher cousin Henri duc de Lancastre et d'Herford, comte de Derby de Lincoln, de Leicestre et de Northe-Hampton, en présent nous soit donné dilection et affection : Néanmoins, nous, désirant avoir plus ferme amitié et alliance ensemble, attendu que nulle chose en ce monde ne se peut à peine trouver meilleure, ni plus plaisante, ni plus profitable de ce : au nom de Dieu et de la très sainte Trinité, qui est très bel exemplaire, et aussi ferme et stable fondement, en parfaite charité et amitié, ni sans le bras de sa grâce, rien ne se peut bien ni profitablement mettre à fin ; nous, en forme et manière que cette nôtre amitié soit réputée honorable et honnête, sommes venus et venons à faire ensemble alliance et confédération en cette manière. Et premièrement, chacun de nous tient être raison et approuve moult, qu'en cette alliance soient exceptés tous ceux qui sembleront à chacun de nous être exceptés au regard de honnêteté ; et pour ce nous exceptons de notre fait, ceux qui s'ensuivent :

» Premièrement, notre très haut et très puissant prince et mon très redouté seigneur, Charles, par la grâce de Dieu, roi de France ; monseigneur le dauphin aîné, son fils et tous les autres fils et enfants de mondit seigneur; madame la reine de France, et nos très chers oncles les ducs de Berri, de Bourgogne, et de Bourbon ; très nobles princes nos très chers cousins, le roi des Romains et de Bohême ; le roi de Hongrie, son frère et leurs oncles ; et Précop, marquis de Moravie ; et aussi tous nos cousins plus prochains, et tous autres de notre sang présents et à venir, tant mâles que femelles ; et notre très cher père le duc de Milan, la fille duquel nous avons à femme, pour laquelle affinité, nous appartient être favorable à son bien et honneur ; et très nobles princes nos très chers cousins, le roi de Castille, le roi d'Écosse, et tous autres alliés à mondit seigneur, auxquels il nous faut adhérer avec mondit seigneur ; et notre très cher cousin le duc de Lorraine, le comte de Clèves, le seigneur de Clisson, et tous autres nos vassaux et obligés par foi et serment, lesquels nous sommes tenus garder de mal, pour ce qu'ils se sont adonnés à nos services et commandements ; et finalement tous ceux qui sont nos alliés, auxquels il appartient garder et tenir nos convents (promesses).

» *Item,* entre le duc de Lancastre et nous sera toujours sans intermission, bonne affection de vraie amour et dilection, comme doit être en vrais et honnêtes amis;

» *Item,* chacun de nous sera toujours et en tous lieux, ami et bienveillant des amis et bienveillants l'un de l'autre; et ennemi à ses ennemis, ainsi qu'il convient à honneur et louange de l'un et de l'autre;

» *Item,* en tous temps, en tous lieux, et en toutes choses et besognes chacun de nous aimera, pourchassera, gardera et défendra le salut, le bien, honneur et état l'un de l'autre, tant en paroles comme en faits, diligemment et soigneusement, tant comme faire se pourra, honorablement et honnêtement;

» *Item,* en temps et en cas de discord, de débat, et de guerre, nous aiderons et défendrons l'un l'autre de grand désir, pure volonté, et parfaite œuvre, contre et envers tous princes, seigneurs et barons, et toute autre personne singulière, ou communauté, collége, université, de quelque seigneurie, dignité et état, degré et condition qu'ils soient, par toutes voies, remèdes, engins, consaux, forces, aides, gens d'armes, hosts et autres subsides que nous pourrons et saurons; et chacun de nous se lèvera, résistera, et combattra contre tous les adversaires, guerroyeurs et ennemis de l'autre, et s'y efforcera de toute pensée, conseil et œuvres licites et honnêtes, exceptés toujours, comme dit est, les dessus nommés;

» *Item,* les choses dessusdites se feront, tiendront, garderont et dureront, tant comme les trèves présentes faites entre mondit seigneur et le roi d'Angleterre dureront : et si meilleure paix se fait, dureront tant comme icelle paix durera entre eux sans enfreindre.

» En témoin et fermeté de ce nous avons fait faire et écrire ces présentes lettres, et y mettre notre scel pendant.

» Donné à Paris, le dix-septième jour de juin, l'an de grâce mille trois cent quatre-vingt et seize. »

S'ensuit la seconde lettre du duc d'Orléans, répliquant aux premières lettres du roi d'Angleterre:

« Haut et puissant prince Henri, roi d'Angleterre, je, Louis, par la grâce de Dieu, fils et frère des rois de France, duc d'Orléans, etc, vous écris, mande et fais savoir que j'ai reçu en bonne étrenne, ce premier jour de janvier, par Lancastre, roi d'armes et votre héraut, les lettres que écrites m'avez, faisant réponse à aucunes autres lettres que mandées et écrites vous avois par Champagne, roi d'armes, et par Orléans, mon héraut, et ai bien entendu le contenu d'icelles.

» Quant à ce que vous ignorez ou voulez ignorer, que vous ne savez si mesdites lettres s'addressent à vous, votre nom y est, lequel prîtes sur fonts, et que vos père et mère vous appeloient eux étant en vie. Si la dignité que vous detenez, je ne écris pas au long, je n'approuve pas et ne voudrois en ce approuver la manière comment vous y êtes venu ; mais sachez de vrai que mesdites lettres s'adressent à vous. Quant à ce que vous m'avez écrit, que vous avez merveilles de la requête que je vous ai faite, considérées les trèves prises par mon très redouté seigneur, monseigneur le roi de France, d'une part, et haut et puissant prince le roi Richard, mon neveu et votre seigneur lige derrain (dernier) trépassé, Dieu sait par qui, d'autre part ; et aussi que vous dites par vosdites lettres que je ne vous devois demander de faire armes, pour aucune alliance faite entre nous deux, laquelle vous m'avez envoyée de mot à mot, je la récite pour les voyants mieux informer, et en vous remontrant que je ai gardé mon propos que lors avois, et aurai, si Dieu plaît, toute ma vie ; et eusse gardé l'alliance, si envers vous n'eût eu aucun défaut : premièrement, d'avoir entrepris, à l'encontre de votre lige et souverain seigneur le roi Richard, à qui Dieu pardoint, ce qu'avez fait, qui étoit allié de mondit seigneur, monseigneur le roi de France, tant par mariage comme par écrits scellés de leurs sceaux, en quoi nous jurâmes, ceux de leur lignage d'un côté et d'autre, comme il appert par les lettres faites pour le temps où ils assemblèrent devers monseigneur et votre seigneur dessusdit, vous en sa compagnie et plusieurs autres de son lignage. Et pouvez connoître et apercevoir, par mesdites lettres dont vous m'avez envoyé la copie, si ceux qui étoient paravant alliés de mondit seigneur ne sont point exceptés ; et si pouvez savoir, si ce seroit bien honnête chose à moi d'avoir alliance à vous de présent; car au temps que je fis ladite alliance, je n'eusse cuidé ni pensé que vous eussiez fait contre votre roi, ce qui est connu et que chacun sait que vous avez fait.

» Et pour ce que vous dites que nul seigneur ni chevalier, de quelque état qu'il soit, ne doit demander à faire armes sans rendre leur alliance avant que l'on fît telle entreprise, je ne sais si à votre seigneur le roi Richard vous rendîtes le serment de féauté que vous aviez à lui, avant que vous procédissiez contre sa personne en la manière qu'avez fait. Et quant à la quittance que vous me faites, avant que vous me répondez à la promesse que faite m'aviez, comme il appert par les lettres sur ce faites que je ne puis avoir, sachez que depuis que je sus le fait que vous fîtes à votre seigneur lige, je n'eus espérance que vous dussiez tenir à moi ni à autrui quelconque convenance que dussiez avoir fait; et devez penser et assez connoître que je n'ai vouloir d'avoir alliance à votre personne.

» Quant à la considération que pouvez avoir à la dignité en quoi vous êtes, je ne pense que la vertu divine vous y ait mis : Dieu le sait et peut bien avoir dissimulé, comme il fait plusieurs princes régner, et à la fin, à leur confusion; et à me comparager à votre personne, point n'en est besoin regardant mon honneur.

» A ce que vous me récrivez que, pour l'oisiveté

que vous avez eue, votre honneur a toujours été bien gardé, assez est su par toutes contrées.

» Quant à la venue que vous pensez à faire par deçà, sans le moi mander quand ni où ce sera, récrivez-le moi ou le me mandez, et je vous assure que vous aurez nouvelles sans guères attendre, pour faire de tout mon vouloir et parfaire, à l'aide de Dieu, si j'ai santé, ce que j'ai écrit par mes autres lettres, si à vous ne tient.

» A ce que vous me récrivez que vos progéniteurs n'ont point accoutumé d'être ainsi calengés de moindres personnes qu'ils n'étoient eux-mêmes, qui ont été et qui sont les miens, n'est jà besoin qu'en sois mon héraut : il est connu par tout pays. Et quant à moi, je me sens sans reproches, la merci Dieu, et ai toujours fait ce que loyal prud'homme doit faire, tant envers Dieu comme envers monseigneur et son royaume. Qui fait ou a fait autrement, eût-il tout le monde en sa main, si n'a-t-il rien et n'est pas à priser.

» Quant à ce que vous récrivez que ce qu'un prince roi doit faire, il le doit faire à l'honneur de Dieu, au commun profit de toute chrétienté et de son royaume, et non pas par vaine gloire, ni pour nulle convoitise temporelle, je vous réponds que c'est bien dit ; mais si l'eussiez fait en votre pays le temps passé, plusieurs choses par vous faites n'eussent pas été exécutées au pays où vous demeurez. Qu'avoit à comparoir ma très redoutée dame madame la reine d'Angleterre, laquelle, par votre rigueur et votre cruauté, est venue en ce pays, désolée de son seigneur qu'elle a perdu, dénuée de son douaire, que detenez, dépouillée de son avoir qu'elle emporta par delà et qu'elle avoit de par son seigneur? Où est celui qui quiert avoir honneur, qui ne se montre pour soutenir son fait? Où sont tous nobles qui doivent garder, en tous états, les droits des dames veuves et des pucelles, de si belle vie comme tous savent qu'étoit ma dessusdite dame et nièce? Et pour ce que je lui appartiens de si près, comme chacun sait, m'acquittant envers Dieu et envers elle comme son parent, vous réponds aux points que vous me dites que pour eschever (éviter) l'effusion de sang humain, vous, étant venu de par deçà et moi à l'encontre de vous, me répondrez plus volontiers de corps à corps, ou de plus grand nombre que de présent ne m'écrivez, qu'à l'aide de Dieu, de la benoite vierge Marie et de monseigneur saint Michel, sçue de vous, la réponse de ces lettres, soit corps à corps, nombre à nombre, soit pouvoir à pouvoir, vous trouverez en faisant mon devoir et gardant mon honneur, telle réponse par effet comme en tel cas appartient.

» Et vous mercie, pour ceux de mon côté, que de leur sang avez plus grand' pitié que n'avez eu de votre lige et souverain seigneur. Quant à ce que vous m'avez écrit qu'icelui qui ne sait discerner en quel état il est soi-même, qui veut élire gens sans reproche, sachez que je sais que je suis et ceux de ma compagnie, et le vous mande, et vous le trouverez que nous sommes tous prud'hommes et loyaux, et pour tels nous tenons et nous réputons ; et nous savons bien et saurons, si Dieu plaît, garder de faire autre chose que loyaux, prud'hommes et gentils ne doivent faire, ni par écrit, ni par dit, ni par fait. Mais vous et vos gens, regardez à vous, et me récrivez sur toutes choses votre intention, laquelle chose je désire moult de savoir bref. Et pour ce que vous sachez et connoissez que ce que je vous écris et que je vous mande, je veuille accomplir à l'aide de Dieu, j'ai ici fait mettre le scel de mes armes, et m'y suis souscrit de ma propre main, le lendemain de la Notre-Dame, vingt-sixième jour de mars, 1402. »

S'ensuit la seconde lettre du roi Henri, dupliquant à la seconde lettre du duc d'Orléans :

« Henri, par la grâce de Dieu, roi de France et d'Angleterre, seigneur d'Irlande, à vous, Louis de Valois, duc d'Orléans, vous récrivons, mandons et faisons à savoir que nous avons vu unes lettres de votre part, le derrain jour de ce présent mois d'avril, que nous avez envoyées par Champagne, roi d'armes, et Orléans, votre héraut, en cuidant avoir donné réponse à nos lettres par vous reçues le premier jour de janvier dernier passé, par Lancastre, roi d'armes, notredit héraut, laquelle votredite lettre porte date du vingt-sixième du mois de mars, l'an de grâce 1402, et avons bien entendu le contenu d'icelles. Et jaçoit-ce-que (quoique), toutes choses considérées, et, par espécial, l'état où Dieu nous a mis, nous ne dussions répondre à votre requête que faite nous avez, ni aux réplications ajoutées à icelles, toutefois, puisque vous touchez notre honneur, si vous voulons répondre, voyant et considérant qu'en votre première requête d'armes à nous faite, et à laquelle nous vous donnâmes réponse, vous prétendîtes icelle avoir procédé d'entier désir et jeunesse de cœur, pour vous acquérir honneur et bon renom, à commencer à venir et savoir le métier d'armes,

» Si nous semble, par votre présent écrit, qu'icelui votredit désir, avez tenu grandement en frivoles et en paroles de tenson (querelle) et dépit, en diffamant notre personne, cuidant par aventure que ce tourneroit à la confusion de nous, ce que Dieu peut bien tourner à la vôtre, et à bon droit.

» Si sommes pourtant émus, et non pas sans cause raisonnable, de vous donner réponse aux principaux points compris en vosdites lettres, par manière comme ci-après vous pourra plus pleinement apparoir, pensant bien et considérant que point n'appartient à notre état, ni que ne pourrions notre honneur garder par tenser (quereller), et avec ce, sur les autres points frivoles pleins de malice et de tenson, ne vous donner réponse aucunement, sinon que tout ce qui touche notre reproche est faux.

» Premièrement, quant à la dignité que vous

dites nous tenir, laquelle vous n'écrivez au long, n'approuvez pas, ni ne voudriez en ce approuver la manière comment nous y sommes venus, certes, nous nous émerveillons grandement, car nous vous l'avions bien dit et déclaré avant notre partement de par-delà, auquel temps vous approuvâtes icelle notre venue, et promîtes aide encontre notre très cher seigneur et cousin le roi Richard, que Dieu absolve, si nous le voulions avoir eu. Néanmoins, de la preuve ou de la dépreuve de vous, en ce nous tenons de vous bien peu de compte ; car, puisque Dieu, de sa bonne grâce, en notre droit nous a approuvé et tous ceux de notre royaume aussi, il nous suffit pour tous ceux qui en ce nous voudroient contredire, qu'ils auroient le tort ; confiant de la bénigne grâce de Dieu qui nous a gouverné et défendu, et bien a commencé à nous ; car, en continuant sa grand' miséricorde, nous menès à bonne fin et telle conclusion, que vous connoîtrez la dignité qu'il nous a donnée, et le droit que nous y avons.

» Quant à ce qu'en vosdites lettres est faite mention du trépassement de notre très cher seigneur et cousin à qui Dieu pardoint, et en disant : Dieu sait par qui, nous ne savons à quelle cause ou quelle intention vous le dites; mais si vous voulez ou osez dire que par nous, ou notre vouloir, ou consentement il ait été mort, il est faux, et sera toutes les fois que vous le direz ; et à ce nous sommes et serons prêts, à l'aide de Dieu, de nous défendre corps pour corps, si vous voulez ou l'osez prouver.

Et là où vous m'écrivez, en montrant de garder votre propos que vous avez de garder l'alliance faite par nous deux, si envers nous n'eût eu aucun défaut d'avoir entrepris à l'encontre de notre très cher seigneur et cousin, qui étoit allié de votre seigneur et frère, tant par mariage comme par écrits scellés de leurs sceaux ; et aussi du temps que vous fîtes cette alliance avec nous, vous n'eussiez cuidé (cru) ni pensé que nous eussions fait à l'encontre de notre très-cher seigneur et cousin, ce qui est connu et que chacun sait que nous avons fait, à ce que vous en dites : nous répondons, que nous n'avons rien fait envers lui, que nous n'osons bien avoir fait devant Dieu et tout le monde.

» En ce que vous nous écrivez que nous pourrons connoître et apercevoir par vos lettres de ladite alliance, si ceux qui étoient paravant exceptés, et même si notre très chère et très amée cousine et dame Isabelle, votre très honorée dame et nièce, n'y étoit pas comprise, nous ne savons si les avez exceptées en général.

» Mais adonc quand vous fîtes alliance d'entre nous, à votre requête, vous ne l'exceptâtes pas en espécial, comme vous fîtes bel oncle de Bourgogne ; et néanmoins, une des principales causes de notre alliance qui se fit à votre instance et requête, étoit pour la malveillance que vous aviez à votredit oncle de Bourgogne, comme nous saurons bien déclarer quand nous voudrons ; par où tous loyaux pourront apercevoir si aucun défaut y a en vous. Et pour ce, une hypocrisie suffiroit devers Dieu, sans être usée devers le monde.

» Quant à ce que vous maintenez que, puisque vous avez su le fait que vous prétendez que nous avons fait à notre dessusdit seigneur et cousin, vous n'eûtes espérance que nous dussions tenir à vous ni à autrui, quelconque convenant (promesse) que nous dussions avoir, si que nous dussions penser et assez connoître que vous n'avez vouloir d'avoir alliance à notre personne, nous nous merveillons moult, car long-temps après que nous étions en l'état que par la grâce de Dieu nous avons à présent, vous envoyâtes devers nous un de vos chevaliers portant votre livrée, qui nous conta de par vous que vous voudriez toutefois être à nous entier ami, à ce qu'il nous disoit, et qu'après votredit seigneur et frère, vous nous feriez autant de plaisir et amitié comme à nul prince qui fût, à telles enseignes que vous lui chargeâtes de nous dire que l'alliance faite entre vous et nous étoit passée dessous nos grands sceaux ; laquelle chose, à ce qu'il nous disoit, ne voudriez avoir découvert à nul François. Et depuis, par aucun de nos hommes liges, vous nous fîtes savoir votre bon vouloir, touchant cet amour et entière amitié par semblable manière en effet, si comme ils nous ont dit ; mais puisque n'avez vouloir d'avoir alliance à notre personne, notre état bien considéré, si comme écrit nous avez, certes nous ne savons pourquoi nous dussions désirer avoir aucune alliance à vous, toutes choses bien considérées ; car ce qu'envoyé nous avez paravant, n'accorde pas à ce qu'écrit nous avez à présent.

» Et là où vous avez écrit, que, quant à la considération que nous pourrons avoir en la dignité en quoi nous sommes, vous ne pensez que la vertu divine nous y ait mis, en disant : « Dieu le peut avoir dissimulé, comme il a fait plusieurs princes régner et à la fin à leur confusion. » Certes, de bouche et non de cœur, plusieurs gens parlent; et pour tels, comme ils sont eux-mêmes, ils jugent les autres; pourquoi Dieu est tout puissant de faire tourner leur sentence sur eux-mêmes, et non pas sans cause. En ce que touchez la dignité en quoi nous sommes, et que vous ne croyez que la vertu divine nous y ait mis : certes, nous vous répondons et faisons savoir, que Notre-Seigneur Dieu, à qui nous donnons toujours louanges et grâces, nous a montré, de sa divine grâce, plus que nous ne sommes dignes de recevoir ou d'avoir, si ce n'étoit seulement ce que de sa miséricorde ou bénignité lui a plu nous donner, et certes, ce que toutes les sorceries ni diableries ne sauroient faire, ni ne pourroient donner [1], ni tous ceux qui s'en entremettent. Et combien que vous ne doutez, nous ne

---

[1]. Il veut par là faire allusion au bruit qui couroit alors que Valentine de Milan, duchesse d'Orléans, communiquoit avec le diable, et avoit ensorcelé le roi Charles VI.

doutons pas aussi ; mais savons et affions bien en Dieu que nous y sommes entrés par lui et de sa bénigne grâce.

» Quant à ce que vous nous écrivez par votre demande, que votre dite très honorée dame et nièce avoit à se plaindre de notre rigueur et notre cruauté, parce qu'elle étoit venue en son pays, désolée de son seigneur qu'elle a perdu ; désevrée (privée) de son douaire, que vous dites que nous détenons, dépouillée de son avoir qu'elle apporta par deçà et qu'elle avoit de son seigneur : Dieu, à qui nulle chose ne peut être célée, sait que nous n'avons fait nulle rigueur ni cruauté envers elle, mais lui avons montré honneur, amour et amitié ; qui voudroit dire le contraire il mentiroit faussement. Et plût à Dieu que n'eussiez jà fait rigueur, cruauté, ni vilenie, devers nulle dame ni damoiselle, ni autre personne, non plus qu'avons fait devers elle ; *nous croyons que vous en vaudriez* mieux.

» Quant à ce que vous touchez la désolation de notre très chère et très amée cousine votre très chère et très honorée dame et nièce, de son seigneur : nous vous répondons par même manière comme répondu vous avons paravant.

» Quant à ce que vous faites si cher de son douaire, comme vosdites lettres plus pleinement font mention : nous sommes bien contents que, au cas que les lettres de convenances faites sur son mariage, eussent été bien vues et entendues, vous ne pussiez, à dire vérité, avoir mis sus à nous telle reproche, comme vous cuidez avoir fait.

» Quant à son avoir : il est vrai qu'à son départ hors de notre royaume, nous fîmes si pleinement à elle restituer ses biens et joyaux, et plus que nous n'en trouvâmes avec elle quand nous vînmes à notre royaume, si que tenons en être quitte, si comme appert, par une quittance sous le scel de son père, votredit seigneur et frère ; passée en son conseil, vous y étant présent, comme à toutes gens pourra clairement aparroir ; sans ce que de rien l'ayons dépouillée, comme mis sus le nous avez faussement. Et pour ce vous devriez aviser de ce que vous écrivez ; car nul prince ne doit écrire sinon loyalement et pleinement, laquelle chose vous n'avez pas faite à présent. Et pour tant nous vous avons répondu comme dessus, et vous répondons à tous points en ce que nous devons faire, par telle manière, qu'à l'aide de Dieu et de Notre-Dame et de mon seigneur saint George, chacun nous tiendra prud'homme et notre honneur en sera gardé.

» A ce que vous écrivez, que vous savez que ceux de votre compagnie et vous, êtes tous prud'hommes et loyaux, et pour tels vous réputez : touchant votre compagnie, nous ne leur réprouvons pas, car nous ne les connoissons pas : mais quant à votre personne, nous ne vous réputons pas pour tel, toutes choses considérées. Et là où vous nous merciez pour ceux de votre côté, que de leur sang avons plus grand'pitié que n'avons eu de notre roi lige et souverain seigneur : nous vous répondons, qu'en l'honneur de Dieu, de Notre-Dame, et de monseigneur saint George, qu'en ce que vous avez écrit que du sang de ceux de votre côté, avons plus grand'pitié que n'avons eu de notredit seigneur, vous avez menti faussement et mauvaisement : car vraiment nous avons son sang plus cher que le sang de ceux de votre côté ; combien que vous prétendez le contraire faussement. Et si vous voulez dire que nous n'avons eu chers son sang et sa vie, nous disons que vous mentez, et mentirez faussement toutefois que vous le direz ; ce sait le vrai Dieu, que nous appelons à témoin, en mettant en ce notre corps contre le vôtre, en notre défense, comme loyal prince doit faire, si vous le voulez ou osez prouver. Et plût à Dieu que vous n'eussiez oncques fait ni procuré contre la personne de votredit seigneur et frère, ni les siens, plus que nous n'avons de notredit seigneur [1] : si créons qu'ils en fussent à présent plus aises. Et jaçoit-ce-que (quoique) vous pensez que nous n'avons desservi (mérité) d'être merciés de ce que nous avons pitié de ceux de votre côté ; toutefois il nous semble qu'envers Dieu et tout le monde nous l'avons bien desservi ; mais non pas en telle manière que vous prétendez faussement ; considéré,

---

1. Le duc d'Orléans étoit accusé d'avoir contribué à la maladie du roi, et de le tenir en charte privée.

qu'après le sang de nos féaux amis et liges sujets, certes nous avons bonne cause, comme il nous semble, d'avoir bien cher le sang de ceux de France, en regardant le bon droit que Dieu nous y a donné, ainsi, comme nous avons entier espoir en lui ; pour la salvation desquels nous voudrions plus volontiers mettre notre corps contre le vôtre, que souffrir l'effusion de leur sang, comme bon pasteur doit faire, en lui exposant pour ses brebis : là où parmi votre vaine gloire et orgueil de cœur, vous les mettriez à ce qu'ils périroient ; quand vous ne voudriez mettre votre corps où exposer pour eux, quand métier seroit. Mais nous ne nous merveillons pas si vous faites de votre part comme le mercenaire, vu qu'au pasteur des brebis n'appartient pas que quand il voit le loup venant, laisse ses brebis, en soi mettant à la fuite sans avoir de rien cher leur sang ; et nous ainsi confirmant des femmes qui contendirent avoir l'enfant, devant le noble roi Salomon, c'est à savoir la bonne mère qui avoit pitié de son fils, là où l'autre qui n'étoit pas sa mère, et qui par cruelle instance vouloit l'avoir, en ce faisant, departi et mis à mort, si le juge sage et discret n'eût été.

» De ce que vous nous récrivez que sue de nous la réponse de vosdites lettres dernières, soit corps à corps, soit nombre à nombre, soit pouvoir à pouvoir, nous vous trouverons en faisant votre devoir et en gardant l'honneur de vous par effet, comme en tel cas appartient, nous vous mercions, si vous le voulez parfournir. Néanmoins savoir vous faisons, que nous espérons, à l'aide de Dieu, que vous verrez le jour que vous ne départirez sans avoir l'une des trois voies, à notre honneur. A ce que vous désirez d'être acertené de la venue que pensons à faire par delà, nous vous faisons savoir par la manière que vous avons écrit en nos autres lettres; qu'à quelque heure qu'il nous plaira et nous semblera mieux expédient à l'honneur de Dieu, de nous et de notre royaume, nous venrons (viendrons) personnellement en notre pays de par-delà, accompagné de tant de gens et tels comme nous plaira, lesquels nous réputons tous nos loyaux serviteurs, sujets et amis, pour y conserver notre droit. Toutefois en mettant à l'aide de Dieu notre corps contre le vôtre, en notre défense, comme écrit vous avons par avant pour obvier à la malicieuse et fausse fame (bruit) que vous nous avez cuidé mettre sus, si vous le voulez ou osez prouver; lequel temps vous trouverez assez tôt, si Dieu plaît, à votre confusion, et pour être connu tel que vous êtes. Dieu sait, et voulons que tous le monde le sache, que cette nôtre réponse ne procède pas d'orgueil, ni de présomption de cœur : mais pour ce que vous avez commencé à votre tort encontre nous, nous confiants tousdis (toujours) en Notre-Seigneur Dieu, qui nous a mis en tel état en quel nous sommes qu'il veut que nous défendons notre droit à tout notre pouvoir, par bonne grâce et aide de lui devant mise, si vous répondons et répondrons comme dessus est dit. Et pour ce que nous voulons que vous sachez que cette nôtre réponse, laquelle nous récrivons et mandons, procède de notre certaine science, avons scellé de nos armes, ces présentes lettres données à Londres, etc. »

Néanmoins jaçoit-ce-que (quoique) les dessusdits roi d'Angleterre et duc d'Orléans eussent écrites et envoyées les lettres dessusdites, l'un envers l'autre, toutefois ne comparurent aucunement personnellement l'un contre l'autre ; et par ainsi demeurèrent les besognes touchant la matière en cet état.

CHAPITRE X.

Comment Waleran, comte de Saint-Pol, envoie ses lettres de défiance au roi Henri d'Angleterre et la teneur d'icelles.

ITEM en cet an pareillement Waleran, comte de St-Pol, envoya lettres de défiance audit roi d'Angleterre; desquelles la teneur s'ensuit :

« Très-haut et puissant prince Henri, duc de Lancastre, moi, Waleran de Luxembourg, comte de Ligny et de St-Pol, considérant l'affinité, amour et confédération que j'avois par-devers très haut et puissant prince Richard, roi d'Angleterre, duquel j'ai eu la sœur en épouse [1], et la destruction dudit roi, dont notoirement êtes inculpé et très grandement diffamé, avec ce, la grand'honte et dommage que moi, et ma génération de lui descendant, pouvons et pourrons avoir au temps à venir, et aussi l'indignation de Dieu tout puissant, et de toutes raisonnables et honorables personnes, si je ne m'expose avec toute ma puissance, à venger la destruction dudit roi, dont j'étois allié : pourtant, par ces présentes, vous fais à savoir, qu'en toutes manières que je pourrai, je vous grèverai : et tous dommages, tant par moi comme par mes parents, tous mes hommes et sujets, je vous ferai, soit en terre soit en mer : toutefois, hors du royaume de France, pour la cause devant dite, non pas aucunement pour les faits mus ou à mou-

---

[1]. Waleran de Luxembourg épousa Mahaut de Holland, sœur de mère du roi Richard. Ralph Brooke (p. 192) dit qu'Edmond Plantagenet, fils puîné du Roi Edouard, comte de Kent, eut trois enfants, Edmond et Jean, comtes de Kent, qui moururent sans enfants, et Jeanne, qui épousa en premières noces Guillaume de Montagu, comte de Salisbury. Jeanne, ayant été séparée du comte de Salisbury, épousa Thomas Holland, chevalier de l'ordre de la jarretière, qui, à cause de cette alliance, devint comte de Kent. Cette même Jeanne épousa en troisièmes noces Édouard, prince de Galles, dont elle eut le roi Richard. Elle avait eu aussi de son second mariage plusieurs enfants, et entre autres Jeanne, qui épousa le comte de Saint-Pol.

voir entre mon très redouté et souverain seigneur le roi de France et le royaume d'Angleterre. Et ce, je vous certifie par l'impression de mon sceau. Donné dans mon châtel, à Luxembourg, le dixième jour de février, l'an 1402.»

Lesquelles lettres furent envoyées au dessusdit roi, par un héraut d'icelui comte de Waleran. A quoi fut répondu par le desusdit roi Henri, que de ce ne faisoit compte, et qu'il avoit bien intention que le dessusdit comte de Waleran auroit à faire à garder contre lui sa personne, ses sujets et ses pays. Après cette défiance, ledit comte se disposa et prépara par toutes manières, à faire guerre au dessusdit roi d'Angleterre et aux siens ; et qui plus est, fit en ce même temps faire en son châtel de Bohaing, la figure et représentadu comte de Rostellant [1] (Rutland), armoyé de ses armes, et un gibet assez portatif, lequel il fit mener et conduire secrètement en aucune de ses forteresses au pays de Boulenois ; et bref en suivant, furent icelui gibet et représentation conduites par Robinet de Rebreteng, Aléaume de Vimeux, et autres experts gens de guerre, jusques assez près des portes de Calais ; et fut là dessusdit gibet de rechef, et ledit comte de Rostellant pendu à icelui, les pieds contremont ; et ce accompli, s'en retournèrent les dessusdits en leur

---

1. Edouard Plantagenet, comte de Rutland, connétable et amiral d'Angleterre, fils d'Edmond de Langey, duc d'York.

forteresse. Et quand ce vint au matin que les Anglois de Calais ouvrirent leurs portes, ils furent tous émerveillés de voir cette aventure. Si le dépendirent sans délai, et l'emportèrent dedans leur ville; et depuis ce temps, furent par longue espace plus enclins à faire dommage et déplaisir au comte Waleran, à ses pays et sujets, que par avant n'avoient été.

CHAPITRE XI.

Comment messire Jacques de Bourbon, comte de la Marche, et ses deux frères, furent envoyés de par le roi de France en l'aide des Gallois, et autres matières.

MESSIRE Jacques de Bourbon, comte de la Marche, en cet an, accompagné de ses deux frères, c'est à savoir Louis et Jean, et douze cents chevaliers et écuyers, furent envoyés de par le roi de France au port de Brest en Bretagne, pour aller en Galles à l'aide des Gallois contre les Anglois : et là monta au navire qui apprêté lui étoit, très bien garni de toutes besognes nécessaires. Si cuida aller arriver au port d'Armue (Darmouth), mais le vent lui fut contraire, parquoi il n'y put aller. Et adonc vit icelui comte partir sept nefs qui étoient pleines de diverses marchandises, et alloient au port de Pleinemue (Plymouth). Si les suivirent hâtivement; et tant que les hommes qui étoient dedans les sept nefs dessusdites, entrèrent dedans leurs petits bateaux et se sauvèrent au mieux qu'ils purent. Et le comte et ses gens prirent et emmenèrent icelles nefs et tous les biens; puis alla audit port de Pleinemue (Plymouth), et l'exilla (ravagea) par feu et par épée; et de là alla en une petite île nommée Sallemue [1], laquelle fut pareillement détruite, à laquelle île prendre furent faits nouveaux chevaliers les deux frères du dessusdit comte, c'est à savoir : Louis comte de Vendôme, et Jean de Bourbon, qui étoit le puîné, avec plusieurs autres de leur compagnie. En après, quand ledit comte de la Marche et ses gens eurent là séjourné par trois jours, doutant que les Anglois, qui pour les combattre s'assembloient, ne vinssent à trop grande puissance sur eux, se partirent de là pour aller et retourner en France. Mais quand ils furent entrés en mer, une grande tempête se leva, qui dura par trois jours; de laquelle furent péries douze de ses nefs et ceux qui étoient dedans. Et ledit comte a tout (avec) le surplus s'en vint à grand péril pour ladite tempête arriver au port de Saint-Maclou (Malo); et de là, s'en alla à Paris devers le roi de

---

1. Je ne vois pas quelle peut être cette île, si le nom ne se rapprochoit de celui de la ville de Falmouth à la pointe de Cornouailles, je croirois qu'il s'agit de l'île de Wight, près de Plymouth, qui en effet, suivant le témoignage de Walsingham, fut prise à cette époque.

France. En cet an, le duc Philippe de Bourgogne fit la fête, et solennisa très authentiquement les noces et mariage de son second fils, Antoine, comte de Rethel, qui depuis fut duc de Brabant, et de la seule fille de Waleran comte de Saint-Pol; laquelle il avoit eue de la comtesse Mehault, sa première femme, sœur jadis au roi Richard d'Angleterre. Laquelle fête fut moult notable, et y eut plusieurs princes et princesses, avec très noble chevalerie; et soutint le dessusdit duc de Bourgogne, tous les frais et dépens d'icelles.

CHAPITRE XI.

Comment l'amiral de Bretagne et autres seigneurs combattirent les Anglois sur la mer; et de Gillebert de Fretin, qui fit guerre au roi Henri d'Angleterre.

Au commencement de cet an, l'amiral de Bretagne, le seigneur de Penhoë (Penhert), le seigneur du Châtel, le seigneur du Bois, et plusieurs autres chevaliers et écuyers de Bretagne, jusques au nombre de douze cents hommes d'armes, s'assemblèrent à Morlans, puis entrèrent en trente nefs, à un port appelé Châtel-Pol, contre les Anglois qui étoient sur mer, en grande multitude, épiant les marchands, comme pillards et écumeurs de mer. Si que le mercredi en suivant, iceux Anglois nageants (navigants) devant un port appelé St.-Mathieu, les Bretons leur allèrent après et les poursuivirent jusques au lendemain soleil levant, qu'ils s'arrêtèrent ensemble en bataille, qui dura trois heures. Finalement obtinrent les Bretons victoire, et prirent des Anglois deux mille combattants, avec quarante nefs à voiles et une grosse carraque, dont la plus grand'partie furent jetés à bord et noyés en la mer, et aucuns réchappèrent depuis par finance.

En outre, en ce même temps, un écuyer nommé Guillebert de Fretin, natif de la comté de Guines, défia le roi d'Angleterre, pource qu'il lui avait fait ardoir sa maison à l'occasion de ce qu'il ne lui vouloit faire serment de fidélité; et pour ce icelui Guillebert assembla plusieurs hommes de guerre, et fit tant qu'il eut deux vaisseaux bien garnis. Si commença à mener forte guerre au roi dessusdit; et lui fit grand dommage, et tant que les trèves qui étoient entre les deux rois de France et d'Angleterre furent rompues par mer, dont plusieurs maux s'ensuivirent.

CHAPITRE XIII.

Comment l'université de Paris eut grand discord contre messire Charles de Savoisy, et pareillement contre le prévôt de Paris.

En ce temps, l'université de Paris faisant procession générale, en allant à Sainte-Catherine du Val des Écoliers, se mut dissension entre aucuns de ladite université et les gens de messire Charles de Savoisy, chambellan du roi de France, qui menoient leurs chevaux boire à la rivière de Seine. Et fut la cause de ladite mutation, pour ce que les dessusdits chevauchèrent roidement parmi ladite procession, et tant qu'ils blessèrent aucuns desdits écoliers là étant : lesquels, de ce non contents, ruèrent des pierres après eux, et boutèrent aucuns assez rudement jus de leurs chevaux. Après laquelle envahie (attaque), se partirent de là retournant en l'hôtel dudit Savoisy, auquel lieu ils s'armèrent et prirent arcs et sagettes; et avec aucuns de leurs autres gens qu'ils avoient assemblés audit hôtel, allèrent derechef envahir les dessusdits écoliers ; et de fait, tirèrent sur eux et en blessèrent aucuns dudit trait et d'autres bâtons (armes), mêmement dedans ladite église. Si commença entr'eux un grand hutin (mêlée); mais finalement par la multitude d'iceux écoliers qui étoient si grand nombre, furent les dessusdits rebout après ce que les plusieurs eurent été battus et navrés (blessés) vilainement. Et qui plus est, après la procession retraite, allèrent grand' partie de ceux de l'université devers le roi, faire plainte de l'offense qui faite leur avoit été, requérants instamment au roi dessusdit, par la bouche du recteur, qu'amende leur en fût faite selon le cas, disant que pour vrai ainsi ne se faisoit, se partiroient tous de la ville de Paris, et iroient demeurer ailleurs où ils seroient tenus paisible. A laquelle requête fut répondu de la bouche du roi, que si bonne provision leur seroit baillée qu'ils devroient être contents. Finalement, après que par plusieurs journées ils eurent très diligemment poursuivi cette besogne et tant envers le roi, les seigneurs de son sang comme son grand conseil, en la fin fut ordonné de par le roi, pour les apaiser, que le dessusdit messire Charles de Savoisy, pour l'amende de ladite offense faite par ses gens, comme dit est, seroit banni et bouté hors de l'hôtel du roi, et aussi de tous ceux de son sang ; et avec ce, qu'il seroit privé de tous offices royaux. Et si fut sa maison démolie et abbatue de fond en comble ; et avec ce, fut condamné à fonder deux chapelles de cent livres de rente ; lesquelles furent à la donation de ladite université. Après laquelle sentence ainsi faite et accomplie, icelui messire Charles s'en alla demeurer hors du royaume de France en étrange pays, assez désolé et en grand' déplaisance ; mais depuis, se conduisit et gouverna si doucement et honorablement, que certaine espace de temps après, par le moyen principalement de la reine de France et autres grands seigneurs, il r'eut sa paix et retourna en l'hôtel du roi, et en la grâce de ceux de la dessusdite université.

En après, en autre temps, messire Guillaume de Tignonville, prévôt de Paris, fit exécuter deux clercs de ladite université; c'est à savoir : un nommé Roger de Montillel, qui étoit Normand, et l'autre, nommé Olivier Bourgeois, qui étoit Breton ; lesquels étoient chargés d'avoir commis plusieurs larcins en divers cas. Et pour cette cause, nonobstant qu'ils fussent clercs, et qu'en les menant à la justice criassent haut et clair : Clergé ! afin d'être recous (délivrés), néanmoins, comme dit est, furent exécutés et mis au gibet. Et depuis, par les pourchas (menées) de l'université, fut icelui prévôt privé de tout office royal, et avec ce, fut condamné de faire une croix de pierre de taille, grande et élevée, assez près dudit gibet, sur le chemin de Paris, où étoient les images d'iceux deux clercs entaillées. Et outre, les fit dépendre d'icelui gibet, et mettre sur une charrette couverte de noir drap ; et ainsi accompagné de ses sergents et autres gens portant torches de cire allumées, furent menés à Saint-Mathurin, et là rendus par le prévôt au recteur de l'université, qui les fit enterrer honorablement au cloître de ladite église. Et là fut derechef fait une épitaphe, à leur semblance, pour perpétuelle mémoire.

CHAPITRE XIV.

Comment le sénéchal de Hainaut, lui quatrième, fit armes, présent le roi d'Arragon; et du voyage que fit l'amiral de Bretagne, en Angleterre.

En l'an dessusdit furent entreprises armes à faire par le gentil sénéchal de Hainaut, en la présence du roi d'Arragon ; c'est à savoir, de quatre contre quatre ; et étoient les armes telles, qu'ils devoient combattre de haches, d'épées et dagues jusques à outrance, sauve en tout la volonté du juge. Si étoient en la compagnie dudit sénéchal, messire Jacques de Montenay, chevalier normand ; le second, messire Taneguy du Châtel, chevalier de la duché de Bretagne ; et le tiers étoit un notable écuyer, nommé Jean Carmen. Et leurs adverses parties étoient du royaume d'Arragon ; et, par espécial, le principal, nommé Collemach de Sainte Coulombe, étoit de l'hôtel du roi d'Arragon, et de lui moult aimé ; le second etoit nommé messire Pierre de Moncade, le tiers étoit nommé Pothon de Sainte-Coulombe ; et le quart se nommoit Bernabo de l'Oeuf. Et quand ce vint au jour assigné, le dessusdit roi, qui avoit fait préparer les lices en la ville de Valence-la-Grande, près son palais, moult richement, vint à son échafaud, accompagné du duc de Candie, et des comtes de Cardonne et d'Agnenne (Denia), avec autre très grand'noblesse; et tout à l'environ d'icelles lices étoient faits échafauds, dessus lesquels étoient les nobles du pays avec les dames et damoiselles, et aussi les notables bourgeois et bourgeoises. Et furent commis de par le roi, dedans les lices pour garder le champ, quarante hommes d'armes moult richement parés; et entre les chayères desdites lices, étoit le connétable d'Arragon atout (avec) grand'compagnie de gendarmes, très richement armés selon la coutume du pays. Si avoit dedans le champ deux petites loges, pour reposer et ombrer les champions dessusdits, qui moult étoient bien ornées et parées de blasons d'un chacun d'eux. Et adonc quand le roi fut venu, comme dit est, il fit savoir par aucun chevalier de son conseil, au sénéchal et à ses compagnons, qu'ils vinssent premiers dedans le champ, et qu'ainsi étoit-il ordonné jà-çoit-ce que les Arragonnois étoient appelants. Lesquelles nouvelles ouïes par icelui sénéchal et ceux de sa partie, s'armèrent incontinent; et montèrent chacun d'eux sur un bon coursier, lesquels étoient parés semblablement les uns comme les autres, de drap de soie vermeille, qui leur battoit jusques auprès de la terre; et sur les draps dessusdits, étoient semés plusieurs écussons de leurs armes; et ainsi, en noble appareil, issants de leur hôtel, allèrent jusques à la barrière des lices. Si alloit devant, l'écuyer dessus nommé; et après lui messire Taneguy, lequel suivoit messire Jacques de Montenay ; et tout derrière alloit le sénéchal, lequel conduisoit le sénéchal de Chin ; et ainsi entrant dedans, allèrent faire la révérence, tout à cheval, au roi Martin d'Arragon, qui leur fit très grand honneur; et puis se retrahirent (retirèrent) dedans leurs tentes, où ils attendirent leurs adversaires bien heure et demie ; lesquels vinrent ensembles, tous à cheval comme les autres; et étoient tous leurs chevaux couverts de blancs draps de soie, où il y avoit plusieurs écussons semés de leurs armes. Et après qu'ils eurent fait la révérence au roi, allèrent en leur tente, qui étoit au dextre côté, et depuis leur venue furent bien cinq heures ainsi tous armés dedans lesdites tentes ; et la cause pourquoi ils y furent si longuement, fut pour ce que le roi et son conseil les vouloient accorder, et qu'il ne se combattissent pas. Et pour cette cause furent par le roi dessusdit envoyés plusieurs ambassadeurs devers le sénéchal, afin qu'il voulît (voulût) être content de non plus avant procéder en cette matière; auxquels il répondit à toutes les fois bien et sagement : disant que l'entreprise avoit été faite à la requête de Collemach, et qu'il étoit venu, et ceux de sa partie, de lointain pays à grand travail et dépens, pour lui accomplir son désir, lequel lui et les siens vouloient entretenir.

Finalement, après plusieurs paroles portées d'un côté et d'autre, fut conclu qu'ils commenceroient ensemble la bataille. Et lors furent faits, de par le roi, les cris accoutumés ; et tôt après le roi d'arme d'Arragon cria haut et clair : « Que les dessusdits champions fassent leur devoir »! Et adoncissirent de leurs tentes aussitôt les uns comme les autres, chacun d'eux tenants leurs haches en leurs mains, et commencèrent à marcher les uns envers les autres moult fièrement.

Si avoient les Arragonnois proposé ensemble d'assembler, de première venue, eux deux sur le sénéchal pour le porter jus : et étoient toutes les deux parties de pied, et entendoient qu'il fût à un des bouts au-dessus des autres ; mais il étoit sur la moyenne (milieu). Et quand ce vint à l'approcher, le sénéchal s'avança, devant les autres, de trois à quatre pas, et assembla premier à Collemach, qui ce jour avoit été fait chevalier par la main du roi, et lui donna si grand coup de sa hache sur le côté de son bassinet, qu'il le fit démarcher et tourner demi-tour. Et les autres assemblèrent chacun en droit soi, tant d'une partie comme d'autre, très vaillamment. Toutefois messire Jacques de Montenai jeta sa hache jus, et prit messire Jacques de Moncade d'une main par le bord dessous des lames, et en l'autre avoit sa dague, dont il le cuida férir par dessous. Mais ainsi que toutes icelles parties montroient semblant de bien besogner, le roi les fit prendre sus. Et pour vrai, selon l'apparence qu'on pouvoit voir, si la besogne se fût poursuivie jusques à outrance, les Arragonnois étaient en grand péril d'avoir le pire ; car ledit sénéchal et ceux qui étoient avec lui étoient tous quatre moult puissants de corps et bien usités et éprouvés en armes, pour faire et accomplir tout ce qu'on leur eût su ou pu demander, par quelconque manière que ce eût été. Et après que lesdits champions eurent été pris sus, comme dit est, le roi avala de son échafaud dedans les lices, et requit au sénéchal et à Collemach, bien doucement, que le surplus des armes voulsissent (voulussent) mettre sur lui et sur son conseil, et qu'il en feroit tant que tous devroient être contents. Et adonc le sénéchal, en soi mettant à un genou, pria humblement au roi qu'il fût content que les armes se parfissent selon la requête de Collemach. A quoi le roi répliqua, en requérant derechef que le surplus fût mis sur lui, ce qui lui fut accordé. Si prit le sénéchal par la main et le mit au-dessus de lui, et Collemach à l'autre côté. Et ainsi les mena lui-même hors des lices; et de là retournèrent chacun en leurs hôtels où ils se désarmèrent. Et après, le roi envoya, par ses principaux chevaliers, quérir le sénéchal et ses compagnons, auxquels, par trois ou quatre jours, il fit aussi grand honneur et réception en son hôtel, comme il eût pu faire de ses propres frères. Et après qu'il les eut accordés avec leur adverse partie, leur fit dons et beaux présents; et puis se départirent de là et retournèrent en France, et ledit sénéchal en Hainaut.

Auquel temps l'amiral de Bretagne, le seigneur du Châtel et plusieurs autres chevaliers et écuyers, tant dudit pays de Bretagne comme de la Normandie, jusques à douze cents ou plus, montèrent en plusieurs nefs au port de Saint-Malo, et se mirent en mer pour aller descendre au port d'Atemue (1) (Dartmouth); mais ledit amiral et aucuns autres deslouèrent (déconseillèrent) à descendre illec (là). Néanmoins ledit seigneur du Châtel et plusieurs autres descendirent et prirent port, pensant que les autres les suivissent, ce que pas ne firent. Si s'allèrent combattre aux Anglois, qui là en grand nombre s'étoient assemblés; et tant dura la besogne, qu'en la fin les Bretons et Normands furent déconfits; et y furent occis le dessusdit seigneur du Châtel et ses deux frères, messire Jean Martel, chevalier normand, et plusieurs autres, et en y eut environ cinquante de prisonniers, desquels étoit le seigneur de Blacqueville, qui depuis réchappèrent par force de finance; et l'amiral dessusdit, avec ceux qui étoient demeurés au navire se retrahirent (retirèrent) en leur pays, tristes et dolents de leur perte.

---

1 Le manuscrit 8348.⁵⁵ dit toujours *Trodrenne* au lieu d'*Atemue*. Je ne puis trouver le nom du port qui sur cette côte réponde à celui de *Trodrenne*.

CHAPITRE XV.

Comment le maréchal de France, et le maître des arbalêtriers, allèrent en Angleterre par l'ordonnance du roi de France, en l'aide du prince de Galles.

Environ ce temps, le maréchal de France et le maître des arbalêtriers, par le commandement du roi et à ses dépens, assemblèrent douze mille combattants. Si vinrent à Brest, en Bretagne, pour aller secourir les Gallois contre les Anglois. Si entrèrent en six vingts nefs à voiles qu'ils y trouvèrent. Et pour le vent qui leur fut contraire, demeurèrent par quinze jours ; mais quand ils eurent vent propice, si appliquèrent au port de Hareford en Angleterre, lequel ils prirent tantôt en occisant les habitants, excepté ceux qui tournèrent en fuite. Si gâtèrent le pays d'entour, puis vinrent au châtel de Hareford (Haverford), auquel étoient le comte d'Arondel et plusieurs autres hommes d'armes et gens de guerre ; et quand ils eurent ars la ville et les faubourgs dudit châtel, ils se partirent de là, détruisant tout le pays par feu et par épée. Puis allèrent en une ville nommée Tenby, située à dix-huit lieues dudit châtel; et là trouvèrent le prince de Galles¹ atout (avec) dix mille combattants, qui là les

---

1. Owen Glendower, qui avoit réveillé la vieille haine

attendoient : et de là allèrent tous ensemble à Calmarcin (Carmarthen), à douze lieues près de Tenby; et de là, entrant au pays de Morgine (Glamorgan)[1] allèrent à la Table-Ronde, c'est à savoir l'Abbaye Noble; puis prirent le chemin à aller en Worcestre. Si ardirent les faubourgs et le pays à l'environ. Et trois lieues outre encontrèrent le roi d'Angleterre, qui venoit contre eux à grand'puissance. Là, s'arrêtèrent l'un contre l'autre, et se mirent en bataille chacune desdites parties sur une montagne, et y avoit une grand' vallée entre les deux osts. Si contendoit chacun d'eux que sa partie adverse l'allât assaillir, ce qui point ne fut fait. Et furent par huit journées en cet état, que chacun jour au matin se mettoient en bataille l'un contre l'autre, et là se tenoient tout jour jusques au soir ; durant lequel temps il y eut plusieurs escarmouches entre eux. Et là furent morts environ deux cents hommes des deux parties, et plusieurs navrés (blessés) ; entre lesquels, de la partie de France, furent morts trois chevaliers ; c'est à savoir messire Patrouillard de Trie, frère du maréchal de France, le seigneur de Matelonne et le seigneur de Laville[2].

---

des anciens Bretons contre les conquérants de leur pays, après s'être échappé de la cour d'Henri IV, comptant sur l'appui des François, avoit levé l'étendard de l'indépendance.

1. Les éditions précédentes avoient mis *Linorguie*, que Sauvage avoit pris pour la ville de Lincoln, en Angleterre.

2. Cette bataille est de l'année 1405.

En outre avec ce les François et Gallois, pour le terme dessusdit furent fort travaillés de famine et autre mésaise ; car à grand' peine pouvoient-ils recouvrer des vitailles, parce que les Anglois gardoient de près les passages. Finalement, au huitième jour qu'icelles deux puissances eurent été, ainsi comme dit est, l'une devant l'autre, ledit roi d'Angleterre, voyant que sesdits adversaires ne l'assaudroient pas, se retrahit (retira) au soir à Worcestre : mais il fut poursuivi par aucuns François et Gallois, lesquels détroussèrent dix-huit charrettes chargées de vivres et autres bagues. Si se retrahirent iceux François et Gallois, au pays de Galles.

Et entre-temps que ce voyage se faisoit, la navire desdits François vacréoit sur la mer ; et y avoit dedans aucun nombre de gens d'armes pour la garder ; laquelle navire se retrahit vers Galles, à un port qui leur avoit été ordonné[1] ; et là les trouvèrent les François, c'est à savoir, le maréchal de France et le maréchal des arbalêtriers ; lesquels avec leurs gens se mirent sur mer, et cinglèrent tant qu'ils arrivèrent sans fortune à Saint-Pol de Léon. Toutefois, quand ils furent descendus et qu'il eurent visité leurs gens, ils trouvèrent qu'ils en avoient bien perdu soixante, desquels les trois chevaliers dessusdits étoient les

---

1. Walsingham dit que ce fut à Milford Haven.

principaux ; et après, se partirent de là et retournèrent en France, chacun en leurs propres lieux, réservé les deux officiers royaux qui allèrent à Paris devers le roi et les autres princes de son sang, desquels ils furent reçus à grand'liesse.

CHAPITRE XVI.

Comment un puissant mécréant, nommé Tamburlant (Tamerlan), entra à puissance, en la terre du roi Basacq (Bajazet), lequel alla contre lui et le combattit.

En cet an, un grand seigneur et puissant des régions de Tartarie, nommé le Grand Tamburlant (Tamerlan), atout (avec) deux cent mille combattants et vingt-six éléphants, entra en la terre de Turquie appartenant au roi Basacq (Bajazet), lequel Basacq étoit un prince païen moult puissant, et un des principaux de ceux qui avoient vaincu les chétiens à la bataille de Hongrie, où Jean de Bourgogne comte de Nevers fut pris[1], comme plus à plein est déclaré ès histoires de maître Jean Froissart. Lequel, quand il vint à sa connoissance comment icelui Tamburlant étoit entré ainsi en sa terre à puissance, et dégâtoit tout par feu et par épée, fit soudainement un très grand

---

1. La bataille de Nicopolis.

mandement par tous ses pays; et tant que dedans les quinze jours ensuivant assembla bien trois cent mille combattants de ses pays de Turquie, et seulement dix éléphants, lesquels éléphants, tant d'une partie comme d'autre, portoient tours sur leur dos en manière de châteaux, où il y avoit plusieurs hommes d'armes qui moult grevoient leurs adversaires. Atout (avec) laquelle compagnie, le dessusdit Basacq alla pour rencontrer Tamburlant, et le trouva auprès d'une montagne devers occident nommée Appade [1]. Et étoit logé sur une haute montagne, et avoit jà détruit et ars plusieurs bonnes villes et grande partie du pays; et lorsqu'ils eurent la vue l'un de l'autre, ils ordonnèrent leurs batailles, et finalement assemblèrent (attaquèrent) l'un contre l'autre, et dura ladite bataille bien six heures; mais en la fin le roi Basacq et ceux de sa partie furent tournés à déconfiture, et fut lui-même prisonnier: et avec ce furent morts bien quarante mille de ses Turcs, et dix mille de son adverse partie.

Après laquelle besogne, le dessusdit Tamburlant envoya grand'puissance de ses gens aux principales bonnes villes d'icelui Basacq, lesquelles, ou au moins la plus grand'partie, se rendirent

---

1. La bataille entre Tamerlan et Bajazet eut lieu près de Pruse en Bithynie, l'an 804 de l'hégire, ou 1401 de Jésus-Christ.

à lui; et par ainsi, icelui Tamburlant, pour cette saison, conquit la plus grand' partie de la Turquie.

CHAPITRE XVII.

Comment Charles, roi de Navarre, traita avec le roi de France, et eut la duché de Nemours; et du voyage du duc Philippe à Bar-le-Duc et à Bruxelles.

Item, en icelle même saison, Charles, roi de Navarre, vint à Paris devers le roi de France, et tant traita avec lui et ceux de son étroit conseil, que le châtel de Nemours, avec aucunes autres châtellenies, lui furent donnés, et en fit une duché. Si en fit hommage présentement au dessusdit roi de France; et, avec ce, mit en sa main le châtel de Cherbourg, la comté d'Evreux et toutes autres seigneuries qu'il pouvoit avoir au royaume de France, et y renonça au profit du roi et de ses successeurs, moyennant ce qu'avec ledit duché de Nemours, lui fut promis à payer de par le roi de France deux cents mille écus d'or du coing du roi notre sire. En après, le duc Philippe de Bourgogne, partant de Paris, alla à Bar-le-Duc faire obsèque de la duchesse de Bar, sa sœur, qui étoit trépassée; et de là, après ledit service fait, retourna en sa ville d'Arras, où étoit sa femme la duchesse, et y célébra la fête de

Pâques ; puis s'en alla à Bruxelles en Brabant, devers la duchesse taye (aïeule) de sa femme, qui l'avoit mandé pour lui bailler le gouvernement du pays, auquel lui prit une grand' maladie, et se fit apporter à Hall, comme ci-après est déclaré,

CHAPITRE XVIII.

Comment le duc de Bourgogne, oncle du roi de Charles VI, mourut en la ville de Hall en Hainaut; et fut porté son corps à Dijon, en Bourgogne, aux Chartreux.

Au commencement de cet an, le bon duc de Bourgogne Philippe, fils jadis du roi Jean, frère au roi de France Charles-le-riche, et oncle au roi présent Charles-le-bien-Aimé se fit apporter sur une litière, de la ville de Bruxelles en Brabant, à Hall en Hainaut. Et afin que les chevaux qui le portoient allassent plus sûrement et à son aise, il y avoit plusieurs laboureurs et manouvriers qui alloient devant ladite litière atout (avec) planes et autres instruments de fer, pour refaire et ounier (unir) les chemins. Auquel lieu de Hall, il fut mis et déchargé, et mis assez près de l'église Notre-Dame, en un hôtel où étoit l'enseigne du Cerf; auquel lieu, lui sentant assez fort aggravé de sa maladie, manda devant lui ses trois fils : c'est à savoir Jean, comte de Nevers, Antoine et Philippe, auxquels il pria très acertes et commanda détroitement que, toute leur vie durant, ils fussent bons, vrais, loyaux et obéissants envers le roi Charles de France, sa noble génération, sa couronne et tout son royaume ; et ce leur fit promettre sur tant qu'ils l'aimoient. Lesquelles promesses, par les trois princes dessusdits furent très humblement accordées à leurdit seigneur et père. Et là avec ce fut à chacun d'eux ordonné par icelui duc les seigneuries qu'ils tiendroient, et qu'il vouloit qu'ils tinssent après son trépas, et la manière et intention qu'ils en avoient à user. Lesquelles choses et plusieurs autres accomplies et devisées par lui moult sagement, comme à tel prince appartenoit à faire, ayant bonne mémoire à sa dernière heure, rendit l'esprit au dessusdit hôtel. Et là fut son corps ouvert, et ses entrailles mises et enterrées dedans ladite église Notre-Dame de Hall, et son corps bien embaumé fut mis en un cercueil de plomb, et de là transporté en la ville de Douai, et puis à Arras, toujours très grandement et honorablement accompagné selon son état. Auquel lieu d'Arras, fut mis en sa chapelle, où on lui fit un service solemnel.

Et là renonça la duchesse Marguerite, sa femme, à ses biens meubles pour la doute qu'elle ne trouvât trop grands dettes, en mettant sur sa représentation, sa ceinture avec sa bourse et les clefs, comme il est de coutume ; et de ce demanda instrument à un notaire public, qui étoit là présent.

En après, le corps fut mené en Bourgogne et enterré à l'église des Chartreux auprès Dijon, dedans l'église qu'il avoit lui-même fait fonder et édifier à ses dépens; et son cœur fut porté à l'église St.-Denis, en France, et mis auprès des royaux desquels il étoit issu. Si avoit icelui duc, avec ses trois fils dessusdit, trois filles: c'est à savoir, la duchesse d'Autriche [1], la comtesse de Hollande, femme audit Guillaume, comte de Hainaut, et la duchesse de Savoie. Après la mort duquel duc, il eut grands pleurs et lamentations, principalement de tous ses enfants, et généralement de la plus grand' partie des seigneurs et autres gens d'état du royaume de France, et de tous ses pays; car en son temps il avoit régné et gouverné moult prudentement les besognes du royaume, avec son frère aîné, duc de Berry, dont il avoit été et fut encore plus recommandé quand il fut mort.

Et après icelui duc défunt, comme dit est, Jean, comte de Nevers, son fils aîné, saisit et mit en sa main la comté et duché de Bourgogne; et Antoine, le second fils, fut attendant et héritier de la duché de Brabant, après le trépas de sa grand'tante la duchesse, qui lui délivra présentement la duché de Luxembourg; et Philippe le troisième fut nommé comte de Nevers et baron de Donzy, à en jouir après le trépas de la duchesse sa mère. Si commencèrent iceux trois frères à gouverner hautement

---

1. Catherine de Bourgogne, sa seconde fille, étoit mariée à Léopold, duc d'Autriche.

leurs seigneuries, et eurent l'un avec l'autre plusieurs consaux avec leurs plus féables serviteurs, afin de savoir comment ils se auroient à gouverner vers le roi leur souverain seigneur.

CHAPITRE XIX.

Comment Waleran, comte de Saint-Pol, alla en grand'compagnie par mer, en l'île de Wisk, pour faire guerre au roi Henri d'Angleterre, et s'en retourna sans besogner.

En cet an, Waleran, comte de St.-Pol, assembla à Abbeville, en Ponthieu, environ seize cents combattants, èsquels il y avoit grand'partie de nobles hommes, qui avoient fait grand'pourvéance de chairs salées, de biscuit, de vins, de cervoise (bière), de beurres, de farines, et autres choses nécessaires à mettre en mer; duquel lieu d'Abbeville, furent meneés par ledit comte au port de Harfleur, où ils trouvèrent des nefs et des vaisseaux à leur volonté; et quand ils eurent là séjourné aucun peu de jours pour appointer et ordonner leur besogne en eux recommandant à monseigneur saint Nicolas [1], montèrent èsdits vaisseaux et cinglèrent tant qu'ils vinrent en l'île de Wic (Wight), qui est près du port de Hantonne (Southampton), auquel lieu descendirent à terre, en démontrant chaire hardie de combattre leurs ennemis, desquels furent à icelle des-

---

1. Le patron des marins, comme Neptune l'était autrefois.

cendue assez peu vus; car tous ceux de ladite île, au moins la plus grand' partie, s'étoient ès retraits bois et ès forteresses. Et là y eut faits plusieurs nouveaux chevaliers, de la partie dudit comte : c'est à savoir Philippe de Harcourt, Jean de Fosseux, le seigneur de Gienci, et plusieurs autres. Si allèrent fuster (piller) aucuns méchants villages du pays, et boutèrent le feu en aucuns lieux.

Durant lequel temps, vint devers icelui comte, un prêtre du pays, d'assez bon entendement, lequel traita avecque lui pour le rachat et salvation d'icelle île, comme il donnoit à entendre, moyennant qu'il en seroit payé grand' somme de pécune audit comte et à ses capitaines, qui à ce s'inclina assez; mais à bref dire, c'étoit une déception que faisoit ledit prêtre, afin de les délayer et attarger (retarder) de paroles, entre temps que les Anglois s'assembleroient pour les venir combattre. De laquelle besogne le dessusdit comte Waleran fut averti; et pour ce, lui et les siens remontèrent en leur navire, et s'en retournèrent ès parties de là où ils étoient venus, sans autre chose faire. Pourquoi plusieurs grands seigneurs qui étoient avecque lui en prirent grand' déplaisance, pour tant qu'ils avoient mis grand argent à faire leurs pourvéances. Et aussi les pays par où les gens d'armes passèrent, en furent moult travaillés; si en commença-t-on, en plusieurs parties, à murmurer très fort contre ledit comte, mais on n'en pût avoir autre chose.

CHAPITRE XX.

Comment le duc Louis d'Orléans alla à Marseille devers le pape, de par le roi; le duc de Bourbon, en Languedoc; le connétable, en Aquitaine.

En ce même temps, Louis, duc d'Orléans, fut envoyé, de par le roi de France et son grand conseil, devers le pape nommé Grégoire [1], accompagné de six cents chevaliers ou environ, afin de lui remontrer que l'union fût mise en notre mère sainte église. Et par Champagne et Bourgogne s'en alla à Lyon sur le Rhône et de là à Marseille, où étoit ledit pape avec toute sa cour [2]. Lequel grandement et honorablement reçut ledit duc; et après qu'il eût ouï sa requête, lui bailla ses lettres apostoliques, sur aucunes certaines conditions. Après lesquelles reçues, et qu'il eut pris congé d'icelui pape, s'en retourna par plusieurs journées à Paris, devers le roi, où étoient les ducs de Berry, de Bourgogne, de Bretagne et de Bourbon, et plu-

---

1. Il s'appeloit Benoît XIII, et non Grégoire, et son concurrent de Rome, Boniface IX.
2. Benoît étoit à Avignon, et il envoya jusqu'à Villeneuve au devant du duc. *Voyez* l'anonyme de Saint-Denis, dont le récit est plus exact.

sieurs autres grands seigneurs, tant séculiers comme ecclésiastiques, en la présence desquels il bailla lesdites lettres apostoliques, contenant, entre les autres choses, que le pape s'offroit à procurer l'union de toute l'universelle église ; et pour l'avoir, s'il étoit de nécessité, s'offroit de résigner ladite papalité, et faire tout ce qui étoit expédient touchant cette matière, en obéissant au saint concile en tout droit et raison. De laquelle lettre apostolique et du contenu en icelle le roi, les dessusdits seigneurs et tout le concile, avec l'université, se tinrent pour lors assez contents. Auquel temps, Jean, comte de Clermont, fils et héritier du duc de Bourbon, fut envoyé de par le roi et son conseil, en Languedoc, pour aller en Gascogne, et mener guerre aux Anglois, qui adonc faisoient forte guerre aux François, sur les frontières d'illec ; et fit son assemblée à St.-Flour, en Auvergne, laquelle fut de cinq cents bassinets et cinq cents archers et arbalêtriers ; desquels étoit le principal, avec ledit duc de Bourbon, le vicomte de Châteaubon, fils au comte de Foix. Si commencèrent à mener forte guerre, et mirent plusieurs forteresses en l'obéissance du roi : c'est à savoir, le châtel Saint-Pierre, le châtel Sainte-Marie, le Châtel-Neuf, et plusieurs autres. Après lesquelles besognes et forteresses dessusdites bien garnies, s'en retourna à Paris devant le roi dessusdit et les seigneurs, desquels il fût bien venu et conjoui. Et tantôt fut après envoyé messire Charles d'Albreth, connétable de France, et avec lui, Harpedaune, chevalier de grand renom, grandement accompagnés, en la duché d'Aquitaine; et assiégèrent le châtel de Carlefrin, qui moult travailloit les pays du roi, et tenoit les garnisons des François en grand' subjection; et si étoit la plus grand' partie du pays à pactis (en composition) à eux. Lequel siége dura environ six semaines, en la fin desquelles firent traité iceux assiégés avec ledit connétable, par condition qu'ils s'en iroient, saufs leurs corps et leurs biens, et avec ce auroient certaine somme de monnoie, qui se prit et cueillit sur les habitants d'icelui pays. Et après qu'icelui connétable eut garni icelle forteresse de ses gens, il s'en retourna à Paris devers le roi Charles.

CHAPITRE XXI.

Comment le duc Aubert, comte de Hainaut, trépassa; et pareillement la duchesse de Bourgogne, Marguerite, fille au comte Louis de Flandre.

En cet an le duc Aubert trépassa, lequel étoit comte de Hainaut, de Hollande et de Zélande, qui avoit été fils de Louis de Bavière, jadis empereur d'Allemagne. Duquel duc demeurèrent deux fils et une fille : c'est à savoir Guillaume, qui étoit aîné, et Jean, de son surnom nommé Sans-Pitié, qui fut promu à être évêque de Liège, nonobstant qu'il n'étoit point encore sacré ; et la fille étoit mariée au duc Jean de Bourgogne. Et fut, ledit duc Aubert, enterré en l'église collégiale de La Haye en Hollande. Et pareillement mourut audit an, le vendredi de devant la mi-carême, Marguerite duchesse de Bourgogne, femme au duc Philippe, dernier trépassé, et douairière, en son hôtel à Arras, laquelle fut atteinte de maladie hâtive. Si fut de ses trois fils, c'est à savoir Jean, duc de Bourgogne, Antoine, duc de Limbourg, et Philippe le moins-né (plus jeune), menée en grands pleurs et gémissements, en la ville de Lille, où elle fut enterrée en l'église collégiale de Saint-Pierre, emprès son père, le comte Louis de Flandre. Après la mort de laquelle, succéda Jean, duc de Bourgogne, son premier fils, en la comté de Flandre et d'Artois ; et Philippe, dessus nommé, eut la comté de Nevers, comme en autre lieu est déclaré. Et bref en suivant furent promus de la partie du duc Jean de Bourgogne, et à sa requête, les mariages de Louis, duc d'Aquitaine, dauphin fils du Roi de France, et de la fille aînée dudit duc de Bourgogne, nommée Marguerite ; et aussi de Philippe, comte de Charolois, seul fils et héritier de celui duc et de Michel fille auroit. Desquelles alliances, en suivant ce que autrefois en avoit été pourparlé du vivant du duc Philippe défunt, le roi, la reine, et autres du sang royal étoient assez contents, excepté le duc Louis d'Orléans, seul frère du roi, auquel cette alliance n'étoit pas bien agréable. Et dès lors et par avant y avoit eu entre iceux deux princes, c'est à savoir d'Orléans et de Bourgogne, aucunes rumeurs et envies, par quoi, quelque semblant qu'ils montrassent l'un à l'autre, si n'y avoit-il pas grand amour, en partie, pour les rapports que faisoient leurs gens chacun à son maître et seigneur, l'un après l'autre. Néanmoins les dessusdits mariages furent du tout accordés et confirmés entre les parties dessusdites : et en furent faites et baillées, de partie à autre, aucunes sûretés par lettres et instruments royaux. Et adonc fut à Paris mise sus une très grand' taille sur tout le peuple du royaume de France, de par le roi et son grand conseil ; à laquelle mettre sus ne se voulut pas consentir ledit duc de Bourgogne, dont il fut grandement aimé et recommandé de tout le peuple généralement.

CHAPITRE XXII.

Comment le duc Jean de Bourgogne, après la mort de la duchesse, fut reçu ès bonnes villes de la comté de Flandre, comme seigneur.

Au commencement de cet an, le duc Jean de Bourgogne, après qu'il eut été à Paris devers le roi, il s'en retourna en Flandre avec ses deux frères, en grand' compagnie des nobles hommes d'iceux pays. Si fut partout reçu très honorablement et amiablement de tous ses sujets ; et lui donnèrent très beaux dons ; par espécial ceux de Gand, de Bruges, d'Ypres et autres bonnes villes, et avec celui firent tous serment de fidélité, en lui promettant de lui servir et obéir comme tenus y étoient. Et adonc défendit à tous ses sujets, que nul ne payât la taille dernièrement imposée à Paris par le conseil royal, dont dessus est faite mention, pour laquelle défense il acquit grand' haine du duc Louis d'Orléans, au gré duquel la plus grand' partie de toutes les besognes se conduisoient pour ce temps ; et tant que les traités des mariages des enfants du roi et du duc de Bourgogne, dessus nommé, furent aucunement empêchés ; et voulut le dessusdit duc d'Orléans trouver manière de marier le duc d'Aquitaine, son neveu, en autre lieu ; dont moult déplut au duc de Bourgogne, quand ce fut venu à sa connoissance. Et pour ce envoya tantôt ses ambassadeurs devers le roi, la reine et le grand conseil. Mais à bref dire ils n'eurent point réponse bien agréable pour leur maître et seigneur ledit duc ; et pour ce, au plutôt qu'ils purent, s'en retournèrent en Flandre devers lui. Lequel, leur réponse ouie, prit conseil avec ses plus féables sur cette matière. Lesquels lui conseillèrent qu'il seroit bon qu'il se trahît (rendît) au plus tôt qu'il pourroit bonnement, devers le roi et son grand conseil, afin que lui étant présent, il pût mieux poursuivre ses besognes en sa personne, que ne pouvoient faire ceux qu'il y avoit envoyés ; auquel conseil il s'accorda assez, et fit ses préparatoires pour y aller au plus bref qu'il pourroit. Et en ce même temps fut imposé une dîme sur le clergé, du pape Benoît XIII, lequel tenoit sa résidence et sa cour en la comté de Provence, et fut causé icelui dixième pour l'union de notre mère sainte Église. Si se devoit payer à deux termes, c'est à savoir, à la Pâque et à la Saint-Remi.

CHAPITRE XXIII.

Comment le duc Guillaume, comte de Hainaut, tint cet an un champ mortel en sa ville du Quesnoy; lequel fut outré par un des champions.

On est vérité qu'en cet an fut fait en la ville du Quesnoy, en Hainaut, un champ mortel, en présence du duc Guillaume, comte de Hainaut, juge en cette partie : c'est à savoir d'un gentilhomme nommé Bornette, appelant, qui étoit dudit pays de Hainaut, à l'encontre d'un autre gentilhomme nommé Sohier Barnage, de la comté de Flandre. Si étoit la querelle telle que ledit Bornette tenoit et maintenoit qu'icelui Sohier avoit tué et meurtri un sien prochain parent; pour lequel cas, icelui duc Guillaume livra lices et place à ses dépens, selon la coutume en tel cas accoutumée et introduite. Et après que par icelui duc ils eurent par plusieurs fois été induits à faire paix l'un avec l'autre, voyant qu'à ce ne se vouloient consentir, leur fut ordonné à venir à certain jour, et comparoir par-devant le dessusdit duc, auquel jour ils vinrent; et entra premier ledit appelant dedans, accompagné d'aucuns de ses amis prochains, et après y entra le défendeur. Si fut lors crié par un héraut, et défendu que nul ne leur baillât empêchement, de par le duc et sur peine capitale. Et lors fut derechef crié pour lesdits champions, qu'ils fissent leur devoir. Après lequel cri, partit premier, icelui appelant, de son pavillon, et commença à marcher avant; et d'autre partie vint le défendeur à l'encontre. Et après qu'ils eurent jeté chacun leurs lances l'un contre l'autre, sans ce qu'ils se fussent d'icelles donné empêchement, vinrent aux épées, et combattirent aucune petite espace; mais en conclusion, le dessusdit Bornette vainquit assez brièvement son adversaire, et lui fit confesser, de sa bouche, le cas pour lequel il l'avoit appelé.

Et après ce, icelui vaincu fut jugé présentement par le duc Guillaume à être décapité, lequel jugement fut sans délai accompli, et le dessusdit vainqueur fut honorablement ramené en son hôtel, et avec ce, fut généralement de tous les seigneurs honoré et conjoui. Si fut aucune renommée que le duc Louis d'Orléans avoit été à cette journée en habit déconnu.

CHAPITRE XXIV.

Comment le comte de Saint-Pol mena son armée devant le châtel de Mercq, auquel lieu vinrent les Anglois de Calais, et le déconfirent.

Environ le mois de mai, le dessusdit Waleran de Luxembourg, comte de Ligny et de Saint-Pol, et capitaine de Picardie de par le roi, assembla èsdits pays de Picardie et de Boulenois, de quatre à cinq cents bassinets, avec cinquant Genevois (Génois) arbalêtriers, et environ mille Flamands à pied, des marches vers Gravelines; lesquels il mena et conduit, de Saint-Omer, vers Tournehen; et de là s'en alla mettre siége devant un châtel nommé Mercq, à une grosse lieue près de Calais, lequel tenoient les Anglois, qui, avec les autres garnisons de leur parti, avoient couru et travaillé de nouvel, moult fort, ledit pays de Boulenois et autres terres voisines. Si fit, icelui comte, lever devant ledit châtel plusieurs engins, desquels il avoit grand' abondance, dont icelui châtel fut grandement oppressé. Si se défendoient ceux de dedans très courageusement. Et adonc ledit comte voyant qu'icelui, par force d'assaut, ne pouvoit prendre sans trop grand' peine et perte de ses gens, les fit loger dedans les maisons de la ville, qui étoit close de vieux fossés, lesquels il fit réparer pour être plus sûr à l'encontre de ses adversaires, tant de Calais comme d'autres garnisons; et le lendemain fit assaillir la basse-cour d'icelui châtel, laquelle fut prise par force, et y gagnèrent les assaillants, grand' foison de chevaux, vaches, brebis et juments. Auquel assaut fut messire Robert de Bérengeville, chevalier, nâvré (blessé), dont il mourut bref ensuivant. Et en ce même temps et icelui jour issirent de Calais environ cent hommes d'armes, lesquels en chevauchant vinrent assez près des François, et les avisèrent tout à leur aise, et puis se retrahirent (retirèrent) en icelle ville de Calais; et tantôt après, par un héraut, mandèrent audit comte de Saint-Pol, que le lendemain viendroient dîner avec lui si là les vouloit attendre. Auquel héraut fut répondu que s'ils y venoient, ils seroient reçus, et qu'ils trouveroient tout prêt le dîner; et le héraut porta les réponses à ceux qui l'avoient envoyé. Lesquels, le lendemain très matin, issirent de la dessusdite ville de Calais deux cents hommes d'armes ayant bassinets, deux cents archers, et environ trois cents hommes à pied légèrement armés, et avecque eux menèrent douze ou treize chars chargés de vivres et artilleries; lesquels, tous ensemble, conduisoit un chevalier anglois, nommé Richard Haston, lieutenant à Calais du comte de Sombresceil (Sommerset), frère de Henri de Lenclastre, pour ce temps roi d'Angleterre.

Si cheminèrent en bonne ordonnance jusques

assez près de leurs ennemis ; lesquels, par leurs espies et chevaucheurs, furent de ce avertis ; mais point ne se préparèrent, ni mirent en ordonnance dehors leurs logis pour les combattre, ainsi que faire le devoient ; ainçois (mais) les attendirent dedans leurs clôtures et fossés si longuement, que les dessusdits Anglois commencèrent terriblement à tirer sur eux et les tuer et nâvrer dudit trait, sans ce qu'iceux François leur pussent faire grand' résistance. Et adonc, en assez bref terme, la plus grand' partie des Flamands et gens de pied se commencèrent à déroyer et mettre en fuite pour la cremeur (crainte) du trait dessusdit, à l'exemple desquels se départirent aussi grand' partie des gens d'armes. Et aussi les arbalêtriers Genevois (Génois) étant en icelle place, qui avoient le jour devant alloué la plus grand' partie de leur trait à l'assaut devant dit, n'avoient point remis ne appointé autres quarreaux au point de leurs arbalêtres des garnisons de leur artillerie qui étoient sur les chars ; par quoi, quand ce vint au besoin, ils ne firent pas grand' défense. Et par ainsi, iceux Anglois, sans que de leur partie y eu grand dommage, déconfirent assez brèvement les François leurs ennemis, et demeurèrent victorieux sur la place ; mais le dessusdit comte de Saint-Pol, avecque aucuns autres de sa compagnie, se partit sans avoir nulle occupation de sa personne ; et par dehors Saint-Omer s'en retourna à Thérouenne. Et tous ceux généralement, qui de sa partie demeurèrent, furent pris et occis en la place ;

desquels morts pouvoit avoir jusques au nombre de soixante ou environ, dont furent les principaux, de la partie des François : c'est à savoir le seigneur Querecqs (Quieret), messire Morlet de Saveuzes, messire Courbet de Rubempré, messire Martel de Vaillechiron, messire Guy d'Ivergny, le seigneur de Fayel; et de ceux qui furent pris, furent le seigneur de Hangest, capitaine de Boulogne, le seigneur de Dampierre, sénéchal de Ponthieu, le seigneur de Brimey, messire Sarrazin d'Arlys, le seigneur de Rambures, Gontier la Personne, le seigneur de Guienchy, et plusieurs autres notables chevaliers et écuyers, jusques au nombre de soixante à quatre-vingts ou environ.

Après laquelle besogne, et qu'iceux Anglois eurent pris et raveu (eu) tous les biens, chars et artillerie qu'avoient là menés leurs adversaires et dénué les morts, s'en retournèrent en ladite ville de Calais, atout (avec) leurs prisonniers, joyeux de leur victoire. Et pour le contraire, le dessusdit comte Waleran et ceux qui s'étoient sauvés de sa compagnie, eurent au cœur très grand' tristesse, non pas sans cause.

Et en après, le troisième jour ensuivant, les dessusdits Anglois de Calais issirent de leur ville, atout (avec) foison de canons et autres instruments de guerre, qu'ils avoient gagnés sur les François devant Mercq, et pouvoient être cinq cents combattants ou environ, qui vinrent de nuit couvertement environ le point du jour, et commencèrent très âprement à assaillir la ville d'Ardres, laquelle ils cuidèrent (crurent) trouver dégarnie de gens d'armes. Et de fait, dressèrent échelles contre les murs et trayrent (tirèrent) le feu dedans, en plusieurs lieux; mais par l'aide, confort et diligence de deux notables et vaillants chevaliers qui dedans étoient : c'est à savoir, messire Mansard du Bois, et le seigneur de Licques; furent lesdits Anglois très fortement reboutés. Et en y eut, en faisant ledit assaut et en eux retrayant (retirant), morts de quarante à cinquante, dont la plus grand' partie furent par leurs compagnons portés et mis dedans une grand' maison au dehors de la ville, dedans laquelle ils boutèrent le feu pour les ardoir, afin que de leurs adversaires ne fut leur perte aperçue. Et après, tout confus et déplaisants de leur dommage, s'en retournèrent en ladite ville de Calais; auquel lieu, pource qu'aucuns de leurs gens étoient morts de la navrure du trait des Genevois (Génois) étant à la besogne de Mercq, volrent (voulurent) tuer aucuns d'iceux, disant que ledit trait étoit envenimé.

Et adonc le dessusdit comte de Saint-Pol, qui étoit trait, comme dit est, à Therouenne, espérant aucunement recouvrer son honneur, manda par toutes les marches de Picardie, gens à venir devers lui. S'y vinrent le seigneur de Dampierre, messire Jean de Craon seigneur de Dommart, messire Morlet de Querecqs (Quieret), le seigneur de Fosseuse, le seigneur de Chin, le seigneur de Honcourt et plusieurs autres nobles hommes en très grand nombre. Avec lequel comte ils eurent plusieurs conseils, èsquels ils conclurent d'aller à puissance vers les marches de leurs adversaires, pour iceux esmayer (effrayer) et grever de toute leur puissance. Mais en ces propres jours fut mandé de par le roi audit comte et autres seigneurs dessusdits, qu'ils ne procédassent plus avant de faire ladite entreprise; car le roi y avoit pourvu d'autres gens.

Et à savoir, y envoya le marquis du Pont, fils au duc de Bar, le comte Dammartin, et Harpedanne, chevalier de grand renom, atout (avec) quatre cents bassinets et cinq cents autres hommes de guerre, qui se logèrent à Boulogne et autres lieux de la frontière de Boulenois : pour lequel mandement et venue dessusdite, icelui comte de Saint-Pol ne fut point bien joyeux, mais il lui convint souffrir, fût à bon gré ou autrement, les parlers du monde; car autrement il n'y eût su mettre remède, fors seulement ouïr parler le monde. Et d'autre partie, le duc Jean de Bourgogne, qui étoit en son pays de Flandre, sachant et connoissant clairement la grand' fortune et dommage qu'avoit eus le dessusdit comte de Saint-Pol, il en fut très déplaisant et marry, et envoya hâtivement messire Jean de Laval, chevalier, et plusieurs hommes d'armes et arbalêtriers à Gravelines et autres lieux de ladite frontière, pour garder que les Anglois ne leur fissent aucun dommage.

Èsquelles frontières étoit aussi commis de par le roi de France, messire Lyonnet d'Araines, lequel, nuit et jour très diligemment entendit aux besognes. En outre le roi Henri d'Angleterre, qui avoit par ceux de Calais su et ouï la bonne fortune que ses gens avoient eue contre les François devant Mercq, mit hâtivement sus une grosse armée de quatre à cinq mille combattants, lesquels par mer à grand nombre de navires il envoya nageant par-devant Dunkerque et Neuf-Port, descendre au port de l'Écluse. Et là eux venus, se mirent hors dudit navire bien trois mille, et par le gravier, allèrent tout à pied bien à une lieue assaillir le châtel de l'Écluse. Mais les gardes d'icelui, avec ceux de la ville et du pays d'environ, qui en bref fut mis en grand effroi, se défendirent très vaillamment. Et tant que par le trait des canons et autre défense reboutèrent leurs adversaires et en tuèrent bien soixante, entre lesquels le comte de Pembroke, qui étoit un de leurs principaux capitaines, y fut navré (blessé) à mort. Et pour ce que nouvelles vinrent auxdits Anglois, que le duc Jean de Bourgogne venoit à grand' puissance sur eux pour les combattre, retournèrent incontinent en leurs navires, et de là en Angleterre. Et pourtant ne demeura pas longuement que ledit duc de Bourgogne, pour garder son pays contre iceux Anglois, ne fît tantôt assembler grand nombre de gens d'armes, par le seigneur de Croy et autres ses capitaines, lesquels il fit tirer sur les frontières de Flandre, afin de résister à telles ou pareilles entreprises qu'avoient faites les Anglois ses adversaires, et iceux combattre si plus retournoient.

Et qui plus est, le dessusdit duc de Bourgogne mit sus une ambassade qu'il envoya à Paris devers le roi, le duc d'Orléans, et autres du grand conseil, pour avoir aide de gens et d'argent, pour mettre le siége devant Calais ; car il étoit de ce moult désirant. Mais auxdits ambassadeurs fut par ledit duc et autres du grand conseil, baillé réponse négative. Et pourtant, ledit duc de Bourgogne, ouïe la réponse devant dite par lesdits ambassadeurs, se disposa d'aller à Paris devers le roi en sa personne, pour mieux expédier et conduire ses besognes. Et pour ce faire se tira vers Arras, où il eut, sur ses affaires, plusieurs grands conseils avec plusieurs grands seigneurs, ses féables et serviteurs.

CHAPITRE XXV.

Comment le duc Jean de Bourgogne alla à Paris, et fit retourner le dauphin, que la reine et le duc d'Orléans emmenoient; et d'autres matières.

En après, quand ledit duc de Bourgogne eut conclu dedans Arras, sur ses affaires, il se partit atout (avec) plusieurs hommes d'armes jusqu'à huit cents combattants ou plus, armés couvertement, la vigile de l'Assomption Notre-Dame, pour aller à Paris. Et alla par aucuns jours jusqu'en la ville de Louvres en Parisis; auquel lieu lui furent envoyées unes lettres de Paris, contenants que le roi étoit de sa maladie retourné en santé, et aussi que la reine et le duc d'Orléans étoient partis de Paris pour aller à Melun, et de là à Chartres, et qu'ils avoient ordonné d'emmener après eux le duc d'Aquitaine, dauphin de Vienne. Lesquelles lettres par lui visitées, il dormit un peu, et puis, au son de la trompette, avec ses gens se partit de ladite ville très matin, et hâtivement s'en alla audit lieu de Paris, afin de trouver ledit duc d'Aquitaine : mais quand il fut venu dedans icelle, lui fut dit d'aucuns Parisiens, qu'il s'étoit déja parti pour aller à Melun après la reine sa mère, ce qui étoit vérité.

Et pour ce, icelui duc de Bourgogne, sans descendre ni atargier (retarder), chevaucha très fort atout (avec) ses gens parmi ladite ville de Paris, tant que son cheval pouvoit trotter, et suivit ledit dauphin. Lequel de premier il raconsut (atteignit) entre la Ville-Juive et Corbeil, et l'attendoient ladite reine à Corbeil et le duc d'Orléans à dîner. Et avec ledit duc d'Aquitaine étoit son oncle de par sa mère; c'est à savoir, Louis de Bavière, le marquis du Pont, fils au duc de Bar, le comte Dammartin, Montagu, grand maître-d'hôtel du roi; avec eux plusieurs autres seigneurs qui l'accompagnoient. Et étoit en une litière avec lui, sa sœur, la dame de Préaux, femme de monseigneur Jacques de Bourbon. Et lors ledit duc de Bourgogne approchant ledit duc d'Aquitaine, dauphin, lui fit très grand honneur et revérence, et lui supplia qu'il lui plût retourner et demeurer à Paris, disant que là il seroit mieux qu'en quelconque autre lieu du royaume de France. Et avec ce, lui dit, qu'il avoit à parler à lui de certaines besognes, qui bien lui touchoient. Après lesquelles paroles dites par ledit duc, Louis de Bavière, voyant la volonté du dauphin son neveu incliner à la requête qu'on lui faisoit, si dit:

« Sire duc de Bourgogne, laissez aller mon-
» seigneur d'Aquitaine mon neveu après la reine
» sa mère et monseigneur d'Orléans son oncle,
» là où on le fait aller par le consentement du roi
» son père. »

Et après défendit icelui duc Louis à tous ceux qui là étoient, que nul ne mît la main en sa litière, ni baillât empêchement, qu'il n'allât sa voie, où ordonné lui étoit. Nonobstant lesquelles paroles, attargations (retards), et plusieurs autres paroles délaissées pour cause de brièveté, le duc de Bourgogne, de fait, fit retourner ladite litière et ledit duc d'Aquitaine avec tous ses gens, et le ramena à Paris; excepté le marquis du Pont, le duc de Bar, le comte de Dammartin, et plusieurs autres de la famille dudit duc d'Orléans, lesquels, sans délai, chevauchèrent outre jusqu'à Corbeil. Si racontèrent audit duc et à la reine, comme le dessusdit duc de Bourgogne avoit fait retourner le duc d'Aquitaine dedans Paris outre leur gré.

Pour lesquelles nouvelles eurent grand' cremeur (crainte) et furent fort émerveillés, pour ce qu'ils ne savoient quelle chose icelui duc de Bourgogne tendoit à faire; et tant que le duc d'Orléans laissa son dîner, qui étoit appareillé, et s'en alla bien en hâte à Melun, et la reine après lui, et tous ceux de leur famille. Et ledit duc de Bourgogne, comme dit est, avec tous ses gens s'en alla vers Paris, conduisant ledit duc d'Aquitaine; au devant et à l'encontre duquel issirent le roi de Navarre, le duc de Berry, le duc de Bourbon, le comte de la Marche, et plusieurs autres grands seigneurs, et les bourgeois de Paris en très grand' multitude. Et entra dedans Paris très honorablement, toujours le duc de Bourgogne et ses deux frères qui étoient avec lui, durant cette besogne, au plus près de ladite litière, et aussi les autres seigneurs dessusdits. Si chevauchèrent tout le pas en cet état, tant qu'ils vinrent au châtel du Louvre, dedans lequel le Dauphin fut mis jus de sa litière par Louis de Bavière son oncle, et là fut logé.

Si se retrahirent (retirèrent) tous les seigneurs, chacun en son hôtel, réservé le duc de Bourgogne, qui là se logea ; et bref en suivant envoya plusieurs messagers garnis de ses lettres en tous ses pays, pour mander gens d'armes à venir devers lui audit lieu de Paris. Si tenoit icelui duc son état dedans le Louvre, en la chambre Saint-Louis et ès chambres de dessous appartenant à icelle. Et le duc d'Aquitaine, avec toute sa famille, fut logé ès chambres de haut. Et le lendemain, le recteur, et aussi la plus saine partie de l'université de Paris vinrent devers ledit duc de Bourgogne faire la révérence, et lui remercier en grand'humilité publiquement de la bonne amour et affection qu'il avoit au roi, à sa génération et à tout son royaume, de laquelle ils étoient et se tenoient véritablement être informés qu'il tendoit à bonne fin, et à la reformation et réparation d'icelui ; lui requérant outre, qu'en ce voulsît (voulût) persévérer et non cesser pour quelque chose qu'il advînt.

Le dimanche en suivant, ledit duc de Bourgogne, avec tous ses gens, se délogea du Louvre, et s'en alla loger en son hôtel d'Artois ; auquel lieu fit faire par les rues tout à l'environ, de grands fortifications de palis et barrières, afin que de sa partie adverse ne pût être grevé. Et avec ce, fit tant devers le roi et ceux du grand conseil, que les chaînes de Paris, qui étoient au Louvre, furent rendues aux Parisiens, et remises par les rues, comme elles avoient autrefois été. Pour laquelle chose ledit duc de Bourgogne fut grandement en la grâce de toute la communauté de Paris généralement.

Et icelui châtel du Louvre demeura en la garde de messire Renault d'Angiennes, qui par avant y étoit commis de par le roi. La bastille Saint-Antoine fut mise en la garde de Montagu, grand maître d'hôtel du roi; mais jura et fit serment, qu'il ne mettroit homme dedans, sinon seulement ceux du conseil du roi là étant : et le duc d'Aquitaine fut baillé en gouvernement au duc de Berri, de par le roi et son grand conseil.

En après, le duc de Bourgogne et ses deux frères baillèrent et présentèrent au roi et à son grand conseil une supplication, de laquelle la teneur s'ensuit :

« Jean, duc de Bourgogne, Antoine, duc de Lembourg, et Philippe, comte de Nevers, frères, vos très humbles sujets, parents et obédients serviteurs, vraiment et féablement connoissants, par jugement de raison, chacun chevalier de votre royaume, notoirement être tenus et obligés après Dieu, à vous aimer, servir, et obéir. Et ne sommes point tenus seulement de ne vous point nuire, mais avec ce sommes tenus de vous notifier, et à votre personne faire savoir, ce qu'on procure ou veut procurer encontre votre honneur et profit. Et mêmement à ce sont tenus ceux qui, par prochaineté de votre sang, tiennent de vous grands seigneuries, par le moyen desquelles sont obligés à vous. Et pour tant nous nous sentons tenus, comme il appert : car à vous sommes sujets, et au royaume ; et de par notre dignité sommes vos cousins germains. Et moi Jean, par la grâce de Dieu et de vous, suis duc de Bourgogne, pair du royaume de France, et doyen des pairs, comte de Flandre et Artois ; et moi Antoine, comte de Rethel ; et moi Philippe, comte de Nevers et baron de Donzy. Et avec ce, par le consentement de vous notre très redouté seigneur, et notre très redoutée dame la reine, et tout le sang royal, confirmé est le mariage entre le duc d'Aquitaine, dauphin de Vienne, votre fils, et la fille de moi, duc de Bourgogne ; et aussi entre la dame de Charrolois, votre fille, et Philippe comte de Charrolois mon fils. Si sommes à vous tenus par le commandement de feu notre très redouté seigneur et père, qui environ la fin de sa vie, nous recommanda et fit promettre que devers vous et votre royaume toute féableté nous garderions : laquelle chose toujours de notre vie accomplir nous désirons et convoitons.

» Et afin que des devantdits liens aller au contraire par dissimulation ne soyons vus, et aussi que nous n'encourrons la divine indignasion, il nous semble qu'il est nécessité que nous vous déclarons ce que souvent est traité contre l'honneur et profit de vous et votre royaume, principalement en quatre points, selon notre jugement. Le premier, si est de votre personne ; car devant que sortiez de cette maladie de laquelle non mie seulement êtes grévé, mais tous les cœurs de vos amis qui vous aiment, en sentent et souffrent très grande douleur, en votre conseil souventes fois sont faits traités contre votre honneur et profit, colorés par fiction de bien, et moult de choses irraisonnables vous sont demandées, jaçoit-ce que par vos réponses les refusez. Toutefois, par aucuns de votre conseil, est donné, et tant qu'on obtient ce qu'on demande.

Et autre point, n'avez vêtements, joyaux, ni vaisselle, comme il appartient à votre état royal ; et si aucuns en avez, à peu d'occasion sont engagés Aussi vos serviteurs n'ont nulle audience par-devers vous, ni point de profit. Et avec ce des choses devant dites et plusieurs autres qui touchent votre honneur, n'oseroient faire mention selon ce qu'ils désireroient. Le second point est de la justice de ce royaume, qui devant tous autres royaumes souloit tenir la souveraine exécution de droite justice; laquelle chose est de votre royaume le principal fondement. Et du temps passé vos officiers étoient faits par vraie et mûre délibération et élection des plus notables, qui vos droits grandement gardoient, et à tous grands et petits moyens également justice se faisoit; maintenant il est le contraire, car vos officiers par dons et par prières ils sont faits; pour quoi vos droits sont grandement diminués et de jour en jour diminuent, par quoi le peuple est très fort grevé. Le tiers point est de votre domaine, qui très mal est gouverné, en tant que plusieurs maisons, châteaux et édifices si vont à ruine, semblablement vos bois, vos moulins, vos rivières, viviers et les revenus de vos francques fêtes, et généralement tout votre domaine, pour la grande diminution, se périt et va à néant. Le quart point est de l'église, des nobles et du peuple.

Premièrement, quant à parler à la réale vérité de ceux de l'église, ils sont moult opprimés, et très grands dommages et torts ils souffrent, tant de juges comme d'hommes d'armes, et plusieurs autres qui leurs biens et leurs vivres prennent et ravissent, et leurs maisons et leurs biens rançonnent: et pour cette cause, à peine ont-ils de quoi vivre ni faire le service divin. Les nobles, souventes fois sont mandés dessous l'ombre de votre guerre, dont nul denier ils ne reçoivent; et pour acheter chevaux, armures, et ce qu'à guerre appartient, souvent advient qu'ils vendent leurs choses.

» Tant qu'est de votre peuple, il est tout clair, que tous ou à peu près tendent à perdition pour les dommages qu'ils reçoivent de vos baillis, prévôts et spécialement des fermiers ou autres officiers, et avec ce les gens de guerre, lesquels, sans cause, trop longuement ont été tenus et encore sont; pourquoi on doit douter que Dieu encontre vous ne se courrouce si autrement par vous n'y est pourvu. Et c'est tout notoire, comment vos ennemis, du temps de Philippe et Jean, tous deux rois de France, vos nobles prédécesseurs, se maintinrent, et les grands dommages qu'ils firent en votre royaume; et comment à Richard, roi d'Angleterre à vous allié, premièrement son royaume tollurent, et sa femme votre fille à l'encontre de sa volonté, et la vôtre pareillement, longuement ils détinrent; et pour l'amour d'elle, tant nobles comme marchands, ils tuèrent et noyèrent dedans la mer; les trèves ils rompirent, et votre royaume en moult de lieux par feux et pilleries ils ont gâté; c'est à savoir en Picardie, en Flandre, en Normandie, en Bretagne, en Aquitaine, où dommages irréparables ils ont fait.

» Néanmoins, très noble sire, la guerre que vous avez entreprise contre vos ennemis, ne disons point que la laissiez; car s'il étoit ainsi, très grand'honte pourroit être imputée en votre grand conseil pour la dissension, laquelle est entre vos ennemis, et aussi semblablement la guerre qu'ils ont d'une part contre les Gallois, et d'autre part contre les Écossois; et s'ils étoient pacifiés, plus grand dommage pourroient faire en votre royaume que devant. En après il semble, et c'est vérité, que grand'chose avez à faire pour maintenir votre guerre, tant en votre domaine comme ès aides qui vous sont faites. Derechef deux grandes tailles nouvellement sont taillées en votre royaume sur titre de la guerre; nonobstant, rien n'en est dépendu pour vosdites guerres. Pourquoi il est à douter qu'il n'en vienne très grands maux, considérée la murmuration du clergé, des nobles et du peuple; car si tous ensemble se mouvent, que jà n'advienne! chose plus périlleuse seroit qu'oncques mais ne fut jusques à l'heure présent. Et chacun de votre royaume, qui féablement à vous est sujet, doit avoir grand' douleur quand il voit en telle manière tant d'argent de votre royaume périr. Et pour ce, très noble seigneur, que nous, comme devant est dit, à vous tant sommes obligés, et afin que n'encourions l'indignation de vous, de notre dame la reine, et d'autres de votre sang royal, et d'autres hommes féables de votre royaume, sans ce que nous quérons quelconques injurier ni autre gouvernement, mais tant seulement pour nous acquitter féablement envers vous; très humblement vous supplions, que vous veuillez mettre remède aux conventions dessusdites, et appeler les non suspects en cette matière, et qu'ils n'aient point de doutance à vous dire vérité, et qu'ils vous donnent bon conseil; et en bref, ce soit mis en exécution et effet. Et à ce faire nous offrons, corps, richesses et amis; et à tous ceux qui véritablement se voudront acquitter ; car vraiment nous ne pourrions voir ni souffrir tels inconvénients être faits contre vous et votre majesté royale ; et n'est point notre intention de cesser ni taire cette pétition, jusques adonc que premier remède y sera mis. »

Ainsi fina la supplication dudit Jean-de-Bourgogne et de ses deux frères.

Un autre jour que le roi étoit en assez bonne prospérité de santé, les devantdits frères suppliants, avec le duc de Berry leur oncle, et autres princes, le chancelier de France, maître Regnault de Corbie, le premier président en parlement, et grand nombre d'officiers royaux s'en allèrent en l'hôtel de Saint-Pol, auquel lieu ils trouvèrent le roi qui de sa chambre étoit descendu en un jardin. Et après que très humblement l'eurent salué, lui firent, les trois frères dessusdits, hommage des seigneuries qu'ils tenoient de lui : c'est à savoir, le duc Jean, de sa duché de Bourgogne et de ses comtés de Flandre et d'Artois ; Antoine, duc de Lembourg, de sa comté de Rethel ; et Philippe le moisné, de sa comté de Nevers. Si y avoit pour ce un très grand nombre de nobles hommes, chevaliers et écuyers, qui firent pareillement hommage au roi, de plusieurs seigneuries qu'ils tenoient en divers pays de son royaume. Et après qu'iceux trois frères eurent requis au roi lettres, et icelles obtenues, par les diligences qu'ils avoient faites, prirent congé de lui et s'en retournèrent en leurs hôtels. Et adonc en ces mêmes jours, vint à

Paris et ès villages à l'environ, au mandement dudit duc de Bourgogne et de ses deux frères, bien six mille combattants ; entre lesquels étoient pour les conduire Jean-sans-Pitié, évêque de Liége, et le comte de Clèves. Et fut faite cette assemblée pour résister à l'encontre du duc Louis d'Orléans, si aucunement vouloit faire entreprise à l'encontre d'eux ; car déjà étoient bien informés qu'il n'étoit point bien content de ce qu'on avoit ainsi fait retourner ledit duc d'Aquitaine, son neveu, comme dessus est dit ; et aussi de la proposition qu'avoient faite devant le roi les trois frères dessusdits ; et que de ce étoient fort en son indignation, et par especial le duc de Bourgogne ; et sentoit, icelle proposition dessusdite être faite plus à sa charge, principalement que de tous les autres princes du royaume. Et pour ce que ledit duc d'Orléans ne savoit à quelle fin icelles besognes pourroient venir, ni comment on se voudroit gouverner envers lui, manda gens d'armes de toutes parts pour lui fortifier. Entre lesquels lui vint Harpedene, atout (avec) ses gens qui étoient ès frontières du Boulenois. Et d'autre part y vinrent le duc de Lorraine et le comte d'Alençon, atout très grand nombre de gens qui se logèrent autour de Melun et au pays à l'environ, bien quatorze cents bassinets, avec grand' multitude de gens. Et par ainsi furent les pays d'entour de Paris, et de la marche de l'Ile-de-France et de Brie, moult travaillés et oppressés par les gens d'armes des deux parties. Et portoient les gens du duc d'Orléans, en leurs pennonceaux, au bout de leurs lances en écrit : *Je l'envie*. Lequel duc manda tantôt à venir devers la reine et devers lui, audit lieu de Melun, le roi Louis, lequel se disposoit à puissance de gens d'armes pour aller en son royaume de Naples. Si délaissa tantôt son entreprise, et alla devers la reine et le duc à Melun, avecque lesquels il eut aucun parlement, et puis se tira à Paris en intention de traiter entre les deux parties ; et se logea en son hôtel d'Anjou, et puis assembla par plusieurs journées avec les ducs de Berri et de Bourbon, et avec le grand conseil du roi, pour traiter entre icelles deux parties d'Orléans et de Bourgogne.

Durant lequel temps, ledit duc d'Orléans écrivit à plusieurs bonnes villes du royaume ses lettres, en remontrant comment on avoit proposé et semé paroles diffamatoires, à Paris, à l'encontre de lui et de son honneur ; lesquelles on ne devoit pas croire ni tenir icelles pour véritables, sans premier l'avoir ouï. Et pareillement en écrivit à l'université de Paris, et y envoya ses ambassadeurs requérant que la matière qui étoit entre lui et le duc de Bourgogne fût par eux bien avisée et disputée, ainçois (avant) qu'ils donnassent le tort ou faveur à l'une des parties. Après lesquelles lettres reçues, ladite université renvoya devers ledit duc à Melun, leurs messagers très notables, qui lui touchèrent sur trois points, la cause pourquoi ils étoient venus devers lui. Premièrement le remercièrent de l'honneur qu'il avoit fait à eux d'envoyer ses ambassadeurs.

Secondement, que très bien leur plairoit que la réformation du royaume fût faite. Tiercement, seroient très désirants et joyeux qu'ils fussent pacifiés lui et le duc de Bourgogne.

Lesquelles choses ouïes par le duc d'Orléans des dessusdits ambassadeurs, fit réponse de lui-même, qu'ils n'avoient pas fait sagement de compagner ni assister ledit duc de Bourgogne ès besognes dessusdites, lesquelles avoient été proférées en la plus grand' partie contre lui, attendu qu'ils ne pouvoient ignorer qu'il ne fût fils et frère du roi, auquel avoit été baillé le régime du royaume, comme à celui qui de droit le devoit avoir, considéré l'état où le roi étoit, et la jeunesse de son neveu dauphin duc d'Aquitaine. Secondement disoit, que ceux de l'université, qui étoient étrangers et de diverses régions, ne se devoient point entremettre du régime ni de la réformation du royaume; mais s'en devoient attendre à lui et à ceux du sang royal et du grand conseil. Tiercement, qu'il ne falloit point, ni n'étoit de nécessité qu'ils le pacifiassent avec le duc de Bourgogne, pour ce que nulle guerre ni nul différend n'étoit entre eux. Après lesquelles réponses ouïes par lesdits ambassadeurs, s'en retournèrent tous confus à Paris. Et le samedi ensuivant, ledit duc de Bourgogne étant en son hôtel d'Artois, lui fut dit, et c'étoit vérité, que la reine, avec le duc d'Orléans et tous leurs gens d'armes, s'étoient partis de Melun et s'en venoient à Paris. Après lesquelles nouvelles, ledit duc de Bourgogne monta à cheval et alla en l'hôtel d'Anjou, où il trouva le roi de Sicile, les ducs de Berry et de Bourbon, et plusieurs autres princes et autres seigneurs du conseil du roi ; lesquels sachant la venue dudit duc d'Orléans, en furent tous émerveillés ; car c'étoit en allant contre leur intention, et ce qu'ils traitoient entre icelles parties. Si avoit ledit duc de Bourgogne très grand nombre de gens d'armes, tant dedans Paris comme dehors, lesquels si portoient ès pennonceaux de leurs lances, en flamand *Ich houd*, c'est-à-dire, *je le tiens ;* et ce étoit à l'encontre des Orléanois, qui, comme dessus est dit, portoient *je l'envie ;* dont la plus grand' partie des dessusdits gens d'armes du duc de Bourgogne s'allèrent mettre en bataille, contre la venue dudit duc d'Orléans, au-dessus de Montfaulcon.

En entre-temps, la communauté de Paris s'émut et se mit en armes en très grand' multitude, pour résister à la venue du duc d'Orléans, doutant qu'il voulsît (voulût) abandonner la ville à piller et eux occire. Et avecque ce, firent abattre plusieurs appentis d'aucunes maisons, afin que par les rues on pût plus à plain traire lancer, et jeter pierres sans empêchement ; et aussi s'armèrent outre les ponts plusieurs écoliers. Et pour vrai tous les Parisiens étoient plus favorables à la partie de Bourgogne que d'Orléans, et se disposèrent de toute leur puissance de aider et défendre le duc de Bourgogne si besoin eût été.

Lequel duc de Bourgogne étoit tout réconforté

de résister et combattre icelui duc d'Orléans, s'il fût venu jusques audit lieu de Paris : durant lequel temps le chancelier du roi, les présidents de parlement et autres sages en grand nombre, voyant icelle grand' émeute, pour concorder iceux princes et éviter le grand péril qui s'en pourroit ensuivir, tantôt s'en allèrent à l'hôtel d'Anjou devers les princes dessusdits, et conséquemment après envoyèrent devers ledit duc d'Orléans certains messagers, pour lui signifier la mutation qui étoit dedans Paris, en lui requérant qu'il lui plût délayer (différer) de venir à présent audit lieu de Paris. Lequel duc avec la reine, sachant icelle nouvelle, prirent brève conclusion avec aucuns de leurs plus féables conseillers, et se départirent l'un d'avecque l'autre ; si alla ladite reine au bois de Vincennes, et ledit duc avec ses gens d'armes s'en retourna à Corbeil, et le lendemain vint à Beauté, et tous ses gens se logèrent au pont à Charenton et au pays à l'environ. Durant lequel temps les princes par-dessus nommés, et avec eux plusieurs notables seigneurs et grand nombre de gens de conseil, se mirent ensemble et traitèrent par plusieurs jours sur la matière dessusdite ; et enfin, par longue continuation, après qu'ils eurent fait savoir aux deux parties leurs intentions, finalement firent tant qu'iceux deux princes d'Orléans et de Bourgogne se soumirent de toute leur question devant dite sur les rois de Sicile et Navarre, et les duc de Berry et de Bourbon, et baillèrent chacun d'iceux leur foi corporellement ; et pour s'entretenir donnèrent congé chacun à leurs gens d'armes, et la reine retourna à Paris devers le roi, et ledit duc d'Orléans s'en vint loger en son hôtel, à Saint-Antoine, auprès de la Bastille ; et briefs jours ensuivant, iceux princes dessus nommés, firent et traitèrent tellement, qu'ils communiquèrent l'un avec l'autre et se montrèrent, par semblant, à la vue de tout le monde, être très bons amis l'un avec l'autre ; mais celui qui connoît les pensées des cœurs, sait du surplus ce qu'il en étoit.

En après le duc de Lorraine et le comte d'Alençon s'en retournèrent chacun en leur pays atout (avec) leurs gens, sans entrer dedans Paris ; et ledit duc de Bourgogne et ses frères, avec tous ses gens, s'en retourna assez bref ensuivant en son pays d'Artois, et de là en sa comté de Flandre, où il eut aucun parlement avec le duc Guillaume son serourge (beau-frère), l'évêque de Liège, le comte Waleran de St.-Pol, le comte de Namur, et plusieurs autres, lequel finé retourna en sa ville d'Arras.

CHAPITRE XXVI.

Comment le duc Jean de Bourgogne eut, de par le roi, le gouvernement de Picardie ; de l'ambassade d'Angleterre, et de l'état de Clignet de Brabant, chevalier.

Au commencement de cet an, le duc de Bourgogne, par l'octroi du roi, des ducs d'Orléans et de Berri, et de tout le conseil royal, reçut le gouvernement des pays de Picardie. Si envoya de par lui sur les frontières de Boulenois, messire Guillaume de Vienne, chevalier, seigneur de Saint-George, atout (avec) six cent bassinets, et moult de Génevois (Génois) arbalêtriers, lesquels furent mis en garnison sur lesdites frontières, et y firent forte guerre aux Anglois ; mais pourtant ne demeura point que le pays ne fût souvent couru et dégâté tant desdits Anglois, comme de ceux desdites frontières. Auquel temps retournèrent à Paris devers le roi et son grand conseil les ambassadeurs du roi d'Angleterre : c'est à savoir le comte de Pennebroch (Pembroke), l'évêque de Saint-David et aucuns autres, qui firent requête bien acertes, que trèves fussent baillées entre les deux rois et leurs pays, et que marchandise pût être faite et avoir son cours, et aussi que le roi de France voulsît (voulût) donner et octroyer sa fille aînée, Isabelle, jadis femme au roi Richard, au fils aîné dudit roi Henri d'Angleterre en mariage, sous telle condition qu'icelui roi d'Angleterre, prestement ledit mariage consommé, mettroit ledit royaume en la main de son fils et l'en revêtiroit [1].

Lesquelles requêtes ouïes et entendues par ledit conseil royal, furent par aucuns jours mises avant et débattues par diverses opinions; mais enfin pour les fraudes que par avant on avoit vues en iceux Anglois, rien desdites besognes ne leur fut accordé; et aussi le duc d'Orléans contendoit avoir icelle fille de France en alliance pour Charles, son premier fils, comme depuis il eut.

Si s'en retournèrent lesdits ambassadeurs en Angleterre, tout déplaisants de ce que rien n'avoient pu besogner, et tantôt après fut la guerre moult enfélonie (envenimée) entre les François et les Anglois; et mêmement messire Clignet de Brabant,

---

[1]. On trouve dans Rymer l'acte qui autorise Henri, évêque de Winchester, Thomas, seigneur de Camoys, Jean de Norbury, écuyer, et Jean Cateryg, trésorier de l'église de Lincoln, à se rendre auprès de Charles VI, pour traiter de la paix. Un autre acte, daté du 22 mai de la même année, autorise l'évêque de Winchester à négocier le mariage de Henri, prince de Galles, duc de Cornouailles et comte de Chester, fils aîné d'Henri IV, avec une des filles (cum aliquâ de filiabus) du roi de France; mais il n'est nulle part fait mention que son père lui cèdera le trône d'Angleterre.

chevalier de l'hôtel du duc d'Orléans, qui nouvellement avoit reçu l'office d'amiral de France au lieu et du consentement de messire Régnaut de Trie [1], qui s'en étoit démis moyennant une grand' somme d'argent qu'il en avoit reçue pour les pourchas et sollicitude dudit d'Orléans, s'en alla à Harfleur atout (avec) six cents hommes d'armes aux dépens du roi, auquel lieu il trouva douze gallées toutes prêtes pour entrer en mer et mener guerre auxdits Anglois, et avec ce, pour prendre la possession de sondit office; mais quand il dut entrer dedans, lui fut défendu de par le roi qu'il n'allât plus avant. Si s'en retourna à Paris, et brief ensuivant, par le moyen dudit duc d'Orléans, épousa la comtesse de Blois, douagiere (douairière), jadis veuve de Guy comte de Blois, laquelle étoit sœur au comte de Namur, auquel moult déplut dudit mariage; et pour tant qu'un sien frère, non légitime, avoit consenti de traiter icelui mariage, le fit depuis prendre par ses gens et décoler, et par ainsi fit son sang satisfaction à sa volonté.

Durant lequel temps le duc de Berri, qui étoit capitaine de Paris, traita tant avec le roi et son conseil, que les Parisiens eurent congé d'eux

---

1. Pierre de Brabant, dit Cliquet, fut fait maréchal de France par la résignation de Regnaut de Trie, et par lettres-patentes du 1er avril 1405. *Voyez* l'Histoire de Chastillon, l. 4, ch. 6, § 130.

garnir d'armures et d'autres habillements de guerre, pour eux garder et défendre si besoin étoit ; et, qui plus est, leur furent rendues la plus grand' partie desdites armures, qui étoient au Palais, et au Louvre dès le temps des maillets de Paris.

CHAPITRE XXVI.

Comment la guerre se r'émut entre les ducs de Bar et de Lorraine, et des mariages faits à Compiègne ; et aussi des alliances d'entre Orléans et Bourgogne.

Sɪ se r'émut en cet an grand' dissension entre le duc de Bar, d'une part, et le duc de Lorraine de l'autre. Si fut la cause pour ce que ledit duc de Lorraine, atout (avec) grand' puissance de gens de guerre des pays et alliés, alla assiéger très puissamment un châtel qui étoit audit duc de Bar, et en partie audit royaume de France ; et pour ce que par avant avoit, par le marquis du Pont, fils audit duc de Bar, été mis en la main du roi, nonobstant laquelle mise dessusdite fut pris du duc Lorraine ; et pour ce que ce fut fait en la déplaisance du roi, fut mise tantôt sus une grand' armée ès parties de France. Laquelle de par le roi conduisoit messire Clignet de Brabant, amiral, pour mener audit pays de Lorraine, à l'encontre dudit duc ; mais enfin aucun traité se trouva entre icelles parties, parquoi la dessusdite armée se dérompit, et fut mise à néant ; et lors en ces propres jours vint la reine de France, et aucuns de ses enfants, en la ville de Compiègne : c'est à savoir Jean, duc de Touraine, et Isabelle, jadis reine d'Angleterre ; et aussi y vinrent les ducs d'Orléans et de Bourgogne, la duchesse de Hollande, femme au duc Guillaume, comte de Hainaut, et sa fille, nommée Jaqueline de Bavière, le comte Charles d'Angoulême, fils premier né du duc d'Orléans, et plusieurs autres grands seigneurs, desquels les dessusdits étoient accompagnés en moult noble appareil ; et si y étoit un légat du saint siége de Rome, avec lui plusieurs évêques, docteurs et gens d'église.

Auquel lieu furent faits et traités les mariages premier du duc de Touraine, second fils du roi, et de la dessusdite Jacqueline de Bavière, fille au duc Guillaume comte de Hainaut ; et aussi de Isabelle, reine d'Angleterre dessusdite, et de Charles d'Orléans ; laquelle Isabelle étoit cousine germaine d'icelui Charles, et si l'avoit levée et tenue sur les fons ; mais ce nonobstant, par dispensation apostolique, fut le dessusdit mariage paraccompli, et pareillement l'autre par-devant déclaré ; èsquels jours furent faits audit lieu de Compiègne grands fêtes et ébattements, tant en boires, mangers, comme en danses, joûtes et autres joyeusetés. Et brefs jours ensuivant icelles besognes accomplies, ladite duchesse de Hollande, avec li (elle) son beau-frère, Jean de Bavière, prit sa fille, et Jean, duc de Touraine son mari, et par le consentement de la reine, des ducs dessus nommés, et de tout le conseil royal, l'emmena au pays de Hainaut, au Quesnoy-le-Comte, où lors tenoit son hôtel ledit duc Guillaume, qui les reçut et les festoya très joyeusement; et d'autre partie, après que grands confédérations furent faites entre les ducs d'Orléans et de Bourgogne, et qu'ils eurent promis l'un à l'autre d'entretenir bonne fraternité et amour toute leur vie, se départit ledit duc d'Orléans et emmena la dessusdite Isabelle, fille du roi, avec son fils, à Château-Thierri, lequel roi à sa requête, lui avoit donné; et la reine avec le conseil royal, et tout son état, s'en retourna à Paris devers le roi, qui nouvellement étoit levé de sa maladie; et ledit duc de Bourgogne s'en retourna en son pays d'Artois et de Flandre avec les siens. Si fit venir des pays de Bourgogne environ six cents combattants, pour aller ès frontières de Boulenois, et mener guerre aux Anglois, lesquels dégâtèrent fort le pays d'entour Béthune, pour ce que le comte de Namur n'avoit pas voulu souffrir que ses sujets payassent au duc de Bourgogne une taille, que le roi de nouvel lui avoit accordée à lever, sur les pays d'Artois, pour payer les soudoyers desdites frontières.

Lesquels sujets dudit comte de Namur voyant que par le non-payer auroient plus grand dommage, l'accordèrent, et la payèrent sans délai; et pour ce se tirèrent iceux gens d'armes hors dudit pays.

Et adonc vinrent à Paris devers le roi et les seigneurs de son sang le comte de Northombellant, et le seigneur de Perciaque (Percy), Anglois : lesquels audit roi et à son conseil, prièrent piteusement, qu'ils pussent avoir aide de gens d'armes pour mener guerre à Henri, roi d'Angleterre[1] : en requérant lesquelles aides, promettoient au roi et de ce lui bailler en ôtage aucuns de leurs amis, pour le servir à toujours contre ledit roi d'Angleterre, loyaument et féablement; mais à bref dire ils eurent réponse négative, et par ainsi s'en retournèrent sans avoir quelque aide du roi ni des François. Durant lequel temps derechef y eut guerre recommencée entre les ducs de Bar et de Lorraine, pourquoi y fut renvoyé messire Clignet de Brabant, amiral de France, atout (avec) grand' armée, lesquels par Champagne allèrent en Lorraine, devant le Neu-châtel, appartenant audit duc de Lorraine : laquelle ville de Neu-châtel se rendit tantôt en l'obéissance du roi, par le conseil et volonté de Ferry de Lorraine, comte de Vaudemont, frère audit duc. Et avec ce envoya tantôt icelui duc de Lorraine ses ambassadeurs à Paris, devers ledit roi de France, pour l'excuser des besognes dessusdites : lesquels enfin firent tant, qu'icelui roi fut content et re-

---

[1]. Le comte de Northumberland et Percy avoient alors fait alliance avec les Écossois, pour marcher contre Henri de Lancastre.

manda ses gens d'armes, lesquels en allant et en retournant firent grands dommages ès pays où ils passèrent. Et alors le duc Jean de Bourgogne, et ses deux frères avec plusieurs notables seigneurs, se tira en sa ville d'Arras, où étoit la duchesse sa femme et ses filles; auquel lieu vint brefs jours ensuivant le comte de Clèves, qui épousa sa fille, nommée Marie; et le lendemain le comte de Penthièvre en épousa une, laquelle étoit nommée Aubine. Auxquelles noces on fit dedans ladite ville d'Arras très grand' fête et solennité; et aucuns jours ensuivant le duc de Lembourg et les deux comtes nouveaux mariés dessusdits, après qu'ils eurent en grand' liesse pris congé à icelui duc de Bourgogne, et à la duchesse sa femme, se départirent de là et s'en retournèrent chacun en son pays. Et assez bref après le duc Guillaume, comte de Hainaut, alla à Paris très honorablement accompagné de ses Hainuyers : auquel lieu il fut reçu à grand' liesse du roi, de la reine, et généralement de tous les princes là étant. Durant lequel temps fut prononcé et défendu en plein parlement, et par toute la ville de Paris, que nul, de quelque état qu'il fût, ecclésiastique ou séculier, ne payât quelque subside au pape Benedict,[1] ni à ceux à lui favorables : et pareillement fut défendu par toutes les provinces du royaume de France. Si étoient

---

1. Benoît XIII, Pierre de la Lune.

alors plusieurs notables clercs en icelui royaume en grand' perplexité pour la division de l'église [1].

CHAPITRE XXVIII.

Comment le duc d'Orléans alla à puissance de gens d'armes, de par le roi, en la duché d'Aquitaine, et assiégea Blaye et Bourg.

ITEM en cet an Louis, duc d'Orléans, par l'ordonnance du roi son frère, se départit de Paris pour aller en la duché d'Aquitaine, faire guerre aux Anglois, et emmena très grand nombre de gens d'armes et d'archers avec lui, jusques à six mille combattants; et si se mirent avec lui messire Charles d'Albreth, connétable de France, le marquis du Pont, fils au duc de Bar, le comte de Clermont, Montagu, grand maître d'hôtel, et plusieurs autres grands seigneurs, qui tous ensemble s'en allèrent mettre siége devant la ville de Blaye, et très fort la travaillèrent de leurs engins; et tant qu'en assez bref temps la dame d'icelle ville fit traiter avec icelui duc par telle condition qu'elle lui rendroit,

---

1. Le moine de Saint-Denis raconte avec beaucoup de détails tout ce qui se rapporte à ces querelles ecclésiastiques. Il parle aussi, à la même année 1407, du grand mécontentement produit en France par la conduite du prince et

au cas que la ville de Bourg, laquelle ledit duc avoit conclue d'assiéger, se soumettroit à lui : et si promit aussi que durant le siège de Bourg, elle feroit délivrer par ses sujets vivres aux François, pour juste prix. Lequel traité conclu, icelui duc d'Orléans s'en alla assiéger ladite ville de Bourg qui étoit très fort garnie de grand nombre de gens d'armes, Anglois et Gascons. Si furent dressés plusieurs engins contre les portes et murailles par les François, qui fort les dommagèrent : mais ce nonobstant lesdits assiégés se défendirent vigoureusement. Durant lequel siége ledit messire Clignet de Brabant, amiral de France, se mit sur la mer atout (avec) vingt et deux nefs pleines de gens d'armes pour résister contre les navires du roi d'Angleterre,

---

des grands, qui d'autorité faisoient prendre par leurs valets, chez les marchands et laboureurs, non pas ce qu'il leur falloit pour la dépense de leur maison à certains jours, mais de quoi faire des magasins. Ils envoyoient, dit-il, jusque dans les fermes et les granges, pour défendre, sous de fortes amendes, qu'on n'en vendît rien qu'ils n'eussent choisi ce qui leur convenoit; et quand on se présentoit à leur hôtel pour demander une foible partie de cette dette, ils vous faisoient jeter dehors sans rien donner. Le conseil du roi, craignant l'effet de ces actes de tyrannie, fit faire défense de rien prendre sans payer; mais, ajoute le moine indépendant, ce qui surprit tout le monde, c'est qu'on eût inséré dans l'ordonnance qu'elle étoit faite à l'instance de la reine et du duc d'Orléans, qui étoient ceux dont les déprédations étoient les plus tyranniques.

qui à grand puissance pareillement étoit sur la mer; et se rencontrèrent l'un contre l'autre très durement, tant qu'il y eut de chacune partie plusieurs morts et navrés (blessés); mais sans qu'il y eut nulles desdites parties outrées, se départirent l'un de l'autre. Mais les François y perdirent une de leurs nefs, en laquelle étoient Lionnelt de Braquemont, Amé de Saint-Martin, et plusieurs autres, qui étoient audit duc d'Orléans; lesquels furent menés par les Anglois à Bordeaux; et lesdits François, c'est à savoir messire Clignet, amiral, messire Guillaume de Villannes, capitaine de la Rochelle, messire Charles de Savoisy, et les autres retournèrent vers Bourg, et racontèrent à icelui duc l'aventure qu'ils avoient eue sur mer: lequel duc, après qu'il eut été environ trois mois audit siége, voyant la force d'icelle ville, et aussi la mésaise et mortalité qui étoit en son ost, prit conclusion avec ses capitaines et s'en retourna à Paris, donnant congé à ses gens d'armes. Pour lequel retour le peuple de France et aussi aucuns nobles murmurèrent fort contre lui, pour tant qu'à l'instance d'icelle armée on avoit par tout le royaume levé une grand' taille.

CHAPITRE XXIX.

Comment le duc Jean de Bourgogne traita tant avec le roi et son grand conseil, que il eut licence d'assembler gens pour assiéger Calais.

Item, durant le temps que le duc d'Orléans fit le voyage dessusdit en la duché d'Aquitaine, alla le duc Jean de Bourgogne, et traita tant devers le roi et son grand conseil, qu'il eut congé et licence d'assembler gens par tous ses pays à (avec) intention de mettre siége autour de la ville de Calais. Et lui fut promis, de par ledit roi, qu'il auroit aide de gens de guerre et de finance la plus grand' qu'on pourroit finer par tout le royaume. Après laquelle conclusion il s'en retourna en sa comté de Flandre, et manda par tout gens d'armes à venir devers lui autour de Saint-Omer; et avec ce, fit faire plusieurs habillements de guerre; et par espécial en la forêt de Beaule fit édifier deux grands bastilles prêtes pour mener et conduire devant icelle ville. Et aussi en autres lieux furent faits plusieurs fondreffles (frondes), bricoles et échelles. Et d'autre partie, le roi fit assembler de tous ses pays grand' multitude de combattants, lesquels, comme les autres, se tirèrent tous devers Saint-Omer en faisant sur icelui pays plusieurs maux. Et entre les autres y avoit de quatre à cinq cents Genevois (Génois), dont la plus grand' partie étoient arbalêtriers allant de pied. Et quand ils furent tous venus au pays de Saint-Omer, comme dit est, il fut trouvé qu'ils pouvoient bien être six mille bassinets, trois mille archers et quinze cents arbalêtriers, tous gens d'élite, sans ceux de pied des marches vers Flandre, Cassel et autres lieux, dont il y avoit grand nombre. Et y avoit aussi très grand' quantité de charrois menant bombardes, canons, artilleries, vivres et autres besognes nécessaires à guerre. Mais nonobstant que au pourchas d'icelui duc de Bourgogne, toutes les préparations dessusdites fussent faites et apprêtées par la licence du roi et de son grand conseil, comme dit est dessus, et que les monstres (revues) se devoient faire pour partir assez bref ensuivant, vinrent devers ledit duc de Bourgogne et les capitaines, certains messagers qui apportèrent nouvelles et lettres de par le roi de France, par lesquelles il leur mandoit et défendoit qu'ils n'allassent plus avant en icelle exercice ou armée. Lesquelles lettres reçues dudit duc, il assembla son conseil, auquel il remontra, de cœur très dolent et marri, la défense et commandement que lui faisoit le roi, disant que ce lui étoit grand' honte et confusion de rompre et départir, sans rien faire, une si notable compagnie qu'il avoit là assemblée. Néanmoins les seigneurs, là étant, considérant qu'il falloit accomplir le commandement et ordonnance du roi et de son conseil, délibérèrent et conclurent de rompre icelui voyage, et retourner tout (avec) les gens d'armes, chacun en son pays ; car le roi avoit pareillement écrit au comte Waleran de Saint-Pol, au maître des arbalêtriers et à plusieurs autres grands seigneurs, qu'ils se gardassent bien, sur tant qu'ils doutoient à encourir son indignation, qu'ils n'allassent plus avant en icelui voyage ; et fut icelle armée départie droit la nuit Saint-Martin d'hiver. Toutefois ledit duc de Bourgogne jura grand serment, présents plusieurs de ses gens, qu'en dedans le mois de mars ensuivant, il retourneroit à Saint-Omer atout (avec) grand' puissance de gens d'armes, et de là iroit sur les Anglois des frontières de Boulenois les mettre en obéissance, ou il mourroit en la peine. Après lesquelles besognes, icelui duc se départit de ladite ville de Saint-Omer, et tous ses gens d'armes s'en retournèrent chacun en son pays. Pour lequel département ceux des frontières de Boulenois et des marches de Picardie firent grand' murmuration contre le conseil du roi, et aussi contre ceux qui avoient ému cette armée, et non sans cause ; car pour la grand' multitude d'icelle assemblée avoient été les pays moult travaillés.

Et lors messire Guillaume de Vienne, seigneur de Saint-George, qui étoit capitaine de toutes les marches de Picardie, rendit ladite office en la main dudit Jean de Bourgogne, lequel y commit et établit le seigneur de Croy. Et adonc fut mis très grand nombre des artilleries du roi en la garde au châtel de Remy, sur l'espérance de les reprendre en la saison ensuivant. Et après ledit duc de Bourgogne s'en alla, dudit lieu de Saint-Omer par Hesdin, où étoit la duchesse sa femme, à Douai, et là ouït nouvelles certaines que la duchesse de Brabant étoit allée de vie à trépas depuis un peu de temps en ça. Si étoit très déplaisant et grandement courroucé du département qu'il lui avoit convenu faire de son entreprise de Calais, et pour cette cause avoit en grand' haine et suspicion plusieurs des principaux conseillers du roi, et par espécial le duc d'Orléans, pource qu'on l'avoit informé que par son moyen cette rompure avoit été faite. Si eut audit lieu de Douai grands consaux avecque plusieurs des nobles de ses pays sur cette matière ; auquel conseil fut appointé et conclu de tous les assistants qu'il s'en iroit à Paris devers le roi, pour impétrer de parfournir son intention au mars ensuivant ; lequel voyage de Paris il fit assez hâtivement, et y alla très grandement accompagné. Toutefois il fit au roi, au duc de Berry, son oncle, et à plusieurs autres du grand conseil, très grand' plainte des besognes dessusdites, en remontrant qu'on lui avoit fait très grand' honte et très grand dommage de lui avoir ordonné et fait faire une si puissante et grand' bataille et assemblée, pour rien faire. Néanmoins il fut pour cette fois apaisé assez doucement, tant du roi de France comme des autres seigneurs, lesquels étoient là présents ; et lui fut remontré plusieurs points, par quoi il étoit grandement de nécessité et fort convenable et profitable d'ainsi avoir fait ; et tant qu'en la fin, tellement quellement, il montra semblant devant tous d'être assez content, car on lui donna espérance qu'au plus bref que le roi pourroit bonnement, la besogne se parferoit.

CHAPITRE XXX.

Comment les prélats et gens d'église de toutes les parties du royaume de France furent mandés à aller à Paris devers le roi, pour l'union de sainte église.

En ce temps furent mandés à Paris, de par le roi, à venir tous archevêques, évêques, abbés et tous autres notables et sages ecclésiastiques de toutes les parties du royaume de France et du Dauphiné, afin d'avoir avis ensemble, avecque le grand conseil du roi, pour l'union de toute l'universelle église. Lesquels venus, ou au moins la plus grand' partie, pource que le roi n'étoit pas en bonne santé, fut faite une procession générale, et dite une messe solennelle du Saint-Esprit, en la chapelle royale du palais, et fut célébrée par l'archevêque de Reims. Et le lendemain s'assembla le conseil au palais ; auquel lieu étoit, pour représenter la personne du roi, le duc d'Aquitaine, dauphin de Vienne, et avec lui les ducs de Berry, de Bourgogne et de Bourbon, accompagnés de plusieurs autres nobles hommes. Et pour la matière commencer, un cordelier, très sage docteur en théologie, de par l'université de Paris, leur proposa les faits pourquoi cette assemblée étoit faite, en remontrant bien authentiquement et notablement, comment l'église universelle avoit été par très long temps, et encore étoit en tres grand' perplexité par le discord des deux papes contendants à la papalité ; disant outre qu'il étoit nécessité d'y mettre brève provision, ou autrement, si ainsi ne se faisoit, en pourroit ladite église être mise en grand' dérision et destruction.

En après le lendemain du jour Saint-Eloi, le roi, qui avoit recouvré santé, fut en personne audit conseil, et les princes par-dessus nommés avecque lui ; et fut au siége royal, auquel lieu il promit faire et entretenir tout ce qui seroit délibéré et conclu par la cour de parlement. Et depuis, par aucuns jours ensuivant, fut prononcé et publié par toutes les parties du royaume de France et au Dauphiné, que tous les bénéfices ecclésiastiques, tant dignités comme autres, ne fussent donnés par les deux contendants dessusdits. Et avec ce, que les finances qui étoient accoutumées d'être portées en la chambre apostolique, ne fussent plus payées ; ains (mais) seroient iceux bénéfices donnés et conférés par les élus souverains et par les patrons ordinaires, ainsi comme jadis avoit été fait, par avant les réservations et constitutions faites par le pape Clément, VIe de ce nom.

CHAPITRE XXXI.

Comment les Liégeois déboutèrent Jean de Bavière, leur évêque, pour ce qu'il ne vouloit être ordonné, pour consacrer et faire l'office de l'église, comme promis l'avoit.

En cette même saison, Jean de Bavière, autrefois dit Sans-Pitié, évêque de Liége, frère germain du duc Guillaume comte de Hainaut, pour ce que nullement à ordres sacrés ne vouloit être promu, jaçoit-ce que (quoique), au temps passé, eût promis et juré aux Liégeois de l'être, pour cette cause fut débouté par eux de ladite évêché; et en lieu de lui ils prirent à seigneur et à évêque un autre; ce fut le fils du seigneur de Pierewes, natif de Brabant [1], lequel avoit dix-huit ans ou environ, et étoit chanoine de Saint-Lambert de Liége. Et avec ce firent iceux Liégeois dudit seigneur de Pierewes, père du nouvel évêque, leur principal maimbourg (gouverneur) et capitaine de tout le pays de Liége.

Et par avant icelui Jean de Bavière avoit promis à mettre et résigner sondit évêché en la main dudit fils Pierewes; et de ce savoient parler, et avoient été auxdites promesses, Antoine, duc de Brabant,

---

[1]. Il s'appelait Thierry de Hornes, et étoit fils de Henri, seigneur de Pierewes.

Waleran, comte de St.-Pol, et plusieurs autres notables personnes, lesquelles promesses il ne voulut point entretenir ; et pour ce, en partie par la séduction d'icelui seigneur de Pierewes, s'élevèrent et émurent du tout contre ledit Jean de Bavière, en prenant nouveau seigneur. Lequel de Bavière voyant la rébellion d'iceux, en fut très mal content et les prit en grand' indignation ; et de fait mit en la ville de Bouillon et autres forteresses à lui appartenantes, très grand' garnison de gens de guerre, par lesquels il chargea dommager icelui pays de Liége ; et puis s'en alla au pays de Hainaut, vers son frère, le comte Guillaume, pour avoir secours de gens d'armes. Et entre temps les communes du pays de Liége, firent grand' assemblée et s'en allèrent devant ladite ville de Bouillon, laquelle avec le châtel ils prirent d'assaut, et mirent à mort ceux qui étoient dedans.

Et pareillement Jean de Bavière, atout (avec) quatre cents combattants, entra au pays, vers Tuin, et ardit plusieurs villages et maisons, et ramena très grands proies au pays de Hainaut. Mais tantôt après lesdits Liégeois entrèrent en grand' puissance audit pays de Hainaut, et ruèrent jus la tour de Moreaumiez, et ardirent la ville ; et de là s'en allèrent en la ville de Brabançon, et en plusieurs autres lieux appartenants aux chevaliers et écuyers du pays de Hainaut, qui avoient été en leur pays ; lesquels ils pillèrent tous, et boutèrent les feux en aucunes places, et dégâtèrent tout par feu et par épée.

Durant lequel temps les Hainuyers s'assemblè-pour les rebouter, mais ils étoient si puissants qu'ils s'en retournèrent en leurs pays sans quelque perte qui soit à raconter ni écrire; et par ainsi fut la guerre d'entre icelles parties du tout émue, et se fortifièrent l'un contre l'autre, chacun en droit soi, au plus diligemment que faire le purent. Et mêmement lesdits Liégeois envoyèrent devers le pape leurs ambassadeurs, remontrer l'état dudit Jean de Bavière, et comment nullement ne vouloit descendre à être consacré, ainsi que promis l'avoit, en requérant qu'il fût démis par l'autorité apostolique, et en son lieu voulsît (voulût) confirmer le fils dudit seigneur de Pierewes, qui étoit nouvel élu.

Lequel pape ne leur volt (voulut) accorder leur requête, pource qu'il étoit suffisamment informé qu'iceux Liégeois, autrefois par mûre délibération, avoient donné un jour préfix audit Jean de Bavière, en dedans lequel il devoit être sacré, lequel jour n'étoit mie encore passé; et pourtant, sans rien besogner, iceux ambassadeurs s'en retournèrent audit pays de Liége, devers ceux qui les avoient envoyés, lesquels furent moult indignés contre ledit pape Grégoire, pour ce qu'il ne leur avoit accordé leur requête.

Si conclurent derechef d'envoyer à son adversaire le pape Bénédict; et de fait y envoyèrent leurs ambassadeurs, lesquels furent bénignement reçus d'icelui Bénédict, et leur accorda et confirma toutes leurs requêtes, en baillant à eux ses bulles de ladite conformation. Si s'en retournèrent joyeusement atout (avec) icelles; et leur sembla qu'ils avoient très bien besogné.

CHAPITRE XXXII.

Comment Antoine, duc de Lembourg, eut la possession de la duché de Brabant, et depuis de la ville de Trect (Maestricht), à la grand' déplaisance des Liégeois.

ANTOINE, duc de Lembourg, frère germain dudit Jean de Bourgogne, après la mort de la duchesse de Brabant, par-devant déclarée, succéda en ladite duché et les appartenances. Tous les Brabançons, tant gens d'église comme nobles, excepté ceux de Trect (Maestricht), lui firent hommage, en lui promettant, comme à leur droiturier seigneur, foi et loyauté; et après qu'il eut pris la possession d'icelle duché, octroya sa comté de Rethel à Philippe, comte de Nevers, son mains-né frère, et du consentement de son frère aîné, le duc de Bourgogne, et aussi en accomplissant le testament et dernière volonté de leurs feus père et mère. Laquelle comté ledit Philippe reçut agréablement.

En outre la moitié de la ville de Trect étoit de la duchesse de Brabant, et d'autre partie à l'évêché de Liège; et ne devoient faire serment qu'à l'un d'iceux tant seulement comme ils disoient, c'est à savoir au premier entrant ; et pource qu'autrefois avoient fait ledit serment à Jean de Bavière, furent refusants de le faire au duc de Brabant; duquel refus icelui duc ne fut pas bien content, et conclut avec ceux de son conseil de les contraindre par force de guerre; et manda gens d'armes à venir vers lui de plusieurs pays; entre lesquels y vinrent son frère, le comte de Nevers, les comtes de St.-Pol et de Namur, les seigneurs de Saint-George et de Croy, de par le duc de Bourgogne, avec plusieurs autres en très grand nombre. Aussi envoyèrent pareillement le roi Louis et le duc de Berri.

Finalement après qu'il eut assemblé très grand' compagnie de ses gens d'armes de plusieurs pays, il se départit de Brabant avec les nobles du pays, et grand' foison de communes et de charrois et habillements de guerre, et prit son chemin en tirant vers ladite ville de Trect. Mais en passant parmi la terre de Liége et ès frontières d'environ, il y eut plusieurs Liégeois qui s'assemblèrent en très grand nombre, et firent plusieurs empêchements à son ost, en rompant tous les passages, en partie pour l'amour de ce qu'ils savoient icelui de Brabant être d'affinité à Jean de Bavière, leur adversaire. Et tant continuèrent en icelles assemblées, qu'ils se trouvèrent bien vingt mille hommes armés avec leur nouvel évêque, et se mirent en bataille rangée contre le duc de Brabant pour garder leurs seigneuries des dommages; et vouloient à toute fin mener leurdit nouvel évêque en ladite ville de Trect à main armée, voulant qu'il entrât, avec ledit duc, comme vrai évêque, et qu'il y fût reçu comme seigneur. Toutefois celle assemblée se partit sans effusion de sang d'une partie ni d'autre. Et entre-temps ledit de Brabant fit traiter secrètement avec ceux de la ville de Trect (Maestricht), tellement qu'ils furent contents de le recevoir à seigneur; et enfin le reçurent et lui promirent à entretenir foi et loyauté. Et après de là s'en retourna et départit et donna congé à tous ses gens d'armes; et quand ce fut venu à la connoissance des Liégeois, ils requirent hâtivement à ceux de Trect, qu'ainsi qu'ils avoient juré audit duc de Brabant, ils jurassent à leur nouvel évêque, qui étoit leur droiturier seigneur; laquelle requête ne leur fut point accordée. Mais leur fut répondu qu'ils avoient autrefois fait serment à Jean de Bavière, et lui reçu comme seigneur, et qu'autre serment ne feroient; pour laquelle réponse lesdits Liégeois, avec leur maimbourg (gouverneur) et nouvel évêque, furent très indignés à l'encontre d'eux, et se disposèrent à toute puissance pour leur mener guerre, et aussi pour les assiéger, comme ci-après plus à plein sera déclaré.

CHAPITRE XXXIII.

Comment les ambassadeurs du pape Grégoire vinrent à Paris devers le roi, et l'université atout (avec) unes bulles d'icelui pape.

En après les ambassadeurs du pape Grégoire, romain, avec bulles qu'ils apportèrent du pape, vinrent en ces jours à Paris, vers le roi et l'université, en disant à eux, comme en ladite bulle étoit contenu, ledit pape être prêt et appareillé de céder pour l'union de ladite église universelle, et faire tout ce qu'il sembleroit au roi et à ladite université expédient, pour mieux et plutôt parvenir à ladite union de l'église, moyennant que Bénédict, son adversaire, voudroit céder pareillement. Lesdits ambassadeurs avec leurs bulles, du roi et de leur conseil tout joyeusement furent reçus ; et étoit la teneur de ladite bulle telle qui s'ensuit.

« Grégoire, évêque, serf des serfs de Dieu, à mes fils de l'université de Paris, salut et apostolique bénédiction. Nous nous sommes plus préparés, nos amés fils, à votre université écrire, pour ce qu'à schisme vous avez condescension piteuse donnée (1) ; et pourtant, par cette même raison, par la miséricorde de Dieu, le toutpuissant, nous verriez très affectés ; car Innocent, pape VII, notre prédécesseur, de recordation envieuse, de ce siècle fut

---

(1) La traduction de cette bulle est plus surchargée de phrases péniblement arrangées dans le manuscrit 8347^{55}.

ôté par un samedi sixième jour de novembre. Nos vénérables frères de la sainte église romaine, cardinaux, de quel nombre adonc nous étions, la grâce du Saint-Esprit appelée, au palais apostolique à Saint-Pierre, pour la collection du pape romain à venir, en conclave étant entrés, moult de choses diverses par plusieurs jours furent traitées, tant qu'en la parfin nous qui étions prêtre-cardinal, du titre de Saint-Marc, d'une même volonté leurs yeux à nous adressèrent, et d'une concorde tous ensemble évêque de Rome nous élurent. Lequel fait à prendre, pour l'imbécillité de nous, très grandement nous cremîmes (craignîmes); toutefois l'espérance mise en icelui qui fait choses merveilleuses, ce faix dessus nos épaules si mîmes, non mie de notre vertu, mais de la vertu de Dieu; duquel la chose être faite nous sommes confiés. Nous donc, l'office pastoral reçu, non mie pour notre profit, mais pour l'honneur de Dieu et l'utilité publique, à ce, devant toutes choses, tournons notre courage, afin que cette brisure venimeuse, par laquelle si long-temps le peuple chrétien a failli à vivre, à réintégration nous la ramenions. Sur laquelle chose si grand' grâce à nous de là haut nous espérons être donnée, que ce que nous désirons et convoitons, dedans bref temps à effet sera demené. Et pour ce toute contention ôtée, à notre adversaire jà avons écrit afin qu'à paix et union il nous ensuive, en nous offrant être appareillés à cession de droit, et à la renonciation de la papalité du tout par nous-mêmes être faite, moyennant que notre adversaire, ou son successeur quelconque il soit, pareillement ainsi fasse; c'est à savoir qu'il renonce totalement à la papalité; et aussi que ceux qui, à notredit adversaire pour être cardinaux se sont ingérés, veuillent concorder et convenir avecque notre collége, afin que de ce que d'un pape romain seul une élection canonique s'ensuive. Et en outre nous offrons toute autre voie raisonnable par laquelle schisme soit ôté et que l'union s'ensuive; laquelle offre, afin qu'elle fût et soit faite plus sûre, nous avons juré, promis et voué devant notre élection, par ce même moyen, être de fait accomplie avecque tous nos vénérables frères cardinaux de cette même église, au cas qu'aucun de nous à pape seroit élu et pris. Et après cette assomption, et à lui à constance plus ferme, avons juré, voué, promis et ratifié nos orateurs aussi hâtivement de nous envoyés, qui de lieu idoine et secret avecques eux doivent disposer pour cette union faire. Vous donc, très amés fils, à ce de toute votre force vous veuillez exposer et nous aider à cette heure parfournir, afin que l'église de cette maladie langoureuse plus ne soit travaillée, lui faisant par affection aide salutaire.

» Donné à Rome, à Saint-Pierre, le onzième jour de décembre, l'an 1406. »

En outre après que lesdits ambassadeurs du pape Grégoire eurent bien et à point remontré tout l'état de leur ambassade, et offert que ledit pape étoit prêt de céder, comme dit est dessus, et qu'ils eurent à Paris été reçus honorablement, et aussi qu'on leur eût promis d'envoyer devers le pape Bénédict, ils se partirent et retournèrent devers leur maître et seigneur. Et environ la Chandeleur ensuivant, le roi de France et l'université de Paris, par la délibération des prélats, du clergé et du conseil, envoyèrent certains ambassadeurs devers le pape Bénédict ; c'est à savoir le patriarche d'Alexandrie, qui lors étoit à Paris, les évêques de Cambrai et de Beauvais, l'abbé de Saint-Denis, l'abbé du mont Saint-Michel, le seigneur de Corroville, maître Jean Toussain, secrétaire du roi, et autres docteurs de l'université, avecque plusieurs autres notables personnes ; lesquels, tous ensemble, prirent leur chemin à aller à Marseille, où se tenoit lors le dessusdit Bénédict, avec aucuns cardinaux, qui étoient ses favorables. Et avoient iceux ambassadeurs charge de lui remontrer amiablement, comment son adversaire s'offroit de céder pour l'union de l'église ; et mêmement, au cas qu'il n'y voudroit entendre, de lui sommer et intimer, que si ainsi ne faisoit tout le royaume de France généralement, le Dauphiné et plusieurs autres pays des chrétiens feroient soustraction à l'encontre, et que plus n'obéiroient à ses bulles ni autres édits apostoliques ; et pareillement le feroient à sondit adversaire, au cas qu'il ne voudroit entretenir ce que par ses ambassadeurs avoit fait savoir au roi de France et à l'université de Paris. Lesquels ambassadeurs devant dits, venus jusques audit lieu de Marseilles, furent assez bénignement reçus d'icelui Bénédict et desdits cardinaux. Néanmoins, quand ils eurent exposé l'état de leurdite ambassade, et remontré tout au long ce pourquoi ils étoient venus, le pape leur dit de sa bouche qu'ils auroient réponse dedans brefs jours ensuivant, et entretemps ne mit pas en oubli qu'on le menaçoit de faire soustraction à l'encontre de lui. Et pour y pourvoir, sans que nul des cardinaux en sut rien, fit une constitution, sur grand'peine durant à perpétuité, à l'encontre de tous ceux qui se soustrairoient à son obédience, et aussi mêmement de ses successeurs ; laquelle constitution il envoya à Paris pardevers le roi et l'université, par un messager dont on fut moult émerveillé. Et après qu'il eut fait réponse à iceux ambassadeurs devant dits, non mie telle qu'ils désiroient mais assez contraire, ils s'en retournèrent par plusieurs journées en la ville de Paris, très indignés et mal contents d'icelui pape, et là racontèrent ce qu'ils avoient trouvé. Mais ledit patriarche demeura audit lieu de Marseille, sur intention d'incliner ledit Bénédict à céder, et venir à une seule union de l'universelle église [1].

---

[1]. Il faut lire dans le Moine de Saint-Denis les détails de ces affaires religieuses et des scandales, que les deux papes donnoient par leur irrésolution et la violation répétée de leurs serments.

CHAPITRE XXXIII.

Comment le duc d'Orléans eut, par l'octroi du roi son frère, la duché d'Aquitaine, et lors furent faites trèves entre le royaume de France et d'Angleterre.

Au commencement de cet an, le duc Louis d'Orléans étant à Paris, par certains moyens, que long-temps par avant il avoit quis, fit tant que le roi de France, son seigneur et frère, lui donna la duché d'Aquitaine; laquelle, par très long temps par avant, il avoit désiré et contendu d'avoir.

En ce même-temps furent faites trèves entre les rois de France et d'Angleterre, par temps seulement, et furent publiées ès lieux accoutumés jusques à un an ensuivant; pour lesquelles ceux de la comté de Flandre furent fort réjouis, pource que, par le moyen d'icelles, leur sembloit que leur marchandise s'en conduiroit plus sûrement. Et alors vinrent à Paris les ambassadeurs du roi Henri d'Angleterre, entre lesquels étoit le principal messire Thomas Erpinion (Erpingham); avec lui un archidiacre, et plusieurs autres nobles hommes [1],

---

1. Les ambassadeurs étaient sir Thomas Erpingham, John Cateryk, clerc, Hugh Mortimer, trésorier du prince de Galles. Par d'autres lettres de créance du mois de décembre de la même année, l'évêque de Durham fut adjoint aux premiers ambassadeurs.

lesquels conduisoit Tassin de Servillers; et requirent au roi d'avoir en mariage une sienne fille, qui étoit religieuse à Poissy, pour le prince de Galles, premier fils du roi d'Angleterre. Mais pour-ce qu'ils faisoient trop excessives demandes avec icelle fille, s'en retournèrent sans rien besogner. Si les reconduit jusques à Boulogne sur la mer, le seigneur de Hangest, qui de par le roi fut, bref ensuivant, constitué pour ses mérites maître des arbalêtriers de France [1].

CHAPITRE XXXV.

Comment le prince de Galles, fils aîné du roi d'Angleterre, accompagné de ses deux oncles et très grand' chevalerie, alla en Écosse pour faire guerre.

Or est vérité qu'en cette saison, environ la Toussaint, le prince de Galles, premier fils de Henri roi d'Angleterre, fit assembler jusqu'à six mille hommes d'armes et six mille archers; entre lesquels étoient avec lui pour les conduire ses deux oncles, c'est à savoir le duc d'Yorck et le comte

---

[1]. Jean de Hangest, sire de Hugueville, fut pourvu de la charge de grand-maître des arbalêtriers, le 7 décembre 1403, à la mort de Guichard Dauphin qui en étoit revêtu.

d'Urset[1], les seigneurs de Mortimer, de Beaumont, de Ross et de Cornouailles, avec plusieurs autres nobles hommes, qui tous ensemble se tirèrent vers le pays d'Écosse, pour ce principalement que les Écossois avoient naguères rompu les trèves d'entre les deux royaumes, et fait grands dommages par feu et par épée en la duché de Lancastre, et ès pays d'entour de Roxbourg. Et tant cheminèrent qu'ils entrèrent à puissance dedans lesdits pays, et y firent très grand dommage ; car lesdits Écossois ne furent pas avertis de leur venue, jusqu'à tant qu'ils furent auprès dudit pays. Et quand les nouvelles furent venues à la connoissance du roi d'Écosse, qui étoit en sa principale cité au milieu de son oyaume, il manda hâtivement tous ses princes, et assembla en assez brefs jours très grand' puissance de gens de guerre, lesquels il envoya sous la conduite des comtes Douglas et de Boucan (Buchan) avec son connétable, vers la marche où étoient lesdits Anglois, pour iceux rencontrer et combattre, s'ils y voyoient leur avantage. Mais quand ils furent à six lieues près, ils furent avertis que iceux Anglois étoient trop puissants pour eux, et pourtant fut par eux avisé autre moyen. C'est à savoir envoyèrent certains messagers ambassadeurs devers le prince de Galles, et

---

[1]. Jean de Beaufort, comte de Dorset et de Sommerset.

son conseil, lesquels en conclusion traitèrent tellement, que les trèves furent reconfirmées entre icelles parties pour un an ensuivant. Et par ainsi le dessusdit prince de Galles, après qu'il eut fait plusieurs dommages audit pays d'Ecosse, s'en retourna en Angleterre ; et pareillement les Écossois rompirent leur armée.

CHAPITRE XXXVI.

Comment Louis, duc d'Orléans, seul frère du roi de France Charles le-Bien-Aimé, fut mis à mort piteusement dedans la ville de Paris.

En ces propres jours advint en la ville de Paris la plus douloureuse et piteuse aventure qu'en très long temps par avant fut advenue au chrétien royaume de France, pour la mort d'un seul homme : à l'occasion de laquelle le roi, tous les princes de son sang, et généralement tout son royaume, eurent moult à souffrir et furent en très grand' division l'un contre l'autre par très long espace; et tant qu'icelui royaume en fut moult désolé et appauvri, comme ci-après pourra plus pleinement être vu par la déclaration, qui mise en sera en ce présent livre : c'est à savoir pour la mort du duc d'Orléans, seul frère germain du roi de France Charles-le-Bien-Aimé, sixième de ce nom.

Lequel duc étant en la dessusdite ville de Paris,

fut par un mercredi, jour de saint Clément, pape, meurtri et mis à mort piteusement, environ sept heures du soir. Et fut cet homicide fait et perpetré par environ dix-huit hommes, lesquels étoient logés en un hôtel, où étoit lors pour enseigne l'image Notre-Dame, auprès de la porte Barbette, et là, comme depuis il fut su véritablement, avoient été par plusieurs jours, sur intention d'accomplir ce qu'ils avoient entrepris.

Et quand ce vint en ce même mercredi, comme dit est, envoyèrent un nommé Thomas de Courteheuse, qui étoit valet de chambre du roi et leur complice, devers ledit duc d'Orléans, qui étoit allé voir la reine de France en un hôtel qu'elle avoit acheté n'avoit guères à Montagu, grand maître-d'hôtel du roi; et si est icelui au pied de ladite porte Barbette. Et là d'un enfant qui étoit trépassé jeune gisoit, et n'avoit point encore accompli les jours de sa purification. Lequel Thomas venu devers icelui duc, lui dit, de par le roi, pour le décevoir : « Monseigneur, le roi vous mande que sans délai » venez devers lui, et qu'il a à parler à vous hâtive- » ment, et pour chose qui grandement touche à lui » et à vous ». Lequel duc, ouï le commandement du roi, icelui voulant accomplir, combien que le roi rien n'en savoit, tantôt et incontinent monta dessus sa mule, et en sa compagnie deux écuyers sur un cheval et quatre ou cinq valets de pied devant et derrière portant torches; et ses gens qui le devoient suivre point ne se hâtoient; et aussi il y étoit allé

14.

à (avec) privée mesgnie (suite), nonobstant que pour ce jour avoit dedans la ville de Paris de sa retenue et à ses dépens bien six cents que chevaliers, que écuyers.

Et quand il vint assez près d'icelle porte Barbette, les dix-huit hommes dessusdits, qui étoient armés à couvert, l'attendoient, et s'étoient mis couvertement auprès d'une maison. Si faisoit assez brun pour cette nuit; et lors incontinent mus de hardie et outrageuse volonté, saillirent tous ensemble à l'encontre de lui, et en y eut un qui l'écria : A mort! à mort! et le férit d'une hache tellement qu'il lui coupa un poing tout jus. Et adonc ledit duc voyant cette cruelle entreprise ainsi être faite contre lui, s'écria assez haut en disant : « Je suis le duc d'Orléans ». Et aucuns d'iceux en frappant sur lui répondirent : « C'est ce que nous demandons. »

Entre lesquelles paroles la plus grand' partie recouvrèrent, et prestement, par force et abondance de coups, fut abattu jus de sa mulle, et sa tête tout écartelée par telle manière que la cervelle chéyt dessus la chaussée. En outre là le retournèrent et renversèrent et si très terriblement le martelèrent, que là présentement fut mort très piteusement ; et avec lui fut tué un jeune écuyer, allemand de nation, qui autrefois avoit été son page : et quand il vit son maître abattu, il se coucha sur lui pour le garantir, mais rien n'y fit : et le cheval qui devant le duc alloit atout (avec) les deux écuyers, quand il sentit iceux saquements armés après lui, il commença à ronfler et avancer : et quand il les eut passés se mit à courre, et fut grand espace que ceux qui étoient sus ne le purent retenir. Et quand il fut arrêté, ils virent ladite mulle de leur seigneur, qui toute seule couroit après eux. Si cuidèrent qu'il fut chu jus, et pour cela prirent par le frein pour la remener audit duc : mais quand ils virent près de ceux qui l'avoient tué, ils furent menacés, disant, s'il ne s'en alloient qu'en tel point seroient mis comme leur maître. Pourquoi iceux voyant leur seigneur être ainsi mis à mort, hâtivement s'en allèrent en l'hôtel de la reine en criant : Le meurtre ! Et ceux qui avoient occis ledit duc, à haute voix commencèrent à crier : Le feu ! et avoient leur fait par telle manière ordonné en leur hôtel, que l'un d'eux, en état que les autres faisoient l'homicide dessusdit, bouta le feu dedans icelui. Et puis les uns à cheval, les autres à pied, hâtivement s'en allèrent où ils purent le mieux, en jetant après eux chaussetrappes de fer, afin qu'on ne les pût suivre, ni aller après eux. Et comme la fame et renommée fut, aucuns d'iceux allèrent en l'hôtel d'Artois, par derrière, à leur maître le duc Jean de Bourgogne, qui cette œuvre leur avoit fait faire et commandée, comme depuis publiquement il confessa ; et ce qu'ils avoient fait lui racontèrent, et après très hâtivement mirent leurs corps en sauveté.

Et fut le principal conducteur de ce cruel homicide, un nommé Raoullet d'Actonville, de nation

Normand, auquel par avant ledit duc d'Orléans avoit ôté l'office des généraux, duquel le roi l'avoit pourvu à la requête et prière du duc Philippe de Bourgogne défunt ; et pour ce déplaisir avisa ledit Raoullet manière comment il se pourroit venger d'icelui duc d'Orléans. Ses autres complices furent Guillaume Courte-heuse et Thomas Courte-heuse devant nommés, nés de la comté de Guines, Jean de la Motte, et plusieurs autres jusques au nombre dessusdit.

En après, environ demi-heure, ceux de la famille du duc d'Orléans, quand ils ouïrent nouvelles de la mort et occision de leur seigneur tant piteuse, très fort pleurèrent ; et grièvement au cœur courroucés, tant les nobles comme nos nobles, accoururent à lui, et là le trouvèrent mort sur les carreaux. Auquel lieu y eut grands lamentations et regrets des chevaliers et écuyers de son hôtel, et généralement de tous ses serviteurs quand ils virent son corps ainsi navré (blessé), mort et detranché. Et lors, comme dit est, en très grand' tristesse et gémissements le levèrent et en l'hôtel du seigneur de Rieux, maréchal de France, qui près de là étoit, le portèrent : et bref en suivant icelui corps couvert de blanc linceul fut porté en l'église de Saint-Guillaume assez honorablement. Et étoit icelle église, la plus prochaine du lieu où il avoit été mort. Et tantôt après le roi de Sicile, lors étant à Paris, et plusieurs autres princes, chevaliers et écuyers, oyant la nouvelle de si cruelle mort comme du seul frère germain du roi de France, en telle manière perpétrée à Paris, en grands pleurs en ladite église. Si fut le vinrent voir le corps mis en un cercueil de plomb, et le veillèrent les religieux de ladite église toute nuit en disant vigiles et psautiers ; avec lesquels demeurèrent ceux de sa famille. Et le lendemain très matin fut trouvée par ses gens la main, laquelle lui avoit été coupée sur les carreaux, et une grande partie de sa cervelle, laquelle fut recueillie et mise au cercueil avec le corps. Et tôt après tous les princes étant audit lieu de Paris, réservé le roi et ses enfants; c'est à savoir le roi Louis, le duc de Berri, le duc de Bourgogne, le duc de Bourbon, le marquis de Pont, le comte de Nevers, le comte de Clermont, le comte de Vendôme, le comte de Saint-Pol, le comte de Dammartin, le connétable avec plusieurs autres, lesquels étoient là assemblés, tant gens d'église, comme nobles, avec très grand' multitude du peuple de Paris, si vinrent tous ensemble à ladite église de Saint-Guillaume ; et là les principaux de la famille dudit duc d'Orléans, prirent son corps avec le cercueil, et le mirent hors de ladite église, avec grand nombre de torches allumées, lesquelles portoient les écuyers dudit défunt : et à chacun lez (côté) du corps étoient par ordre, faisant pleurs et grands gémissements ; c'est à savoir le roi Louis, le duc de Berri, le duc de Bourgogne, et le duc de Bourbon, chacun d'eux tenant la main au drap qui étoit sur le cercueil. Après eux étoient par ordonnance, chacun selon son état, les princes, le clergé, les barons tous, recommandant son ame à Dieu notre créateur; et le portèrent en icelle manière jusqu'à l'église des Célestins. Et là, après son service fait très solennellement, fut enterré très honorablement en une chapelle très excellente, laquelle il avoit fait faire et fonder; et après icelui service fait et accompli, les princes dessusdits et tous les autres, se retrahirent (retirèrent) chacun en leurs hôtels. Si étoient en grand soupçon de savoir la vérité du dessusdit homicide ainsi fait sur ledit duc d'Orléans.

Et de prime face fut aucunement soupçonné que messire Aubert de Chauny n'en fût coupable, pour la grand' haine qu'il avoit audit duc, à cause de ce qu'audit messire Aubert avoit sa femme soustraite et emmenée avec lui; et tant avoit tenue icelle dame en sa compagnie qu'il en avoit un fils, duquel et de son gouvernement sera fait mention ci-après. Mais en assez bref terme ensuivant, on sut la vérité dudit homicide, et que ledit seigneur de Chauny n'en étoit en rien coupable.

En ce même jour, Isabelle, reine de France, quand elle scut les nouvelles dudit meurtre et homicide fait si près de son hôtel, conçut si grand' fureur et hideur (frayeur), que nonobstant qu'elle ne fût encore purifiée néanmoins, se fit mettre sur une litière par son frère Louis de Bavière et autres de ses gens, et à son hôtel de Saint-Pol se fit porter en la chambre prochaine de la chambre du roi, où pour plus grand' sûreté se logea ; et mêmement, la nuit que le meurtre fut perpétré (commis), y eut plusieurs nobles qui s'armèrent, comme le comte de Saint-Pol et aucuns autres, lesquels se retrahirent en l'hôtel du roi, leur souverain seigneur, non sachant quelle chose d'icelle besogne s'en pourroit ensuivre.

En après, le corps dudit duc d'Orléans mis en terre, comme dit est, s'assemblèrent tous les princes en l'hôtel du roi Louis, avec le conseil royal, et là, fut mandé le prévôt de Paris et autres gens de justice, auxquels fut commandé par lesdits seigneurs qu'ils fissent bonne diligence d'enquérir si par nulle voie on pourroit apercevoir qui avoit été l'auteur ni les complices de faire cette besogne. Et avec ce, fut ordonné que toutes les portes de Paris, réservé deux, fussent fermées, et qu'icelles deux fussent bien gardées pour savoir qui en istroit (sortiroit).

Après lesquelles ordonnances et aucunes autres, lesdits seigneurs et le conseil royal se retrahirent tout confus et en grand' tristesse en leurs hôtels, et le lendemain, qui fut le vendredi, se rassembla ledit conseil à l'hôtel du roi de France, à Saint-Pol. Auquel lieu étoient le roi Louis de Sicile, les ducs de Berri, de Bourgogne et de Bourbon, et moult d'autres grands seigneurs avec ledit conseil royal ; et tantôt après vint le prévôt de Paris, auquel le duc de Berri demanda quelle diligence il avoit faite sur la mort de si grand seigneur, comme le seul frère du roi, lequel prévôt répondit qu'il en avoit fait la plus grande diligence qu'il avoit pu, mais encore n'en pouvoit savoir la vérité, disant au roi et à tous les seigneurs, que si l'on le laissoit entrer dedans tous les hôtels des serviteurs du roi, et aussi des autres princes, par aventure, comme il créoit, trouveroit-il là la vérité des auteurs ou des complices ; et lors, le roi Louis de Sicile, le duc de Berri et le duc de Bourbon lui donnèrent congé et licence d'entrer partout où bon lui sembleroit.

Et adonc, le duc Jean de Bourgogne oyant la licence qui fut octroyée par iceux seigneurs au prévôt de Paris, eut doutance et cremeur (crainte), et pour ce attrait (tira) à part le roi Louis et le duc de Berri, son oncle, et en bref leur confessa et dit que par l'introduction de l'ennemi [1] avoit fait faire cet homicide par Raoullet d'Actonville et ses complices ; lesquels seigneurs oyant cette confession, eurent si grand' admiration et tristesse en cœur, qu'à peine lui purent-ils donner réponse; et ce qu'ils lui en donnèrent, ce fut en lui très grandement réprouvant la condition et manière du très cruel homicide, ainsi par lui perpétré en la personne de son propre cousin-germain.

---

1. C'est-à-dire par l'inspiration du Démon.

Et après qu'ils eurent ouï la connoissance dudit duc de Bourgogne, retournèrent devers le conseil, et ne déclarèrent pas présentement ce qu'il leur avoit dit; et tôt aussi ledit conseil fini, chacun s'en retourna en son hôtel.

Le lendemain, qui fut le samedi, environ dix heures devant none, furent les seigneurs dessusdits assemblés en l'hôtel de Nêle, où étoit logé le duc de Berri, pour tenir le conseil royal; auquel lieu, pour être à icelui conseil, vint le duc de Bourgogne, ainsi qu'il avoit accoutumé, le comte de Waleran de Saint-Pol en sa compagnie; mais quand il vint pour entrer dedans, son oncle le duc de Berri lui dit : « Beau neveu, n'en» trez pas au conseil pour cette fois, il ne plaît » mie bien à aucuns qu'y soyez. » Et sur ce, le duc de Berri rentra dedans, et fit tenir les huis (portes) fermés, ainsi qu'il avoit été ordonné par le grand conseil; et alors le duc Jean de Bourgogne tout confus et en grand' doute, demanda au comte Waleran de Saint-Pol : « Beau cousin, qu'avons» nous à faire sur ce que vous oyez? » Et le comte lui répondit : « Monseigneur, vous avez à » vous retraire (retirer) en votre hôtel, puisqu'il » ne plaît à nosseigneurs que vous soyez au con» seil avec eux. » Et ledit duc lui dit en telle manière : « Beau cousin, retournez avec nous pour » nous accompagner. » Et le comte de Waleran lui fit réponse à la manière qui s'ensuit : « Mon» seigneur, pardonnez-moi, j'irai vers nossei-

» gneurs au conseil, lesquels m'ont mandé. »
Et après ces paroles, ledit duc de Bourgogne, en
grand' doutance, s'en retourna en son hôtel d'Artois ; et afin qu'il ne fût arrêté ni pris, sans délai
monta à cheval, six de ses hommes tant seulement
en sa compagnie ; et par la porte de Saint-Denis
se partit très hâtivement, et chevaucha en prenant
aucuns chevaux nouveaux sans arrêter en nulle
place jusqu'à son châtel de Bapaume. Et quand
il y eut un petit dormi, s'en alla sans délai à Lille
en Flandre ; et ses gens qu'il avoit laissés audit lieu
de Paris, au plus tôt qu'ils purent, ayant très grand
doute d'être arrêtés et pris le suivirent ; et pareillement Raoullet d'Actonville et ses complices,
leurs vêtements changés et déguisés, se départirent de Paris par divers lieux ; et tous ensemble
s'en allèrent loger dans le châtel de Lens, en Artois, par l'ordonnance du duc Jean de Bourgogne,
leur maître et seigneur.

Ainsi et par telle manière, se départit icelui duc
après la mort dudit duc d'Orléans de la ville de
Paris, à petite compagnie, et laissa en icelle ville
la seigneurie de France en grand' tristesse et déplaisance.

Toutefois, ceux de l'hôtel dudit duc d'Orléans
mort, quand ils ouïrent le secret partement du
dit duc de Bourgogne, s'armèrent jusqu'au nombre de six vingts hommes d'armes, desquels
étoit l'un des principaux messire Clignet de Brabant, et eux montés à cheval, issirent de Paris

pour suivre ledit duc de Bourgogne, à intention de le mettre à mort, s'ils l'eussent pu atteindre ; mais ce faire leur fut par le roi Louis de Sicile défendu ; et pour icelles causes, s'en retournèrent grandement courroucés à leurs hôtels.

Si fut alors par toute la ville de Paris dénoncé et tout connu, que ledit duc de Bourgogne avoit fait faire cet homicide ; et adonc le peuple de la ville de Paris, lequel n'étoit pas bien content dudit duc d'Orléans, et point ne l'avoient en grâce, pource qu'ils entendoient que, par son moyen, les tailles et tous autres subsides s'entretenoient, commencèrent à dire l'un à l'autre en secret : « Le » bâton noueux est plané ».

Cette douloureuse mort fut l'année du grand hiver, en l'an mille quatre cents et sept ; et dura la gelée soixante-six jours en un tenant très terrible, et tant qu'au dégeler le Neuf Pont de Paris fut abattu en Seine ; et moult firent icelles eaux et gelées de grands dommages, en plusieurs et diverses contrées du royaume de France.

Et quant est à parler des discords, haines ou envies qu'avoient l'un contre l'autre les ducs d'Orléans et de Bourgogne, paravant la mort d'icelui duc d'Orléans, ni des manières qui avoient été tenues par iceux, n'est jà besoin d'en faire en ce présent chapitre récitation, pource qu'il sera tout au long et plus à plein déclaré, ès propositions qui pour ce furent faites dedans bref temps après ensuivant, c'est à savoir par la justification que fit proposer le duc de Bourgogne haut publiquement devant le roi, présents plusieurs princes et autres notables personnes, tant d'église comme séculiers, et les accusations pourquoi il disoit et avouoit d'avoir fait mettre à mort ledit duc d'Orléans; et pareillement par les réponses que depuis en fit faire et proposer la duchesse d'Orléans douagière (douairière), et ses enfants, pour les excusations de son feu mari; desquelles propositions les copies seront mises et écrites en ce présent livre, tout ainsi et par la manière qu'elles furent proposées, présent tout le conseil royal et autres gens de plusieurs états, en très grand' multitude.

CHAPITRE XXXVII.

Comment la duchesse d'Orléans et son fils maisné (puiné) vinrent à Paris devers le roi, pour faire plainte de la piteuse mort de son seigneur et mari.

Louis duc d'Orléans, défunt, avoit épousé la fille de Galléas, duc de Milan, qui étoit sa propre cousine germaine, de laquelle il délaissa trois fils : c'est à savoir, Charles, le premier né, lequel fut nommé duc d'Orléans après la mort de son père; le second fut nommé Philippe, et fut comte de Vertus; et le tiers avoit nom Jean, et fut comte d'Angoulême. Et si avoit une fille qui depuis fut mariée à Richard de Bretagne, desquels princes sera ci après déclarée une partie de leur gouvernement, et quelles fortunes ils eurent en leur temps.

Or est vérité que le samedi dixième jour de décembre prochain ensuivant, vint la duchesse d'Orléans, veuve dudit duc, à Paris, Jean son fils mainsné avec elle, et la reine d'Angleterre, femme de son fils premier né, avec elle, laquelle étoit fille du roi de France; encontre lesquelles allèrent hors de Paris, le roi Louis, le duc de Berri, le duc de Bourbon, le comte de Clermont, le comte de Vendôme, messire Charles d'Albret, connétable de France; avec lesquels et plusieurs autres seigneurs, elle entra dedans Paris honorablement; et avec grand' quantité de gens et de chevaux, à l'hôtel de Saint-Pol, s'en alla où le roi étoit, et là eut audience; et présentement devant le roi se mit à genoux, faisant très piteuse complainte de la très inhumaine mort de son seigneur et mari. Laquelle finée, le roi, qui étoit assez subtil pour lors, et étoit relevé nouvellement de sa maladie, la baisa, et en pleurant la leva, et lui dit que de sa requête il en feroit selon l'opinion de son conseil; et elle, ouïe cette réponse, s'en retourna en son hôtel, accompagnée des seigneurs dessusdits. Et le lundi ensuivant le roi de France, par le conseil du parlement, retira à sa table la comté de Dreux, le Châtel-Thierri, le mont d'Arcuelles, et toutes lesdites terres que le roi autrefois lui avoit données sa vie durant tant seulement; et le mercredi ensuivant, jour Saint-Thomas, la duchesse d'Orléans, son fils mainsné dessusdit, la reine d'Angleterre sa belle-fille, son chancelier d'Orléans, et autres de son conseil, avec plusieurs chevaliers et écuyers, jadis de l'hôtel de son mari, tous vêtus de noir, vinrent à l'hôtel de Saint-Pol, pour parler au roi, et là trouvèrent le roi Louis, le duc de Berri, le duc de Bourbon, le chancelier de France, et plusieurs autres, qui pour elle demandèrent audience au roi de parler à lui, et présentement l'obtinrent.

Elle donc amenée du comte d'Alençon et autres par le commandement du roi en la présence et aussi des autres princes, tantôt très fort pleurant, audit roi supplia derechef qu'il lui plût à elle faire justice de ceux qui traîtreusement avoient meurtri son seigneur et son mari, Louis jadis duc d'Orléans; et toute la manière fit là déclarer à la personne du roi par un sien avocat de parlement. Et là étoit ledit chancelier d'Orléans emprès ladite duchesse; lequel disoit audit avocat, mot après autre, ce qu'elle vouloit qui fut divulgué; et fit exposer tout au long ledit homicide, comment il fut épié, à quelle heure et la place où il étoit quand il fut trahi et envoyé querre d'aguet appensé [1], lui donnant à entendre que son seigneur et frère le roi le mandoit; lequel meurtre devant dit, touchoit au dit roi plus

---

1. Embûche méditée.

qu'à nulle autre personne, et conclut ledit avocat de par ladite duchesse, que le roi étoit tenu sur toutes choses de venger la mort de son frère; et à icelle duchesse et à ses enfants, qui sont ses nefaire bonne et brève justice, tant pour la prochaineté du sang, comme pour la souveraineté de sa majesté royale.

Auquel propos le chancelier de France, qui séoit aux pieds du roi, par le conseil des ducs et seigneurs royaux là étants, répondit et dit; que le roi, pour l'homicide et mort de son frère à lui ainsi exposée, au plus tôt qu'il pourroit, en feroit bonne et brève justice. Après laquelle réponse faite par ledit chancelier, le roi dit de sa bouche: « A tous soit notoire » que le fait à nous exposé ci en présent, nous » touche comme de notre seul frère, et le réputons » à nous être fait » Et adonc ladite duchesse, Jean son fils, et la reine d'Angleterre sa belle fille, tous ensemble se jetèrent aux pieds du roi à genoux, et en grand pleurs lui requirent qu'il eut souvenance de faire bonne justice de la mort de son seul frère, lequel roi les leva, et en les baisant de rechef, promit d'en faire bonne justice, et leur assigna jour dedans lequel il le feroit; et après ces paroles prirent congé et retournèrent en l'hôtel d'Orléans.

Le second jour ensuivant[1] le roi de France de-

---

1. La Saint-Thomas se trouvant le 21 décembre 1407, il s'ensuivroit que ce lit de justice auroit été tenu le 29 dé-

meurant en son palais, vint en la chambre du parlement, qui noblement étoit préparée, et sist de sa personne en siége royal ; auquel lieu, en la présence de ses ducs et princes royaux avec plusieurs nobles, le clergé et le peuple, par bon conseil, fit un édit et ordonna, que s'il advenoit qu'il mourût devant que le duc d'Aquitaine, son premier fils légi-

---

cembre, ce qui est une erreur, puisqu'il fut réellement tenu le 26. Monstrelet se trompe également sur le contenu de l'édit qui me semble assez important pour le donner en entier, d'après le Recueil des ordonnances du Louvre, tom. 9, pag. 267.

Ordonnance qui porte que lorsque le roi décédera avant que son fils aîné soit majeur, le royaume ne sera point gouverné par un régent, mais au nom de nouveau roi par un conseil, dans lequel les affaires seront décidées à la pluralité des voix.

Charles, par la grâce de Dieu, roy de France. Comme la disposition et introduccion des droits divin et naturel démontrent les pères devoir labourer et travailler à ce que après leur décez, leurs enfants usent paisiblement de leurs successions, et tèlement et si seurement y pourveoir que après eux ils n'y soient ou puissent estre perturbez ou empeschez: savoir faisons à tous présents et à venir que nous, à qui Nostre-Seigneur par sa grâce a donné lignée, laquelle par son plaisir espérons succéder à nostre royaume et à nous quand il lui plaira nous appeller devant lui : voulant ensuir et mettre à effet la disposition et introduccion dessusdictes ; considérant que sitost qu'il plaist à Dieu envoyer au roi de France, qui est pour le temps, hoir masle ou masles, droit de nature baille le premier né d'iceux héritier

time, eût âge compétent nonobstant ce, il vouloit
que le royaume il gouvernât et en eût le régime,
moyennant qu'en son nom et pour lui, de ci à tant
qu'il auroit son âge, les trois états dudit royaume
gouverneroient ; et s'il advenoit que sondit premier
fils mourût devant son âge, il vouloit que son se-

---

et successeur audit royaume, et que tantost que son père
est allez de vie à trespas, icellui ains-né, supposé qu'il soit
mendre d'ans, en quelconque minorité qu'il soit, est et doit
estre tenu et réputé pour roy, et ledit royaume estre gouverné, et les faiz et besongnes d'icellui estre disposez par
lui et en son nom : désirant pour obvier à tous doubtes et
scrupules, et ou grands inconvénients qui sont apparuz au
temps passé, et pourroient ensuir au temps à venir, et pour
pourveoir à la seurté de nostre très cher et très amé ainsné
fils Loys, duc de Guyenne ; ou de celui qui sera pour le tems
nostre ainsné fils et devra, par droit de ainsnesse, succéder
après nous à la couronne de France, et des autres ainsnez
fils de nos successeurs rois de France, afin que sitost que
nous et eux seront départis de ce monde, nostredit, et
les autres ainsnez fils de nozdits successeurs, supposé qu'ils
fussent mendres d'ans, et en quelque minorité d'aage qu'ils
fussent et soient, puissent pleinement user de leurdit droict
qui lors, par le décez de nous et de nosdits successeurs, leurs
seroit et sera acquis et advenu à la dicte couronne ; eus de ce
et sur ce grand avis et meure délibération, avons ordonné
et décerné, ordonnons, décernons, et déclairons, et par
manière de loy, édict, constitucion et ordonnance perpé-
tuèles et irrévocables, establissons de noz certaine science,
pleine puissance et auctorité royale, que nostredit ainsné
fils qui est à présent, ou qui le sera pour le temps, et aussi
les fils ainsnez de nozdits successeurs, en quelque petit aage

cond fils, le duc de Touraine, en ce droit, succédât; et pareillement, si le duc de Touraine mouroit, veut que son tiers fils gouverne ledit royaume, ainsi comme dit est, et que tant que l'un d'iceux fils viendront en âge, les trois états gouverneroient en son nom si le cas advenoit.

---

qu'ils soient ou puissent estre au temps du décez de nous, et d'iceuls nozdits successeurs roys, dits, appellez, tenuz et réputez roys de France, et à icellui royaume succédans, soient couronnez et sacrez en roys, incontinent après le décez de nous et de nosdits successeurs, ou au moins au très plustost que faire se pourra, et usent et joyssent de tous droits, préminences, dignitez et prérogatives appartenans à roys de France, et à la dicte couronne, sans ce que quelconque autre, tant soit prouchain de leur linage, entrepregne, puisse, ne doye, ou lui loise entreprendre bail, régence, ou autre quelconque gouvernement et administration dudit royaume, ne que à nostredit et aultres ainsnez fils dessus ditz, puissent estre faitz, miz, ou donnez en et sur leurdit droict à eux dû par droict de nature, ne ès aux aultres choses dessus touchées, empeschement ou desturbacion quelconques, soubs umbre de ce que dit est, ne autrement, pour quelconques raisons, couleur et occasion que ce soit ou puist estre. Toutes voies s'il advenoit que nostredit ainsné fils et nozdits aultres enfants, et aussi ceux de nozdits successeurs, demourassent après nous et iceulx nos successeurs, mendres d'ans, en quelque minorité que lors feussent, il nous plaît, voulons et ordonnons que en ce cas ils soient durant leur minorité gardez, gouvernez et nourris, et les faits, affaires et besongnes d'eulx et du royaume, traictiez, délibérez et appoinctiez par nostredit et aultres ainsnez fils de

Lesquelles ordonnances les devant dits princes royaux avec tout le conseil confirmèrent, et l'eurent pour agréable ; et le quatrième jour de janvier, la dessusdite duchesse d'Orléans releva pour elle et pour ses enfants, la comté de Vertus, et toutes les autres seigneuries que jadis tenoit son

---

nosdits successeurs, de leur auctorité et en leur nom, par les bons advis, délibération et conseil des roynes leurs mères, si elles vivoient, et des plus prouchains du linage et sang royal qui lors seroient, et aussi par les advis, déliberacion et conseil des connestable et chancelier de France, et des saiges hommes du conseil qui seroient lors à nous et à nozdits successeurs ; et que à nostredit et autres ainsnez fils d'iceulx nos successeurs et non à autres, obéissent comme à leur roy, tous les dessus nommez de leur sang et conseil ; et en toutes choses leur fascent obéir par les justiciers, officiers, féaux et subgiez desdits royaume et couronne, de quelconque autorité, estat et condicion qu'ils soient, comme à leurs vrais roys, droicturiers et souverains seigneurs, et comme à tels leur prestent et facent prester et faire les fois, hommaiges et sermens en quoy et si comme ils y seront tenus : et nous par ces présentes leur mandons, en les requérant sur les foys et loyautés ès quelles ils sont et seront tenus à nous, à nostredit et autres ainsnez fils de nozdits successeurs, et à ladicte couronne, que ainsi le facent et accomplissent chacun endroit soi, cessans et regetez tous contredits et délais. Et en outre, voulons et ordonnons que toutes les délibérations, appointements, et conclusions, qui par la manière dessusdite seront faites et prinses ès faiz, affaires et besongnes dessus touchées soient advisées, prinses et concluses, selon les voix de la graigneur et plus saine partie des plus prochains

feu mari, et en fit serment et fidélité à la personne du roi : et après qu'elle eut pris congé dedans aucuns brefs jours ensuivant, se départit de Paris avec tout son état, et s'en retourna à Blois.

---

et principaulx desdits sang royal et conseil; et selon ce qu'il sera dict et advisé pour et au bien et prouffit de nostredit et autres ainsnez fils dessusdit dudit royaume, et des faits, affaires et besongnes devant dites. Toutes lesquelles choses ci-dessus exprimées et chacunes d'icelles, nous voulons, décernons, déclairons et établissons par la teneur de ces lettres, avoir, prendre et sortir plein et entier effect, ores et ès temps advenir, et que elles aient et obtiennent force et vigeur de loy, édict, constitucion et ordonnance perpétuelles, estables et non jamais révocables, et sans ce que aucun ou aucuns de quelconques auctorité et condicion qu'il soit et use, ou soient et usent, y puissent ou doivent faire aucune interprétacion, mutacion, ou changement contre la teneur de ces présentes; nonobstant quelconques contraires lois, constitucions, édicts, ordonnances, usaiges, coustumes, observances, et lettres perpétuelles et temporèles, soubz quelconque forme de paroles que elles soient faites par nostredit seigneur et père et autres nos prédécesseurs, ou par nous, sur le fait et gouvernement de nostredit et des autres ainsnez fils des roys de France et autres lettres et choses quelconques, jaçoit-ce-que ne soient cy exprimées, au contenu en ces présentes, qui pourroient faire ou porter préjudice ou dérogacion quelconque, lesquelles nous voulons estre de nul effect et valeur, et par ces lettres les révoquons, cassons et mettons du tout au néant. Et s'il advenoit, que Dieu ne veuille! que par inadvertence, importunité

CHAPITRE XXXVIII.

Comment le duc Jean de Bourgogne fit grande assemblée à Lille en Flandre, pour avoir conseil sur la mort du duc d'Orléans, et alla à Amiens et à Paris.

Or est ainsi que le duc Jean de Bourgogne, lors étant à Lille en Flandre, fit évoquer à venir devers lui tous les nobles, les clercs et autres de son conseil, pour avoir avis sur la mort du dessusdit duc d'Orléans, dont dessus est faite mention; desquels hommes de conseil fut très grandement reconforté, et de là s'en alla à Gand où étoit la duchesse sa femme; et manda les trois états du pays de Flandre, auxquels il fit remontrer par

ou autrement, nous octroyssions ou commendissions, ou y eussions octroyé et commandé aucunes lettres qui aucunement peussent estre dérogatives ou préjudiciables aux choses dessus touchées, ou fissions aucune autre chose au contraire, nous, dès maintenant les déclairons et décernons nulles et de nul valeur, qu'il n'y soit obéy, ne aient force ou vigueur contre la forme et teneur de ces présentes. Toutes voies par icelles nous ne entendons déroguer à certaine constitucion et ordonnance aujourd'hui par nous faictes en faveur de nostredit ainsné fils, le duc de Guyenne et de nozdits autres enfants : ainçois voulons icelle constitucion et ordonnance demourer en leur force et vigueur. Si donnons en mande-

maître Jean de Saulx, son conseiller, publiquement, comment à Paris il avoit fait occire Louis, duc d'Orléans ; et la cause pourquoi il l'avoit fait il la fit lors divulguer par beaux articles, et commanda que la copie en fût baillée par écrit à tous

---

ment et enjoignons estroietement à noz amés et féaulx conseillers, les gens de nostre parlement, de nos comptes, et trésoriers à Paris, et à tous nos justiciers, officiers, vassaulx et subgiez, présents et advenir, ou à leurs lieutenants, et à chacun d'eulx, si comme à lui appartiendra, que contre nos présentes loy, édict, constitucion et ordonnance, ils ne viengnent, facent ou seuffrent venir, ou faire en quelconque manière, ne pour quelque cause, couleur ou occasion que ce soit, ou puist estre, ores, ne ès temps advenir, mais, les gardent, tiengnent, et accomplissent, et facent garder, tenir et accomplir de point en point sans enfraindre. Et afin que ce soit ferme et estable à toujours, nous avons fait mettre notre scel à ces présentes. Données et leues publiquement et à haulte voix en la grant chambre de nostre parlement à Paris où estoit dressé le lit de justice, le lendemain de la feste de Noël, qui fut le 26e jour de décembre, l'an de grâce 1407 et le 28e de nostre règne.

Par le roy tenant son parlement, présens le roy de Sicile, messieurs les ducs de Guyenne, de Berry, de Bourbonnois et de Bavière, les comtes de Mortaing, de Nevers, d'Alençon, de Clermont, de Vendôme, de Saint-Pol, de Tancarville, et plusieurs autres comtes, barons, et seigneurs du sang royal, et autres, le connestable, les archevesques de Sens et de Besançon, les evesques d'Aucerre, d'Angiers, d'Evreux, de Poitiers et de Gap, grand nombre de abbez, et autres gens d'esglises, le grand maistre

ceux qui la voudroient avoir ; pour lequel fait il pria qu'on lui voulsit (voulût) faire aide à tous besoins qui lui pourroient survenir. A quoi lui fut répondu des Flamands, que très volontiers aide lui feroient; et pareillement ceux de Lille et de Douai ; et les Artésiens oyants la cause de cette mort et la requête qu'il faisoit, promirent de lui faire aide contre tous ceux à qui il pourroit avoir à faire, excepté la personne du roi et ses enfans. Et étoient lesdits articles qu'il fit proposer contre ledit duc d'Orléans, tels ou assez pareils que maître Jean Petit proposa à Paris, pour l'ordonnance et commandement dudit duc, présent le conseil royal ; de laquelle proposition il sera fait plus à plein mention.

En lequel temps le roi Louis de Sicile et le duc de Berri, envoyèrent leurs messagers portant leurs lettres en la ville de Lille, devers le duc de Bourgogne, qui là étoit retourné, par lesquelles lui requéroient bien acertes (sérieusement), qu'il voulsit (voulût) être à l'encontre d'eux en la ville

---

d'ostel, le premier et autres présidens en parlement, le premier et plusieurs autres chambellans, grant quantité de chevaliers, et autres nobles, de conseillers, tant du grant conseil et dudit parlement, comme de la chambre des comptes, des requestes de l'ostel, des enquestes et requestes du palais, des aydes, du trésor, et autres officiers et gens de justice, et d'autres notables personnes en grant multitude. Manhac. Néauville. *Visa.*

d'Amiens à certain jour, l'iquls lui firent à savoir, pour là eux assembler, parler et avoir conseil sur le fait de la mort dudit duc d'Orléans. Auxquels messagers fut répondu et promis par ledit duc de Bourgogne d'y aller; et pour cette cause, à ceux de Flandre et d'Artois, il pria qu'en aide on lui prêtât aide de certaine somme d'argent, laquelle lui fut accordée : et après fit grand assemblée et préparation.

Et le jour du parlement approchant, alla d'Arras à Corbie, ses deux frères en sa compagnie, c'est à savoir le duc de Brabant et le comte de Nevers, et plusieurs autres jusqu'à trois mille combattants très bien armés, avec plusieurs hommes de conseil; et de là, au jour qui lui étoit assigné, se tira de Corbie en la ville d'Amiens, et se logea en l'hôtel d'un bourgeois nommé Jacques de Hangart, auquel hôtel ledit duc fit pendre par-dessus l'huis par dehors deux lances, dont l'une si avoit fer de guerre et l'autre si avoit fer de rochet [1]; pourquoi fut dit de plusieurs nobles étant à icelle assemblée que ledit duc les y avoit fait mettre en signifiance que qui voudroit avoir à lui paix ou guerre, si le prensit (prît).

Si faisoit adonc, très divers temps et duroient encore les grands neiges, pourquoi le roi Louis de Sicile, et le duc de Berri, partant de Paris

---

1. Fer émoussé pour les combats courtois.

environ atout (avec) deux cents chevaux avoient plusieurs paysans qui découvroient les chemins de ladite neige atout (avec) instruments tous propices à ce faire; et vinrent audit lieu d'Amiens au jour qui étoit assigné. A l'encontre desquels issit ledit duc de Bourgogne et ses deux frères, grandement accompagnés pour eux honorer; si firent l'un à l'autre grand' révérence; et après se logea ledit roi Louis, à l'hôtel de l'évêque, et le duc de Berri à Saint-Martin-en-Jumeaux. Et entre temps le duc de Bourbon, avec lui son fils Jean, comte de Clermont, triste et dolent de la mort de son neveu et duc Louis d'Orléans, de Paris se départit, et s'en retourna en sa duché de Bourbon.

Et ainsi comme les devants dits seigneurs étoient venus à Amiens, comme dit est, avec le grand conseil du roi pour tendre à ce qu'ils pussent trouver un appointement raisonnable de paix pour le bien des deux parties, à savoir d'Orléans et de Bourgogne, et principalement pour le bien du roi et de son royaume, ne le purent trouver: car alors le duc Jean de Bourgogne étoit par telle manière en son propos obstiné, que nullement pardon au roi de ce ne vouloit demander ni remission querre; ainçois (mais) lui sembloit que ledit roi et son conseil le devoient grandement avoir pour recommandé, pour icelle besogne avoir faite. Et pour soutenir cette matière, avoit avec lui trois maîtres en théologie de grand' fame (réputation) et renommée de l'université de Paris, c'est à savoir maître Jean Petit, qui depuis proposa pour lui à Paris, et deux autres, lesquels dirent publiquement devant les princes et conseil royal étant audit lieu d'Amiens, que chose licite avoit été au duc de Bourgogne de faire ce qu'il avoit fait audit duc d'Orléans, disant oultre, que s'il ne l'eût fait, très grandement il eût péché ; et en ce soutenir contre tous disant le contraire, étoient prêts et appareillés. Toutefois après ce que les parties eurent débattu par plusieurs jours lesdites matières, et qu'ils ne purent venir à conclusion telle que ceux qui étoient venus de par le roi le désiroient, c'est à savoir de paix, et que le conseil fut finé, se départirent, après qu'ils eurent signifié audit duc de Bourgogne, de par le roi de France, que point n'allât devers lui à Paris s'il n'y étoit mandé, et s'en retournèrent audit lieu de Paris. Néanmoins le dessusdit duc de Bourgogne ne leur voulut pas accorder de non pas y aller, mais leur dit pleinement que son intention étoit de, au plus bref qu'il pourroit, aller faire ses excusations audit lieu de Paris devers le roi.

Et le lendemain du partement des seigneurs devantdits, ledit duc de Bourgogne avec ses deux frères, et ceux qui l'avoient amené, s'en retourna en sa ville d'Arras, réservé le comte Waleran de Saint-Pol, qui après le partement du duc demeura bien six jours audit lieu d'Amiens. Et quand le roi Louis de Sicile, le duc de Berri et les autres seigneurs du conseil du roi furent retournés, comme dit est, à Paris, et qu'ils eurent fait leur relation en la présence du roi, et de plusieurs seigneurs et princes et du grand conseil, et remontré bien au long les réponses qu'avoit fait ledit duc de Bourgogne, et comment il lui sembloit que le roi étoit grandement tenu de le remunérer en plusieurs manières pour la mort et homicide qu'il avoit fait faire en la personne du duc d'Orléans, ne le prirent pas bien en gré, et leur sembla être grand, merveille et grand' présomption faite par ledit duc de Bourgogne.

Si en fut parlé en diverses manières, et par espécial de ceux qui tenoient la partie du duc d'Orléans; et leur sembloit que hâtivement le roi devoit assembler toute sa puissance pour le subjuguer, et en faire justice selon le cas. Les autres, tenant la partie du duc de Bourgogne, étoient de contraire opinion, et leur sembloit qu'en ce il avoit fait grand service au roi et à sa génération, et par espécial la plus grand' et la plus forte partie des Parisiens étoient pour le duc de Bourgogne, et l'amoient moult; et la cause pourquoi ils étoient ainsi affectés à lui, c'étoit pource qu'ils espéroient que par son moyen et pourchas, les tailles et autres subsides qui couroient au royaume de France seroient mises jus, et que ledit duc d'Orléans, tout son vivant, avoit été cause de les entretenir, pource qu'il en avoit grand profit en sa part.

Et après icelui duc de Bourgogne s'en alla en son

pays de Flandres, et manda très grand nombre de grands seigneurs et de ses sujets et gens d'armes pour aller avec lui à Paris devers le roi de France, jaçoit-ce-que (quoique) le roi Louis et le duc de Berri lui avoient dit et défendu de par le roi qu'il n'y retournât point jusques à tant qu'il y seroit mandé; mais pourtant ne s'en voulut déporter (dispenser), ainçois (mais) par plusieurs journées se tira en la ville de Saint-Denis en France; auquel lieu le vinrent visiter le roi Louis, le duc de Berri, le duc de Bretagne et plusieurs autres du grand conseil, qui de rechef lui dirent de par le roi, que puisqu'il ne se pouvoit tenir d'aller à Paris en personne, au moins il n'y entrât qu'atout deux cents hommes.

Et pource ledit duc de Bourgogne se départit de Saint-Denis, le comte de Nevers, son frère et le comte de Clèves, son beau-fils, en sa compagnie, et si y étoit le duc de Lorraine qui l'accompagnoit; et tous ensemble très bien armés, à (avec) grand' quantité de gens, entra ledit duc dedans Paris sur intention de justifier son fait et sa querelle, tant envers le roi et envers tous autres qu'on lui sauroit demander. A l'entrée duquel fut démenée très grand' joie par les Parisiens; et mêmement les petits enfants en plusieurs carrefours à haute voix crioient Noël[1]! dont il déplut grandement à

---

1. C'étoit le cri que l'on faisoit entendre à l'entrée des rois de France.

la reine de France, et à plusieurs autres princes étant audit lieu de Paris; et s'en alla descendre en son hôtel d'Artois. Et pour vrai, comme dit est dessus, il étoit très fort aimé du commun peuple de Paris, et avoit grand' espérance qu'icelui duc eut très grand' affection au royaume et à la chose publique, et pour tant sur tous les autres princes du sang royal étoit aimé et loué, et avoient souvenance des grandes tailles qui avoient été mises sus depuis la mort du duc Philippe de Bourgogne, père d'icelui, jusques à l'heure présente, lesquelles ils entendoient que fût par le moyen dudit duc d'Orléans; et pour ce étoit grandement encouru en l'indignation d'icelui peuple, et leur sembloit que Dieu, de sa grâce, les avoit très grandement pour recommandés, quand il avoit souffert qu'ils fussent hors de sa sujétion et gouvernement, et qu'ils en étoient délivrés; mais ils n'avoient pas bien regard et considération à ce qui depuis leur en advint et à tout le royaume de France généralement.

En outre, après que ledit duc de Bourgogne eut par aucuns jours été en la ville de Paris, et qu'il sut, par ceux qui étoient à lui favorables, comment il se auroit à conduire et gouverner, il trouva moyen d'avoir audience envers le roi et tous les princes là étants, le clergé et le peuple, et prit jour de faire proposer et déclarer sa justification pour la mort et homicide qu'il avoit fait faire sur la personne du dit duc Louis d'Orléans défunt. Auquel lieu il alla très bien armé en personne, et les princes et autres seigneurs qu'il avoit menés avec lui, et grand nombre des Parisiens qui l'accompagnèrent. Et entretemps qu'il fut audit lieu de Paris, étoient toujours très bien armés, dont les autres princes et tout le conseil royal étoient moult émerveillés, et n'osoient bonnement faire ni dire chose qui lui fut désagréable : pource principalement que ledit peuple étoit ainsi affecté sur lui, et qu'il se tenoit fort garni de gens de guerre, et étoit toujours fort accompagné en son hôtel : car il fit loger auprès d'icelui tous ceux qu'il avoit amenés, ou au moins la plus grand' partie ; et mêmement fit faire en ces propres jours, à puissance d'ouvriers, une forte chambre de pierre bien taillée en manière d'une tour, dedans laquelle il se couchoit par nuit ; et étoit ladite chambre fort avantageuse pour lui garder ; de laquelle justification dudit duc de Bourgogne la teneur s'ensuit ci-après, laquelle sera déclarée mot après autre.

CHAPITRE XXXIX.

Comment le duc Jean de Bourgogne fit proposer devant le roi et son grand conseil, ses excusations sur la mort du dessusdit duc d'Orléans.

Le huitième jour de mars, l'an mil quatre cent et sept, le duc Jean de Bourgogne fit proposer à Paris, en l'hôtel de Saint-Pol, par la bouche de maître Jean Petit, docteur en théologie, la justification d'icelui duc Jean, sur la mort n'a guères faite du duc Louis d'Orléans. Et étoit présent en état royal le duc de Guyenne, dauphin de Viennois, aîné fils et héritier du roi de France, le roi de Sicile, le cardinal de Bar, les ducs de Berri, de Bretagne et de Lorraine, avec plusieurs comtes, barons, chevaliers et écuyers de divers pays, le recteur de l'université, accompagné de grand nombre de docteurs et autres clercs, et très grand' multitude de bourgeois et peuple de tous états, de laquelle proposition la teneur s'ensuit :

« Premièrement dit ledit maître Jean Petit, comment par-devers très noble et très haute majesté royale, venoit comme très vrai obéissant à son roi, et souverain seigneur ledit duc de Bourgogne, comte de Flandre, d'Artois et de Bourgogne, deux fois pair de France et doyen des pairs, en grand' humilité pour lui faire révérence et toute obéissance, comme il étoit tenu et obligé de faire par les quatre obligations que mettent communément les docteurs en théologie, de droit canon et civil ; desquelles obligations la première est : *Proximi ad proximum quâ quisque tenetur proximum non offendere. Secunda est cognatorum ad illos, quorum genere geniti vel procreati sunt, quâ tenentur parentes suos non solum non offendere, sed etiam deffendere verbo et facto. Tertia est vassalorum ad dominum, quâ tenentur non solum non offendere dominum suum, sed deffendere verbo et facto. Quarta est non solum non offendere dominum suum, sed etiam principis injurias vindicare.*

» Or est mondit seigneur de Bourgogne, bon catholique et loyal prud'homme, seigneur de bonne vie, et en la foi de chrétienté, et est proesme (parent) du roi, pourquoi est tenu de l'aimer comme soi-même, et soi garder de lui faire aucune offense.

» *Item* il est son parent issu de sa lignée, si prochain comme son cousin-germain, par quoi est obligé, non pas tant seulement à soi garder de lui faire offense, mais à tout le moins le doit défendre par parole contre tous ceux qui lui feroient injure. Tiercement il est son vassal, et pour ce, par la tierce obligation, il n'est pas seulement tenu de le garder par parole, mais avec ce de fait et de toute sa puissance. Quartement il est son sujet, par quoi, par la quarte obligation qui ensuit les trois obligations devant dites, il n'est pas tant seulement tenu de le garder de sa parole et de fait contre ses ennemis, mais est tenu avec ce de le venger de ceux qui lui font injures, ou qui lui ont fait faire, ou voudroient machiner et ont machiné à faire au cas qu'il viendroit en sa connoissance. Et encore outre, il est obligé à sa très noble et très haute majesté royale par plusieurs autres obligations que par les quatre dessusdites : pource qu'il a reçu et reçoit de jour en jour tant de biens et d'honneurs de ladite majesté et magnificence, non pas seulement comme son proesme[1], parent, vassal et sujet, comme dit est, mais comme son très humble chevalier, duc, comte, et pair de France, et non pas comme pair de France deux fois, mais doyen des pairs, qui est la première prérogative de seigneurie, noblesse et dignité qui soit en ce royaume après la couronne ; et, qui plus est, le roi lui a fait si grand honneur, et montré si grand signe d'amour et d'amitié, qu'il l'a fait père en loi de mariage de très noble et très puissant seigneur, monseigneur le duc de Guyenne, dauphin de Viennois, son aîné fils et héritier d'une part, et l'aîné fille de mondit seigneur d'autre part, et aussi madame de Michel de France, et du seul fils de mondit seigneur de Bourgogne. Et comme dit monseigneur saint Grégoire. *Concrescunt dona et rationes donorum.*

» Il est obligé entre les autres mortels à le garder, défendre et venger de toutes injures à son

---

1. Du latin *procimus*.

pouvoir, et s'il a bien reconnu, reconnoît et reconnoîtra, si Dieu plaît et aura en son cœur mémoire des obligations dessusdites, qui sont douze en nombre : C'est à savoir proesme, parent, vassal, sujet pair, baron, comte, duc, duc pairs, comte et doyen des pairs, et les deux mariages; ce sont douze obligations par lesquelles il est obligé, l'aimer, servir, obéir et porter révérence, honneur et obéissance ; le défendre de tous ses ennemis ; et non pas seulement défendre, mais le venger et en prendre vengeance. Et avec ce, prince de très noble mémoire feu monseigneur de Bourgogne, son père, lui recommanda au lit de la mort que sur toutes choses, après le salut de son ame, il mît tout son cœur, volonté, courage, corps et puissance en exposant tant qu'il vivroit à garder loyaument la personne du roi, ses enfants et sa couronne : car il se doutoit très grandement que ses adversaires machinoient à lui tollir (ravir) sa couronne, et avoit très grand' peur qu'ils ne fussent plus forts après son trépas que lui vivant; et pour ce voulut obliger au lit de sa mort, par commandement paternel, ses enfants à résister à l'encontre. Et n'est pas a oublier la très grand' loyauté de mon très redouté seigneur monseigneur le duc de Berri, et du vaillant seigneur trépassé, qui si loyaument, tant doucement, tant sûrement et si sagement gardèrent, nourrirent et gouvernèrent, que onques une seule imagination de soupçon mauvaise ne fut pensée ni dite contre leurs personnes.

» Pourquoi, les choses dessusdites considérées, mondit seigneur de Bourgogne ne pourroit avoir en ce monde greigneur (plus grande) douleur en cœur, ni greigneur déplaisir que de faire chose où le roi put prendre déplaisance envers lui à cause du fait advenu en la personne de feu le duc d'Orléans derrain (dernier) trespassé, lequel fait à été perpétré pour le très grand bien de la personne du roi, de ses enfants, et de tout le royaume, comme il sera ci-après montré et déclaré ou indignation contre lui. Et pour ce que par aventure aucuns pourroient dire par l'introduction d'aucuns ses malveillants, ce roi eut pris en son cœur aucunes déplaisances tant et si avant qu'il en devra bien suffire, il supplie très humblement au roi d'ôter de lui toute sa déplaisance de son très noble courage (cœur), si aucune en a conçue à l'encontre de sa personne par l'introduction dessusdite ou autrement, et que le roi lui veuille montrer douceur et bénignité, et le tenir en amour comme son loyal vassal et sujet et cousin prochain comme il est, attendu plusieurs causes justes et véritables, que je dirai après pour la justification de mondit seigneur de Bourgogne, de laquelle il m'a chargé par commandement si exprès que je ne l'ai osé aucunement conduire pour deux causes ci-après déclarées. La première est que je suis obligé à le servir par serment à lui fait il y a trois ans passés ; la seconde que lui regardant que j'étois très petitement bénéficié, m'a donné chacun en bonne et grande pension pour moi aider à tenir aux écoles : de laquelle pension j'ai trouvé une grand' partie de mes dépens et trouverai encore s'il lui plaît de sa grâce. Mais quand je considère la très grand' matière dont j'ai à parler et la grandeur des personnes dont il me conviendra et faudra toucher en si très noble et solennelle compagnie, comme il y a ici, et d'autre part que je me regarde et me trouve de petit sens, pauvre de mémoire et foible d'engin, et très mal orné de langage, une très grand' peur me fièrt au cœur, voire si grand' que mon engin et ma mémoire s'enfuit, et ce peu de sens que je cuidois avoir, m'a jà du tout laissé. Si n'y vois autre remède fors de moi recommander à Dieu mon créateur et rédempteur, à sa très glorieuse mère, à monseigneur saint Jean l'évangéliste, le maître et prince des théologiens, qu'ils me veuillent enseigner, conduire, et garder de mal faire et de mal dire, en ensuivant le conseil de monseigneur saint Augustin, qui dit *(libro quarto de doctrinâ Christianâ circa finem)* : *Sive apud populum, vel apud quoslibet jamjamque dicturus, sive quod apud populum dicendum, vel ab eis qui voluerint aut potuerint legendum est dictaturus, oret ut Deus sermonem bonum det in os ejus. Si enim regina Hester, oravit pro suæ gentis salute temporali locutura apud regem ut in os ejus Deus congruum sermonem daret, quantó magis orare debet, ut tale munus accipiat, qui pro æternâ hominum salute in verbo et doctrinâ laborat, etc.* C'est à dire, que pource que cette matière est très haute et périlleuse, et qu'il n'appartient pas à homme de si petit état, comme je suis, d'en parler, voire de mouvoir les lèvres pour parler, par spécial en si très noble et solennelle compagnie qu'il y a ici, je vous supplie très humblement, mes très redoutés seigneurs, et à toute la compagnie, si je dis aucune chose qui ne soit bien dite, qu'il me soit pardonné, et attribué à ma simplesse et ignorance et non point à malice. Car l'Apôtre dit : *Ignorans feci : ideo que misericordiam consecutus sum*. Car je n'oserois parler de cette matière ni dire les choses qui me sont enchargées, si ce n'étoit par le commandement de mondit seigneur de Bourgogne. Après ce, je proteste que je n'entends à injurier quelque personne que ce soit ou puisse être, soit vif ou trépassé ; et s'il advient que je dise aucune parole sentant injures pour ou au nom de mondit seigneur de Bourgogne et par son commandement, je prie qu'on m'ait pour excusé en tant qu'elles sont à sa justification et non autrement. Mais on me pourroit faire une question, en disant qu'il n'appartient pas à un théologien de faire ladite justification, et qu'il appartient à un juriste. Je réponds que nullement n'appartient à moi qui ne suis ni juriste, ni théologien, mais pour satisfaire aux parlants, je réponds à la question : Si j'étois théologien, il me pourroit bien appartenir, attendu une considération que j'ai en cette matière, c'est à savoir que tout docteur en théologie est tenu de labourer à excuser et justifier son maître et son seigneur, lui garder, et défendre son honneur et bonne renommée, en tant comme la vérité se peut étendre, mêmement quand sondit seigneur est bon et loyal, et n'a de rien mépris.

» Je prouve cette considération être vraie ; car c'est l'office des maîtres docteurs en théologie de prêcher et dire vérité en temps et en lieu, et pour tant ils sont appelés *legis divinæ professores, quia inter omnes alios doctores ipsi magis tenentur profiteri veritatem.* Et s'il advient qu'ils meurent pour dire vérité, ils sont adonc vrais martyrs : ce n'est donc pas merveille si à mondit seigneur qui m'a nourri en l'étude et nourrira, si Dieu plaît, j'ai à lui prêté ma pauvre langue à prononcer et dire icelle justification ; car si oncques il fut lieu et temps de prêcher et dire la justification de loyauté de mondit seigneur de Bourgogne, il en est ores temps et lieu; et ceux qui m'en sauroient mauvais gré feroient grand péché, ce me semble ; mais de ce me devroit tout homme de raison tenir pour excusé. Et en espérance que nul ne m'en saura mauvais gré de ladite justification prononcer et dire, pour ce dirai cette autorité de monseigneur saint Paul.

De Convoitise.

Radix omnium malorum cupiditas, quam quidem appetentes erraverunt à fide ; 1. *Tim.* 6. Laquelle parole peut être en françois ainsi mise. Dame convoitise est de tous maux la racine, puisqu'on est en ses lacs et on tient sa doctrine ; elle a fait aucuns apostats, tant l'ont aimée, les autres déloyaux ; bien est chose damnée. Cette parole proposée tient en soi trois choses : la première est, que convoitise est de tous les maux la racine à ceux qu'elle tient en ses lacs ; la seconde, qu'elle a fait aucuns apostats, c'est à savoir renier la foi catholique et idolâtrer ; la tierce est, qu'elle a fait les autres traîtres et déloyaux à leurs rois, princes, et souverains seigneurs. Et pource que je pense à déclarer ces trois choses dessusdites, qui me seront une majeure, et après ladite majeure, joindre à une mineure, pour parfaire ladite justification de mondit seigneur de Bourgogne, je puis faire deux parties en mon propos : la première partie sera de madite majeure, et la seconde partie de madite mineure : la première partie contiendra quatre autres ; la première partie déclarera la première chose touchée en mon thème ; la seconde la seconde, la tierce la tierce ; et au quart article, je pense à y mettre aucunes vérités, pour mieux fonder ladite justification de mondit seigneur de Bourgogne.

Pour le premier article déclarer, c'est à savoir que convoitise est de tous les maux la racine, je réponds à une instance qu'on y peut faire au contraire de ladite parole ; la Sainte Écriture dit ainsi : *Initium omnis peccati superbia ; Ecclesiastici. Ergo non est cupiditas radix omnium malorum.* Puis que sainte écriture dit qu'orgueil est commencement de tout péché, convoitise n'est pas la racine de tous maux et péchés, et ainsi semble que ladite parole de saint Paul n'est pas vraie. A ce que je réponds par autorité de monseigneur saint Jean l'évangéliste, qui dit ainsi : *Nolite diligere mundum, nec ea quæ in eo sunt. Si quis diligit mundum, non est charitas patris in eo ; quoniam omne quod est in mundo, aut est concupiscentia carnis, aut conscupiscentia oculorum, aut superbia vitæ, quæ non ex patre sed mundo, et mundus transibit et concupiscentia carnis. Sed qui facit voluntatem Dei vivet in œternum.* C'est-à-dire, ne veuillez point aimer le monde, ni mettre votre plaisir, amour, ni félicité ès choses mondaines ; car en ce monde n'a autre chose fors concupiscence et convoitise de délectation charnelle, convoitise de richesse mondaine, et convoitise d'honneur vaine, qui ne sont point données de par Dieu le père, mais sont choses mondaines et transitoires; et toutefois le monde finit et sa convoitise avec lui ; mais celui qui fait le vouloir de Dieu, il vivra toujours en gloire perdurablement avec lui. Ainsi appert-il clairement par cet article de saint Jean, qu'il est trois manieres de convoitise, qui encloent en elles tous péchés : c'est à savoir convoitise d'honneur vaine, convoitise de richesse mondaine, et convoitise de délectation charnelle. Et ainsi prenoit l'Apôtre convoitise en la parole proférée, quand il disoit : *Radix omnium malorum cupiditas*, c'est à entendre convoitise aux trois manières dessusdites, et touchées par saint Jean l'évangéliste, dont la première est convoitise d'honneur vaine, qui n'est autre chose que mauvaise concupiscence, et volonté désordonnée de tollir (ravir) à autrui son bonneur et seigneurie; et cette convoitise est appelée en l'autorité de saint Jean dessusdite, *Superbia vitæ*, et enclôt en soi tous ces vices : c'est à savoir, orgueil, toute vaine gloire, toute ire, haine et envie; car quand celui qui est épris et embrasé du feu de convoitise ne peut accomplir sa volonté désordonnée, il se courrouce contre Dieu et contre ceux qui l'empêchent, et commet le péché d'ire; et tantôt conçoit envers celui qui tient ladite seigneurie si grand'haine et envie, qu'il se met à machiner sa mort.

La seconde convoitise, est appelée convoitise de richesse mondaine, qui n'est autre chose que concupiscence et volonté désordonnée de tollir à autrui ses biens, meubles, et immeubles; et cette convoitise est appelée par ledit évangéliste *concupiscentia oculorum*, et enclôt en soi toute usure, avarice et rapine. La tierce convoitise, qui est appelée *concupiscentia carnis*, n'est autre chose que concupiscence et désirs désordonnés de délectation charnelle, qui aucunefois est paresse; comme d'un moine ou autre religieux, qui ne se veut lever pour aller à matines, pour ce qu'il est plus aisé en son lit; aucunefois en gloutonnie, comme celui qui prend trop de viandes et de vins, pource qu'ils lui semblent doux à la langue, et délectables; à savourer aucune fois en luxure et plusieurs manières qu'il ne faut jà déclarer.

Ainsi appert clairement être vrai mon premier article, où je disois que convoitise est cause et racine de tous les maux, en le prenant ainsi, comme le prenoit l'Apôtre, quand il disoit : *Radix omnium malorum cupiditas. Et hoc de primo articulo hujus primæ partis.* Pour entrer en la matière du second article de madite majeure, je mets une supposition, et suppose pour vérité que c'est un des grands péchés qui soit ou puisse être, que crime de lèse-majesté royale : la cause si est ; car c'est la plus noble chose et la plus digne qui puisse être, que majesté royale. Pour ce on ne peut faire plus grand péché, ni plus grand crime que d'injurier majesté royale ; et selon ce que le crime est plus grand, l'injure est plus grand, et fait plus à punir. Pourquoi il est à savoir qu'il est deux manières de majestés royaux : l'une est divine et perpétuelle, et l'autre est humaine et temporelle. Et à proportionnablement parler, je trouve deux manières de crime de lèse-majesté : la première est crime de lèse-majesté divine, et la seconde est crime de lèse-majesté humaine. *Item*, est à savoir que crime de lèse-majesté divine, se part en deux degrés : le premier est quand on fait directement injure au souverain roi, qui est notre souverain Dieu et créateur, comme font ceux qui font crime de hérésie ou d'idolâtrie ; la seconde est quand on fait injure directement contre l'épouse de notre souverain roi et seigneur Jésus-Christ, c'est à savoir sainte église, et est quand on commet péché de schisme ou division à ladite église ; ainsi veux-je dire que les hérétiques et les idolâtres commettent crime de lèse-majesté divine en premier degré, et schismatique en second degré.

Item, il est à savoir, que crime de lèse-majesté humaine se part en quatre degrés : le premier est, quand l'injure est directement faite contre la personne du prince ; le second est, quand l'injure ou offense est directement faite contre la personne de son épouse ; le tiers degré est, quand elle est faite directement contre la personne de ses enfants ; le quart est, quand elle est directement faite contre le bien de la chose publique.

Et outre plus, il est à savoir que pour ce que ces deux manières de crime de lèse-majesté divine et humaine, sont les plus horribles crimes et péchés qui puissent être, les droits y ont ordonné certaines peines, et plus grandes qu'aux autres crimes ; c'est à savoir, qu'au cas d'hérésie et de crime de lèse-majesté humaine, un homme en peut être accusé après sa mort, et si peut-on faire procès contre lui ; et s'il advient qu'il soit convaincu et atteint d'hérésie, il doit être désenterré et ses os mis en un sac et apportés à la justice, et ars en un feu. Et semblablement s'il advient que aucun soit atteint et convaincu de crime de lèse-majesté humaine après sa mort, il doit être désenterré et ses os mis en un sac, et tous ses biens, meubles et immeubles, confisqués forfaits et acquis au prince, et ses enfants déclarés inhabiles à toute succession.

Cette distinction de crime de lèse-majesté en ce présupposée, je veuil prouver le second article de madite majeure, par exemples et autorités ; c'est à savoir que dame convoitise a fait plusieurs être apostats, et renier la foi catholique, idolâtrer et les idoles adorer. Jaçoit-ce-que (quoique) j'en trouve plusieurs exemples, mais pour ce que ce seroit trop longue chose à raconter, je me réfreindrai aux trois premières ; et sera la première de la première, la seconde de la seconde, et la tierce de la tierce.

De Julien l'Apostat.

Le premier exemple de Julien l'Apostat, lequel fut premièrement chrétien et homme d'église, mais pour être empereur de Rome, et pour venir à l'empire, il renia la foi catholique et son baptême, et adora les idoles, et disoit aux chrétien en colorant sa convoitise : *Christus verè dicit in Evangelio suo, nisi quis renunciaverit omnibus quæ possidet, non potest meus esse discipulus;* en disant : vous qui voulez être chrétiens, vous ne devez rien avoir.

Et sachez qu'icelui Julien fut homme d'église très grand clerc et de grand' lignée, et dit-on qu'il eût été pape s'il eût voulu labourer (travailler); mais il ne lui en chaloit (importa) pour ce que ce n'étoit alors que pauvreté de la papalité ; mais c'étoit la plus noble et riche chose qui fût au monde que d'être empereur pour lors ; aussi le désira merveilleusement.

Et pour ce qu'il considéra que les Sarrasins étoient encore si forts [1], qu'ils n'eussent pas souffert qu'un chrétien eût été empereur, il renia son baptême, la chrétienté et la foi catholique, et se rendit à la loi des Sarrasins, à adorer les idoles, persécuter les chrétiens et diffamer le nom de Jésus-Christ, considérant que par ce moyen il seroit empereur.

Si advint que l'empereur, qui lors étoit vivant, alla de vie à trépas, et les Sarrasins et païens considérant qu'icelui Julien l'Apostat étoit de grand lignage, grand clerc et plein de grand' malice, et que c'étoit le greigneur persécuteur des chrétiens qui fût au monde, et qui plus disoit vilenie de Jésus-Christ, de sa mère et de la foi catholique, le firent empereur.

Si vous dirai comment il mourut de mort vilaine. Il advint que lui étant empereur, ceux de Perse se rebellèrent encontre lui ; et lors il assembla une très grand armée pour les rebelles encontre lui mettre à subjection ; et au partir jura et voua à ses damnés dieux que s'il pouvoit retourner victorieux, détruiroit toute chrétienté.

Et en allant atout (avec) son armée, passa par une cité nommée Césarée, au pays de Cappadoce,

---

[1]. Il est inutile de relever toutes les bévues historiques du théologien Petit, chargé de justifier un assassinat par les principes du christianisme et de la morale.

et là trouva un très grand docteur et solennel en théologie, qui étoit évêque de ladite cité, appelé Basilius, qui est maintenant saint Basile, lequel lors étoit très bon homme; et par le moyen de la bonne doctrine de lui, ceux du pays étoient bons chrétiens. Icelui saint Basile vint par-devers icelui Julien l'Apostat, et lui fit la révérence, et lui présenta trois pains d'orge; lequel présent il prit en très grand' indignation, et dit : « Il m'a » présenté viande de jument, et je lui enverrai » viande de cheval, c'est à savoir trois boisseaux » d'avoine. » Le vaillant homme s'excusa en disant que c'étoit tel pain que lui et ceux du pays mangeoient ; puis, icelui Julien jura qu'à son retour il détruiroit ladite cité et la mettroit en tel état, qu'il feroit courir les charrues partout et en feroit un beau champ, et partout y feroit semer du froment. *Itaque juravit quod faceret eam farriferam et non austeram.* Et s'en alla outre en ses batailles. Saint Basile et les chrétiens de ladite cité eurent conseil et avis ensemble pour sauver ladite cité, et avisèrent que c'étoit le meilleur de prendre tous les joyaux et trésors pour lui présenter et apaiser; et outre pour qu'ils iroient en procession à une église de Notre-Dame qui étoit sur une montagne près de ladite cité ; et demeureroient là par trois journées, impétrant à Dieu le sauvement d'eux et de ladite cité.

La tierce nuit advint une vision audit saint Basile, c'est à savoir, qu'il voyoit une grand' compagnie d'anges et de saints assemblés devant une dame, laquelle dame disoit à un de ses saints : « Appelez-moi le chevalier Mercure; » Lequel vient tantôt et lors lui dit la dame : « Tu as toujours » été loyal serviteur à mon fils et à moi, et pour ce, » je te commande que tu voises (ailles) tuer et oc- » cire Julien l'empereur, le faux apostat, qui si » fort persécute les chrétiens, et dit tant de vilenie » de mon fils et de moi. » Et prestement ressuscita ledit chevalier Mercure; et lui, comme bon chevalier, prit son écu et sa lance qui étoient pendus à la paroi (muraille) de l'église où il étoit enterré en ladite cité, et s'en alla, et devant tous les gens d'icelui Julien, le vint férir de horions de sa lance, tellement qu'il lui passa tout outre parmi le corps, et l'occit, puis retira sa lance et la rapporta, et ne surent les gens dudit empereur qui c'étoit. Et saint Basile, sitôt que la vision lui fut avenue, s'en vint hâtivement en ladite église, où étoit le tombel d'icelui chevalier, et si trouva que le corps n'y étoit pas, ladite lance ni l'écu; et lors appela les gardes de l'église et leur demanda qu'étoient devenus lesdits écu et lance. Ils répondirent que, la nuit précédente, avoient été ôtés, et ne savoient de qui, ni comment. Si retourna icelui saint Basile à la montagne hâtivement au clergé et au peuple, et leur conta sa vision et comment le corps, l'écu et la lance dudit Mercure n'étoient pas en l'église, et que c'étoit signe de l'approbation de sadite vision.

Assez tôt après vinrent en ladite église, et y retrouvèrent lesdits écu et lance pendus à la paroi, remis et rapportés au lieu où ils étoient par avant, et étoit la lance tout ensanglantée, et au tombel ledit corps ; et fut avisé qu'à ce faire ne mit qu'un jour et deux nuits ; et ainsi fut occis et mis à mort ledit Julien l'Apostat. Et outre, dit la chronique, qu'il recevoit son sang en sa main, et le jetoit vers le ciel, en disant : *Vicisti me Galilee*, c'est-à-dire tu m'as vaincu, Galiléen, en parlant à Jésus-Christ et jetant son sang en haut.

Item, dit ladite chronique, que l'un des conseillers et sophistes d'icelui Julien, eut semblable vision dudit miracle de ladite mort, et pour ce, s'en vint à saint Basile pour soi faire baptiser comme bon chrétien, lequel disoit qu'il avoit été présent à ladite occision, et qu'il l'avoit vu recevoir son sang en ses paulmes, et le jeter en haut comme dit est ; et ainsi finit misérablement sa vie Julien l'Apostat ; et par ce avons le premier exemple.

Le second exemple est de Sergius le moine, lequel étoit chrétien, homme d'église et de religion, qui, par convoitise, se mit en la compagnie de Mahomet et son apôtre se fit. Pourquoi il est à savoir que celui moine advisa qu'icelui Mahomet étoit un grand capitaine des pays de Syrie et des routes (troupes) des païens d'outre-mer, et que les seigneurs du pays étoient presque tous trépassés par une mortalité, et n'étoit demeuré que les enfants. Lors dit Mahomet à Sergius : « Si vous me voulez » croire je vous ferai le greigneur (plus grand)

» seigneur et plus honoré du monde brièvement ».
Ils furent d'accord de ce faire, et que Mahomet
feroit tant par force d'armes qu'il conquerroit le
pays et en seroit seigneur, et icelui moine ouvreroit
de subtilité et renonceroit à la loi des chrétiens,
et composeroit une loi toute nouvelle au nom dudit Mahomet. Il fut ainsi fait; et furent convertis
tous les pays d'Arabie, de Syrie, d'Afrique, de
Ben-Marin, de Fez, de Maroc, de Grenade, de
Tunis en Barbarie, de Perse et d'Égypte, et de
plusieurs autres pays qui pour lors étoient chrétiens
pour la greigneur (majeure) partie sans comparaison. Et fut cette apostasie faite de la loi de Mahomet six cents ans après l'incarnation de Notre-
Seigneur. Icelui Mahomet donna audit moine grand'
abondance de richesses mondaines, et il les reçut par
convoitise qui lui fit faire l'apostasie à la damnation
perpétuelle de son âme.

Le tiers exemple est d'un prince et duc de Siméon,
qui étoit une des douze lignées des enfants d'Israël,
lequel prince étoit moult puissant homme et grand
seigneur, et avoit nom Zambry. Lequel fut si
épris de convoitise et de délectation charnelle de
l'amour d'une dame païenne, que pource qu'elle
ne se vouloit accorder à faire sa volonté s'il n'ado-
roit les idoles, il adora les idoles, et les fit adorer
par plusieurs de ses gens et sujets; desquels la
Sainte Écriture dit ainsi : *At illi comederunt et
adoraverunt deos earum, initiatusque est Israël
Belphegor. Et iratus Dominus ait ad Moysen :*

tolle cunctos principes populi, et suspende illos contra solem in patibulis, etc. *Et paulo post. Et ecce unus de filiis Israël intravit coram fratribus suis ad scortum Madianitidem*, etc. *Quod cum vidisset surrexit de medio multitudinis Phinees, et arrepto pugione, ingressus est post virum Israelitem in lupanar, et perfodit ambos simul, in locis genitalibus ; et occisi sunt viginti quatuor millia hominum. Et sic Phinees placuit Deum.*

Et ideò Innocentius in Demiseriâ conditionis humanæ *ait : Extrema libidinis turpitudo, quæ non solum mentem effœminat, sed etiam corpus aggravat. Omne namque peccatum quodcumque fecerit homo extra corpus est : qui autem fornicatur, in corpus suum peccat.* C'est à dire, qu'icelui duc et une grande partie du peuple firent fornication de leurs corps avecque les femmes païennes et sarrasines du pays de Moab, lesquelles femmes les induisirent à adorer les idoles. Dieu s'en courrouça très grandement, et dit à Moïse, qui étoit le souverain seigneur et duc de tous les autres du peuple : « Prends tous les princes du peuple, et les fais pendre au gibet contre le soleil. «— Et pourquoi, disoit-il, tous les
» princes ? — Pource que la plupart d'iceux étoient
» consentants d'icelui crime ; et les autres, jaçoit-
» ce-que (quoique) ils n'en fussent pas consentants,
» ils étoient négligents de prendre vengeance de
» si grand' injure à Dieu leur créateur faite. »

Tantôt Moïse alla assembler tous les princes et tout le peuple d'Israël, et leur dit tout ce que

Dieu lui avoit dit et commandé. Le peuple se prit à pleurer, pource que les malfaiteurs étoient si puissants que les juges n'oseroient faire justice ; et encore plus, icelui duc Zambry étoit a tout (avec) vingt-quatre mille hommes de son alliance. Si se partit de la place, voyant tout le peuple, et s'en alla entrer au logis de ladite sarrasine, qui étoit sa mie par amour, et qui étoit la plus belle créature et la plus gente du pays. Lors un vaillant homme, nommé Phinée, prit courage en lui, et dit en son cœur : « Je voue à Dieu que présentement » le vengerai de cette injure. » Puis se départit sans mot dire, sans quelconque commandement de Moïse ni d'autre à ce ayant pouvoir, et s'en vint au logis, et trouva icelui duc avec icelle dame l'un sur l'autre faisant l'œuvre de délice ; et d'un coûtel qu'il avoit, par manière de dague, les tresperça d'outre en outre, et les occit tous deux ensemble. Les vingt et quatre mille hommes qui étoit adhérents avec icelui duc, appelé Zambry, se voulurent combattre pour sa mort ; mais par la grâce de Dieu ils furent les plus foibles, et furent tous morts et occis.

Et notez bien cet exemple, que le vaillant homme Phinée étoit si épris de l'amour de Dieu, et fut si dolent quand il vit telle injure faire à Dieu, son roi et souverain seigneur, qu'il ne douta pas à soi exposer à la mort, et n'attendit ni congé ni licence de Moïse de ce faire ni d'autre quelconque, pource que les juges ne faisoient point leur devoir, les uns par négligence, et les autres par doutance d'icelui duc de Zambry. Et plus encore est à noter la grand' rémunération et louange qu'il en acquit, can il est écrit : *Dixit Dominus ad Moïser : Phinees filius Eleazari, filii Aaron sacerdotis, avertit iram meam à filiis Israël: quia zelo meo commotus est contra eos, ut non ipse delerem filios Israël in zelo meo. Idcircò loquere ad eum. Ecce do ei pacem fœderis mei, et erit, tam ipsi quam semini ejus pactum sacerdotii sempiternum ; quia zelatus est pro Deo suo, et expiavit scelus filiorum Israël.* C'est à dire, que Dieu eut le fait tant agréable et le rémunéra tellement que lui, et sa lignée, auroient titre et honneur de prêtrise, par telle manière que nul de l'ancien Testament ne seroit prêtre, ni évêque, fors de la lignée d'icelui Phinée. *Placavit et cessavit seditio, et reputatum est ei ad justitiam usque in sempiternum.* (*Scribitur in psalmo*). C'est à dire qu'icelui fait fut attribué à justice, gloire et louange à celui Phinée, et à toute sa lignée à toujours mais. Ainsi appert clairement que concupiscence et convoitise mauvaise tint tellement en ses lacs le duc de Zambry dessusdit, qu'elle le fit idolâtrer et adorer les idoles. Et ci finit le tiers exemple du second article.

Quant au troisième article de madite majeure, je dois montrer par exemple et par autorité de la Bible, laquelle nul n'oseroit contredire; c'est à savoir que dame convoitise a fait plusieurs être traîtres et déloyaux envers leurs souverains seigneurs; jaçoit-ce-que (quoique) je pourrois mener à ce propos les exemples et autorités, tant de la Sainte Ecriture comme d'ailleurs, je me restreindrai à trois.

De Lucifer.

Le premier est du cas de Lucifer, lequel fut la créature la plus parfaite en essence que Dieu fit oncques, duquel dit Isaïe le prophète : *Quomodo cecidisti de cœlo, Lucifer, qui manè oriebaris? qui dicebas in corde tuo : in cœlum conscendam super astra Dei, exaltabo solium meum, ascendam super altitudinem nubium et similis ero altissimo. Verumtamen ad infernum detraheris in profundum laci.* (*Scribitur in Isai* 14). Pourquoi il est à savoir qu'icelui Lucifer soi regardant, et considérant sa noble créature tant belle et tant parfaite, dit en sa pensée en lui-même : « Je ferai tant que je mettrai ma chaire et » mon trône au-dessus de tous les autres anges, et » serai semblable à Dieu. » C'est à savoir qu'on lui feroit obéissance comme à Dieu, et pour ce faire il déçut une grand' partie des anges, et les attrahit (attira) à son opinion ; c'est à savoir qu'ils lui feroient obéissance, honneur et révérence par manière d'hommage, comme à leur souverain seigneur, et ne seroient de rien sujets à Dieu, mais à icelui Lucifer, lequel tiendroit sa majesté pareillement comme Dieu la sienne, exempte de toute la seigneurie de Dieu et de toute sa sujétion.

Et ainsi vouloit tollir à Dieu son créateur et souverain seigneur la plus grand' partie de sa seigneurie et les attribuer à soi ; et ce lui faisoit faire convoitise, qui s'étoit boutée en son courage.

Sitôt que saint Michel aperçut cela, il s'en vint à lui et lui dit que c'étoit trop mal fait et que jamais ne voulsît (voulût) faire tel chose; et que de tant que Dieu l'avoit fait plus bel et plus parfait de tous les autres, de tant devoit-il montrer greigneur (plus grand) signe de révérence, subjection et obéissance à celui qui l'avoit fait plus bel, qui étoit son roi et souverain seigneur. Lucifer dit qu'il n'en feroit rien. Saint Michel dit que lui et les autres anges ne souffriroient point telle injure faire à leur créateur et souverain seigneur. Brièvement bataille se mut entre icelui saint Michel et Lucifer, et une grande partie des Anges furent de l'accord et aide d'icelui Lucifer; et l'autre partie, et la plus plus grand' partie, fut du côté d'icelui saint Michel. Saint Michel occit icelui Lucifer de mort perdurable; car icelui Lucifer et les autres de sa bande furent chassés hors de paradis par force, et trébuchés en enfer; de quoi dit saint Michel la sentence. *Apocalipsis* 12: *Michael et angeli ejus prœliabantur cum dracone; et draco pugnabat et angeli ejus cum eo. Et paululum post: Et projectus est in terram draco ille, et angeli ejus missi sunt cum eo. Et audivi vocem magnam in cœlo dicentem: Nunc facta est salus et virtus et regnum Deo nostro.* C'est à dire que monseigneur saint Jean vit en vision la manière de la bataille dessusdite, et comment Lucifer fut jeté hors et trébuché en enfer et ses anges avec lui. Et après la bataille gagnée il ouït une

voix qui crioit par les cieux : « Maintenant est
» faite une grand' paix à Dieu notre seigneur, à
» tous saints de paradis ! »

Ainsi avez ledit premier exemple du troisième article.

De Absalon.

Le second article est du bel Absalon, fils du roi David, roi de Jérusalem, lequel Absalon considérant que son père étoit vieil homme, et qu'il avoit perdu une partie de son sens et force, ce lui sembloit, alla environ Ebbon la vallée où son père avoit été oint et couronné roi, et là fit une conjuration contre sondit père et se fit enoindre roi. Et fit tant qu'il eut dix mille hommes qu'il attrait (attira) à son accord; et s'en vint en Jérusalem avec les dix mille hommes dessusdits, pour occire sondit père et prendre la possession de ladite ville. Sondit père, quand il ouit les nouvelles de cette chose, se partit de la ville tôt et hâtivement, et avec lui ses loyaux amis; et se retrahit (retira) en une ville forte outre le fleuve Jourdain, où il manda ses loyaux amis partout où il put, et Absalon tous les siens au contraire. Brièvement journée de bataille fut prise, et fut la bataille en la lande d'une forêt, là où vint Absalon en personne, garni de très grand' compagnie de gens d'armes; et fit prince de sa compagnie son conseiller, c'est à savoir d'un chevalier nommé Amasa. Le roi

David y vouloit venir en personne, mais Joab, qui étoit son grand connétable, et les autres chevaliers lui conseillèrent qu'il demeurât en la forêt, pour ce qu'il étoit vieil et ancien. Si demeura ; mais pour ce qu'il étoit très expert en fait de bataille et tant bon chevalier que c'étoit un des preux du monde, lui-même ordonna trois batailles ; desquelles Joab, son connétable général fut capitaine de la première bataille, et Misaï, frère de Joab, de la deuxième ; et de la troisième fut capitaine Eschey, fils de Jeth. Et puis l'estour (combat) fut grand et la bataille cruelle.

La partie du déloyal Absalon fut la plus foible, les uns furent occis et les autres s'enfuirent.

Il advint qu'icelui Absalon, en fuyant sur sa mule, après la déconfiture, passa en la forêt par dessous un chêne épais de branches et moult fort ramu ; lesquelles branches venoient si bas que les cheveux dudit Absalon s'entortillèrent autour d'une des branches, ainsi qu'il cuidoit (croyoit) passer par dessous. Si demeura pendant par ses cheveux et son mulet passa outre ; car ledit Absalon avoit ôté son heaume pour le chaud et pour mieux courre, et avoit des cheveux plus que deux autres, qui lui battoient jusqu'à la ceinture ; si se levèrent en haut en courrant et s'entortillèrent entre les branches dudit arbre ; et pour ce demeura-t-il là pendu par manière de miracle pour la grand' trahison et déloyauté qu'il avoit perpétrée à l'encontre de son père, son roi et son souverain seigneur.

Et en outre, si advint qu'un des gens d'armes d'icelui Joab, connétable du roi David, le trouva là pendu, et tantôt le courut dire à Joab, lequel Joab lui dit :

« Si tu l'as vus pourquoi ne l'as-tu occis, je
» t'eusse donné dix besans d'or et une bonne
» ceinture. » Lequel répondit à Joab : « Si tu
» me donnois mille besans d'or, si n'oserois-je
» toucher à lui ni lui faire quelque mal : car j'étois
» présent quand le roi te commanda et à tous
» les gens d'armes : Gardez-moi mon enfant Ab-
» salon, et gardez qu'il ne soit occis. » Et Joab
répliqua : « Le commandement que le roi avoit fait
» étoit contre son bien et son honneur ; car tant
» comme ledit Absalon aura vie au corps, le roi
» sera toujours en péril et si n'aurons à paix au
» royaume : mène-moi où est ledit Absalon. » Il lui
mena présentement ; si trouva Absalon pendant par les cheveux, et lui ficha trois lances dedans le corps endroit le cœur, et puis le fit jeter en un fossé et lapider et couvrir de pierres. Car selon la loi de Dieu, pource qu'il étoit traître, tyran et déloyal à son père, son roi et souverain seigneur, il devoit être lapidé et couvert tout de pierres.

Quand David sut la nouvelle que son fils étoit occis, il monta en une haute chambre, et se prit à plorer moult tendrement, et dit ces paroles :

Fili mi Absalon, fili mi, quis mihi tribuat, ut ego moriar pro te, Absalom fili mi.

Il fut annoncé à Joab et aux autres gens d'armes que le roi menoit si grand courroux pour l'amour de son fils; si en furent très indignés. Lors Joab vint au roi David et lui dit ces paroles.

Confudisti hodiè vultus omnium servorum tuorum, qui salvam fecerunt animam tuam. Diligis odientes te, et odio habes diligentes te, et ostendisti hodiè quia non curas de ducibus tuis, et de servis tuis : et verè cognovi modò, quod si Absalom viveret et omnes nos occubuissemus, tunc placeret tibi. Nunc igitur surge et procede, et alloquens satisfac servis tuis. Juro enim tibi per Dominum, quod si non exieris, ne unus quidem remansurus sit tecum nocte hac : et pejus erit hoc tibi, quàm omnia mala, quæ venerunt super te, ab adolescentiâ tuâ usque in præsens (Scribitur 2, Reg. xix). C'est-à-dire que le bon chevalier Joab s'en vint au roi, et lui dit vérité sans flatter, c'est à savoir : « Tu hais ceux
» qui t'aiment et aiment ceux qui te haient. Tu
» eusses bien voulu que nous eussions été tous
» occis, et qu'Absalon ton fils vesquît, qui avons
» mis nos corps en très grand péril de mort
» à combattre entour lui, pour toi sauver. Et pour
» ce les gens d'armes et le peuple en sont indignés
» contre toi; que si tu ne viens seoir à la porte
» pour les remercier à lie chère [1] comme ils en-

---

1. Avec figure joyeuse.

» treront dedans, ils feront un autre roi, et t'ôte-
» ront ton royaume, et oncques si dolente journée
» ne te advint si tu ne fais ce que je dis. »

Le roi considérant que son connétable lui disoit vérité, s'en vint à la porte se seoir pour mercier les gens d'armes comme ils entroient dedans, et leur fit bonne chère et joyeuse. Et en ce présent exemple fait moult à noter que le bon chevalier Joab occit le fils du roi contre le commandement du roi, et n'obéit point à son commandement, pource qu'il étoit au préjudice de Dieu, du roi et de son peuple. *Item*, nonobstant qu'icelui Joab l'occit, ils avoient toujours été amis ensemble; et tant que ledit Joab audit Absalon avoit fait sa paix par-devers le roi David, son père, d'un meurtre qu'il avoit fait en la personne de son frère aîné, fils du roi David, qu'il avoit occis; et en avoit, icelui Absalon, été fugitif hors du royaume par quatre ans.

Mais aucuns pourroient arguer contre les choses dessusdites, parce que, quand le roi David fut au lit de la mort, il enchargea à son fils Salomon qui devoit être roi après lui, qu'il fît justice dudit Joab. A ce je réponds que ce ne fut pas pour le cas dessusdit, car nonobstant que Joab fut bon chevalier et loyal au temps qu'il occit ledit Absalon; néanmoins, envers la fin de ses jours, il commit deux grands fautes. La première, fut qu'il occit un très bon chevalier et homme d'armes, nommé Amasa; et en le baisant le prit par le menton d'une main, et de l'autre lui bouta une épée parmi le corps, en disant : *Ave, frater Amasa,* Dieu te garde, frère Amasa. La seconde, qu'il occit un très bon chevalier, nommé Abner, aussi par grand' trahison ; et pour ce que le roi David n'avoit point puni ledit Joab des deux homicides dessusdits, qu'il avoit perpétrés si déloyaument, il en fit conscience au lit mortel, et chargea le roi Salomon qu'il en fît justice après son trépassement, et qu'il le punît en ce monde, et le privât de la vie du corps pour éviter la damnation perpétuelle dudit Joab, et lui dit ainsi :

Tu nosti quæ fecerit mihi Joab filius Sarviæ, quæ fecerit duobus principibus exercitus Israël, Abner filio Ner, et Amasæ filio Jether, quos occidit et effudit sanguinem belli in pace. Facies ergo juxta sapientiam tuam, et non deduces canitiem ejus pacifice ad inferos. (*Scribitur* 3. *Reg.* 11). C'est à dire : « Les deux
» chevaliers princes de la chevalerie d'Israël ont
» été tués déloyalement et en la paix de Dieu et de
» son roi ; et je fais conscience de ce que je lui ai
» été trop favorable ; et pour ce, si tu ne le punis,
» tu seras cause de la damnation de son ame. »

Je fais ci un nota. Il n'est nul si bon chevalier au monde, qu'il ne puisse bien faire une faute, voir si grand' que tous les biens qu'il aura faits devant seront adnichilés (anéantis). Et pour ce, on ne crie aux joûtes ni aux batailles : Aux preux ! mais on crie bien : Aux fils des preux ! après la mort de leur père ; car nul chevalier ne peut être jugé preux, si ce n'est après le trépassement; ainsi avez le deuxième exemple du tiers article.

De la reine Athalie.

Le tiers exemple sera d'une reine, qui avoit nom Athalie, reine du royaume de Jérusalem, de laquelle, dit la Sainte-Écriture : *Athalia verò mater regis Ochoziæ videns filium suum mortuum surrexit, et interfecit omne semen regium. Tollens autem Josaba filia regis Joram et soror Ochoziæ, Joas filium Ochoziæ, furata est eum de medio filiorum regis qui interficiebantur, et nutricem ejus, detriclinio; et asbcondit eum à facie Athaliæ, ut non interficeretur* (*Reg.* 4. c. xi). C'est-à-dire qu'icelle mauvaise Athalie, regardant que le roi Ochosias, son fils, étoit trépassé, et qu'il n'avoit laissé que petits enfants; pour à soi attribuer la seigneurie par convoitise et mauvaise concupiscence et tyrannie, occit les enfants dudit roi son fils; et furent tous occis, excepté que par la grâce de Dieu et d'une vaillante dame, qui étoit tante desdits enfants, sœur à leur père, embla (enleva) un nommé Joas au berceau de sa nourrice et l'envoya secrètement à l'évêque du temple, qui le nourrit jusques à sept ans. Cependant la mauvaise reine dessusdite régna sept ans par tyrannie et déloyauté; et le huitième an, le vaillant évêque la fit occire par aguets et espiements. Et puis fit couronner le petit enfant, lequel, nonobstant qu'il fût jeune, et qu'il n'eût que sept ans, gouverna très bien ledit royaume par le conseil du vaillant homme évêque, et autres très bons évêques et prud'hommes, car la Sainte Écriture dit ainsi :

Joas regnavit XL annis in Jerusalem, fecitque rectum coram Domino cunctis diebus, quibus docuit eum Joiada sacerdos.

Ainsi avez le troisième exemple, qui est comment convoitise d'honneur vaine, qui n'est autre chose que concupiscence et volonté désordonnée à tollir (ravir) à autrui sa noble domination et seigneurie, fit ladite reine être meurtrière, fausse et déloyale, pour obtenir par force et tyrannie la couronne et seigneurie du royaume de Jérusalem ; et si avez ouï comment par aguets et espiements elle fut occise, car c'est droit, raison et équité que tout tyran soit occis vilainement, ou par aguet et espiement, et est la propre mort dont doivent mourir tyrans déloyaux. Ainsi je fais fin du tiers article de madite majeure.

Après je viens au quart exemple de madite majeure, auquel je pense noter et proposer huit vérités principales par manière de conclusion et fondement d'icelui, et conférer huit autres conclusions par manière de corollaires, pour mieux fonder la justification de mondit seigneur de Bourgogne. La première est, que tout sujet vassal qui, par convoitise, barat, sortilége et mal engin, machine contre le salut corporel de son roi et souverain seigneur, pour lui tollir (ravir) et soustraire sa très noble et très haute seigneurie, il pêche si grièvement et commet si horrible crime comme crime de lèsemajesté royale au premier degré, et par conséquent il est digne de double mort; c'est à savoir première et seconde. Je prouve madite proposition; car tout sujet et vassal qui est ennemi et déloyal à son souverain seigneur, pèche mortellement. Adonc ma conclusion est vraie. Et qu'il soit tyran, je le prouve par monseigneur saint Grégoire, qui dit ainsi :

Non justè principatur, aut non principatu decoratur.
Tyrannus est propriè, qui non dominus reputatur,
Nam sicut regnum rectus principatus dicitur :
Sic dominium perversum tyrannis nuncupatur.

Qu'il commet crime de lèse-majesté, il appert clairement par la description dessusdite des degrés de lèse-majesté; car il fait si grand offense, que plus ne peut à la majesté royale en la propre personne du prince, qu'il soit digne de double mort, première et seconde. Je le prouve; car par la première mort, j'entends mort corporelle qui est séparation de corps et de l'ame; et par la mort seconde je n'entends autre chose que damnation perdurable de laquelle parole monseigneur saint Jean l'évangéliste et dit : *Qui vicerit, non morietur, nec lædetura morte secunda;* c'est-à-dire que toute créature humaine qui aura victoire finalement sur convoitise et ses trois filles, il n'aura garde de la mort seconde, c'est à savoir de perdurable damnation.

La seconde vérité est, jaçoit-ce-que (quoique) au cas dessusdit, soit tout sujet et vassal digne de double mort, et qu'il commette si horrible mal qu'on ne le pourroit trop punir, toutefois est plus à punir qu'un simple sujet en ce cas, un baron qu'un simple chevalier, un comte qu'un baron, et un duc qu'un comte, le cousin du roi qu'un étranger, le frère du roi qu'un cousin, le fils du roi que le frère. Voilà quant à la première partie de la seconde vérité; et quant à la seconde partie je le prouve.

Car en moult de degrés, l'obligation est greigneur (plus grande) à vouloir garder le salut du roi, et la chose du bien public. Donc par ce, ceux qui font le contraire, sont plus à punir en montant de degré en degré. Que ma conséquence est très bonne, je le prouve; c'est à savoir, que le fils est plus obligé que le frère, et le frère que le cousin, un duc qu'un comte, un comte qu'un baron, un baron qu'un chevalier, etc., à garder le bien et honneur du roi et de la chose publique du royaume; car à chacune desdites prérogatives, dignités, et seigneuries, correspond certain degré d'obligation; et ainsi qu'ils sont greigneurs (plus grands) et plus nobles, greigneure et plus forte est l'obligation; et pour tant que plus en a et de plus nobles, de plus est obligé, comme dit est en l'autorité de saint Grégoire dessus alléguée : *Concrescunt dona, et rationes donorum.*

Item, pour le deuxième argument prends-je madite vérité; car tant que la personne est plus prochaine du roi et plus noble, s'il fait les choses dessusdites, de tant est-ce plus grand esclande, que ce n'est d'une pauvre personne qui est lointaine du roi. C'est un grand esclande qu'un grand duc, et puissant seigneur, parent prochain du roi, machine sa mort pour lui tollir sa seigneurie, que ce ne seroit d'un pauvre sujet qui n'est pas son parent. De tant que le machineur seroit plus prochain du roi, et de greigneure (plus grande) puissance, de tant seroit la chose plus inique, et de tant seroit de plus grand esclande, et par conséquent seroit plus à punir.

Tiercement je prouve ma vérité dessusdite; car où il a plus grand péril, adonc il doit avoir greigneur (plus grand) remède de punition; et à l'encontre qu'il y ait plus grand péril, je le prouve. Car la machination des prochains parents du roi, et qui sont de grand' autorité et puissance, est trop plus périlleuse, que n'est la machination des pauvres gens; et pour tant qu'elle est plus périlleuse, ils en doivent avoir plus grand' punition, pour obvier aux périls qui en peuvent advenir, pour les refreindre des tentations de l'ennemi et de convoitise; car quand ils se voient si prochains à la couronne, advient que convoitise se boute en leur cœur. Pourquoi ils se bouteront à machiner de toute leur puissance, et à empoigner ladite couronne; ainsi n'est pas d'un pauvre sujet qui n'est pas prochain parent du roi, car il n'y auroit jamais imagination ou espérance à ladite couronne du royaume aucunement.

La tierce vérité au cas dessusdit, en ladite première vérité : il est licite à chacun sujet, sans quelque mandement, selon les lois morale, naturelle et divine, d'occire, ou faire occire traître déloyal et tyran, et non pas tant seulement licite, mais honorable et méritoire, mêmement quand il est de si grand' puissance, que justice ne peut bonnement être faite par le souverain ; je prouve cette vérité par douze raisons en l'honneur des douze apôtres. Desquelles raisons les trois premières sont trois autorités de trois philosophes moraux, les autres trois sont de trois autorités de sainte église, les autres trois sont de trois lois civiles et impériales, et les trois dernières sont exemples de la sainte écriture. La première des trois autorités des trois docteurs de sainte théologie, est du docteur saint Thomas, qui dit, en la dernière partie du scond livre des sentences. *Quando aliquis dominium sibi per violentiam surripit nolentibus subditis, sed etiam ad consensum coactis, et non est recursus ad superiorem, per quem de tali judicium posset fieri; talis enim qui ad liberationem patriæ talem tyrannum occidit, laudem et præmium accipit. Hic primùm laudatur. Idem, debet laudari quia facit opus dignum laude. Idem licitum præmium et honorabile accipit, et idem debet accipere. Ille facit opus meritorium, quia nullum opus est dignum, primò nisi fiat meritorium.* A parler brièvement, et proprement, le docteur dessusdit veut dire que ce sujet qui occit le tyran dessusdit fait œuvre de louange et rémunération.

La seconde autorité est *Salberiensis, sacræ theologiæ eximii doctoris, in libro suo Polycrati.* Liv. 2. c. 15. *sic dicentis : Amico adulari non licet sed aurem tyranni mulcere licitum est; ei namque scilicet tyranno licet adulari, quem licet occidere.* C'est-à-dire, qu'il n'est licite à nulli (personne) de flatter son ami, mais est licite de adompter et endormir par belles paroles les oreilles du tyran ; car puisqu'il est licite d'occire ledit tyran, il est licite de lui blandir (caresser) par belles paroles et signes.

La troisième est de plusieurs docteurs, que je mets tous ensemble, afin que je n'y excède le nombre de trois ; c'est à savoir *Ricardi de Mediavilla, Alexandri de Halis, et Astensis in summâ, qui conclusionem præfatam ponunt in effectu.* Et y adjoins pour greigneure confirmation l'autorité de saint Pierre l'apôtre qui dit ainsi : *Subditi estote regi quasi præcellenti, sive ducibus tanquam ab eo missis ad vindictam malefactorum, laudem vero bonorum, quia sic est voluntas Dei. Scribitur in primâ Pet.* 2. C'est-à-dire que la volonté de Dieu est que tous obéissent au roi, comme excellent et souverain seigneur sur tous les autres de son royaume, et puis après aux ducs et aux autres princes, comme commis et envoyés de par lui à la vengeance et punition des malfaiteurs, et à la rémunération des bons, à la vengeance des injures faites ou machinées à faire au roi par ses ennemis et malfaiteurs ; donc il s'ensuit que les ducs sont obligés à venger le roi de toutes injures qui seront fait ou machinées à faire, ou au moins à en faire leur pouvoir, et d'exposer à ce toute leur puissance, toutes et quantesfois qu'il viendra à leur connoissance.

Après je viens à la troisième autorité des philosophes moraux, dont la première est. *Anaxeyorae philosophie in suo libro plutus locis sic de civilibus aït : Cuilibet subditorum licitum est occidere tyrannum, et non solum licitum, immò laudabile.* C'est-à-dire qu'il est licite à un chacun des sujets, d'occire le tyran, et non pas seulement licite, mais est chose honorable et digne de louange. La seconde. *Tullios, in libro de Officiis. Laudatis illos, qui Julium Cæsarem interfecerunt, quamvis esset sibi familiaris amicus, eo quòd jura imperii qusia tyrannus usurpaverat.* C'est-à-dire que le noble moral, nommé Tulle, dit et écrit en son livre des offices, que ceux qui occirent Julius César sont à priser et bien sont dignes de louange, pource qu'icelui Julius César avoit usurpé la seigneurie de l'empire de Rome par tyrannie et comme tyran.

La troisième autorité est de Boccace, qui dit en son livre *De casibus virorum illustrium, lib. 2, cap. 5 contrà filios tyrannorum*, en parlant du tyran, dit ainsi : « Le dirai-je roi? le dirai-je prince? lui
» garderai-je foi comme à seigneur? nenni; il est
» ennemi de la chose publique. Contre celui puis
» faire armes, conjuration, mettre espies, emplo-
» yer force; c'est fait de courageux, c'est très sainte

» chose et très nécessaire ; car il n'est plus agréable
» sacrifice que le sang du tyran, c'est une chose
» importable de recevoir vilenies pour bien faire. »

Après je viens à la troisième autorité des lois civiles, et pource que je ne suis pas légiste, il me suffit de dire la sentence des lois sans les alléguer; car, en toute ma vie, je ne fus, étudiant en droit canon et civil que deux ans; et il y a plus de vingt ans passés; pourquoi je n'en puis guère savoir ; et ce que alors j'en pus apprendre, si l'ai-je oublié pour la longueur du temps.

La première autorité des lois civiles est que les déserteurs de chevalerie chacun peut occire licitement, et qui est plus déserteur que celui qui déserte la personne du roi, qui est le chef de chevalerie, et sans lequel ne peut la chevalerie longuement durer.

La deuxième autorité est qu'il est licite a un chacun d'occire et faire occire les larrons, qui guettent les chemins ès bois et ès forêts, et pour ce est licite qu'ils sont nommément et formellement ennemis de la chose publique, et machinent contre, et continuellement mettent peine à occire les passants. Adonc il est licite d'occire le tyran qui continuellement machine contre son roi et souverain seigneur, et le bien public.

La troisième autorité si est qu'il est licite à un chacun d'occire un larron, s'il le trouve de nuit en sa maison, par la loi civile et impériale. Adonc, par plus forte raison, il est licite d'occire un tyran qui par nuit et par jour machine la mort de son souverain seigneur. Cette conséquence appert à tout homme de sain entendement s'il y veut considérer, et l'antecédent est texte de la loi écrite.

Ainçois (avant) que j'entre en la matière des trois exemples de la sainte écriture, je veuille répondre à aucunes objections qu'on pourroit faire à l'encontre de ce que dit est, en arguant ainsi : Tout homicide par toutes lois est défendu, c'est à savoir divine, naturelle, morale et civile. Tout ce que dit est, n'est pas tout vrai dit. Qu'il soit défendu par loi divine, je le prouve, car la sainte écriture dit ainsi : *Non occides. Job.* xx. Et est un des commandements de la loi divine, par lequel commandement est défendu tout homicide. Qu'il soit défendu en la loi de nature, je le prouve : *Natura enim inter homines quamdam cognationem constituit, quâ hominem homini insidiari nefas est.* Qu'il soit défendu aussi par la loi morale, je le prouve. *Per id : hoc non facias aliis, quod tibi non vis fieri. Alterum non lœdere, jus suum unicuique tribuere, hoc est morale, insuper et de naturali jure.* Qu'il soit aussi défendu par la loi civile et impériale, je le prouve par les lois civiles et impériales, qui disent ainsi : *Qui hominem occidit, capite puniatur, non habitâ differentiâ sexus vel conditionis. Item : omne bellum, omnis usus armorum vitiosus prœcipuè prohibitus est : Nam qui vitio prœcipuè bellum gerit, lœsœ majestatis reus est. Item regis proprium, furta cohibere, adulteria punire, ipsos de terrâ perdere: qui enim talia sibi appropriat, aut usurpat, principem injuriatur et lædit : quoniam (ut dicit lex) judiciorum vigor, juris et publica tutela in medio constituta est, ne quis de aliquo, quantumcumque sceleribus implicito, assumere valeat ultionem.*

Pour répondre aux raisons dessusdites, c'est à savoir que les théologiens et juristes parlent en diverse manière de ce mot *homicidium ;* mais nonobstant qu'ils diffèrent en parler, ils conviennent en une même sentence ; car les théologiens disent que tuer un homme licitement n'est pas homicide, car ce mot *homicidium* emporte en soi *quod sit justum; et propter hoc dicunt quod Moyses, Phinees et Mathathias non commiserunt homicidia quia justè occiderunt.*

Mais les juristes disent, que toute occision d'homme, soit juste ou injuste, est homicide; mais les autres disent qu'il y a deux manières d'homicide, juste et injuste ; et que pour homicide juste nul ne doit être puni. Je répondrai donc, selon les théologiens, que l'occision dudit tyran n'est pas homicide; pour ce qu'elle fut juste et licite. Selon la loi juriste, je confesse que ce fut homicide, mais s'elle fut juste et licite, ne s'ensuit point de punition, mais rémunération. Quant à l'argument qui dit que : *Hominem homini insidiari nefas est, et qui insidiatur homini,* etc., il ne s'entend du tyran qui continuellement machine la mort de son roi et souverain seigneur. *Car homo est nefas et perditio et iniquitas.* Et pour ce, celui qui l'occit par bonne subtilité et cautelle en l'épiant pour sauver la vie de son roi et seigneur, et l'ôter de tel péril, il ne fait pas *nefas;* mais il s'acquitte envers son roi et souverain seigneur: *Et homo est nefas et perditio et iniquitas.* Et pource, celui qui l'occit par bonne cautelle et espiement, c'est pour sauver la vie de son roi et son seigneur. Quant à l'argument qui dit; *Non facias aliis*, etc. : *Alterum non lœdere,* etc., je réponds que c'est fait contre le tyran et pour icelui qui l'occit. Car il fait contre son roi et souverain seigneur ce qu'il ne voudroit pas qu'on lui fît, *et ipsum regem injuriatur et lœdit.* Pour laquelle chose le sujet qui l'occit de mort telle qu'il a desservi, ne fait en rien contre lesdites lois, mais garde l'entente d'icelles : c'est à savoir bonne équité et loyauté envers son roi et souverain seigneur. Aux autres lois qui disent *hominem occiderit, capitunitatur qui omnis usus armorum, etc.*, je réponds à toutes les lois ensemble, qu'il n'est loi, tant soit générale, ni règle, tant soit commune, qu'en aucun cas espécial n'y ait exception aucune. Je dis outre que le cas d'occire un tyran est exempté, et par espécial quand il est tyran de telle tyrannie, comme dessus est dit. Comment pourroit-on trouver plus digne cas d'exception, que les cas dessusdits : c'est à savoir qu'il est fait par si grand' nécessité comme pour défendre son roi et le garder de péril de mort ? Et mêmement quand lesdites machinations et sortiléges ont si avant ouvré en sa personne, qu'il ne peut entendre à faire justice, et que ledit tyran a desservi si grand' punition, que justice n'en peut bonnement être faite par sondit roi et souverain seigneur, qui en est affoibli, blessé et endommagé en entendement et en puissance corporelle? Et par ainsi expliquer la loi et interpréter en tel cas, n'est pas contre la loi à parler proprement : parce qu'il est à savoir qu'en toutes lois a deux choses. La première, le principe ou la sentence textuele. L'autre si est pourquoi on l'a fait faire, à laquelle fin les auteurs d'icelle loi entendoient principalement.

Et quand on sait que la sentence est contraire à la fin de la loi, c'est à savoir à la fin pourquoi ladite loi fut faite, on doit expliquer ladite loi à l'entente de la fin, et non pas au sens littéral ou sentence textuele ; ainsi met le philosophe l'exemple des citoyens qui firent une loi pour garder leur cité ; c'est à savoir que nul étranger en leur cité ne montât sur les murs, sur peine capitale ; et la cause qui les mut à ce faire fut que si ladite ville étoit assiégée des ennemis, ils se doutoient, si étrangers montoient sur les murs avec les citoyens ou autrement, ils y pourroient avoir trop grand péril que quand ils verroient leur point, il ne se tournassent avec leurs ennemis contre ladite ville, ou qu'ils ne leur donnassent aucun signe ou entendement de la manière de prendre ladite ville. Or advint que ladite ville fut assaillie en plusieurs lieux : les étrangers et pélerins, qui étoient en ladite ville regardèrent qu'à un des lieux les ennemis les assailloient trop fort, et étoient ceux de la ville trop foibles en icelui endroit; prestement lesdits étrangers s'armèrent et montèrent sur les murs pour secourir ceux de la ville qui étoient les plus foibles; si repoussèrent lesdits ennemis et sauvèrent ladite ville.

Le philosophe demande : puisque lesdits pélerins sont montés sur les murs, il lui sembloit qu'ils avoient fait contre la loi, et devoient être punis. Je réponds que non, car jaçoit-ce qu'ils aient fait contre le sens littéral ou textuel de ladite loi, pour laquelle ils ont sauvé la cité garder icelle loi fut faite afin de garder ladite ville; car s'ils n'y eussent pas monté, ladite ville n'eût pas été gardée, mais eût été prise. Au propos les lois dessusdites qui disent, que nul ne doit prendre autorité de justice fors le roi, et ne faire port d'armes sans licence du prince, je dis que ces lois furent faites pour garder l'honneur du roi, de sa personne et de la chose publique. Mis ce cas donc, je prouverai qu'un tyran de grand' puissance et subtilité, qui machine de toute sa puissance la mort du roi, continuellement, par barats et maléfices, pour lui tollir sa seigneurie; et sera mondit seigneur tant indisposé par lui en entendement et en force corporelle, qu'il ne sauroit ou pourroit y mettre remède et en faire justice; et en outre qu'icelui continue de jour en jour en sa mauvaiseté; je regarde les lois dessusdites, qui me défendent port d'armes sans licence de mondit roi généralement, et qui me défendent que je ne prenne l'autorité d'occire aucun, que dois-je faire pour garder le sens littéral d'icelles lois? dois-je laisser mondit roi en si grand péril de mort? Nenni; ains dois défendre mondit roi et occire le tyran. En ce faisant jaçoit-ce que je fasse contre le sens littéral desdites lois, je ne ferai point contre la fin pourquoi elles furent, ordonnées et faites, mais accomplirai le commandement final d'icelles lois; c'est à savoir pour l'honneur, bien et conservation du prince, laquelle chose garderai mieux, ainsi faisant, que de laisser vivre icelui tyran, au grand danger et péril de mondit roi. Et pour ce je ne dois pas être puni, mais guerdonné : car je fais œuvre méritoire et ne tends qu'à bonne fin ; c'est à savoir à la fin pourquoi icelles lois furent faites. Et pour ce dit monseigneur saint Paul : *Littera occidit, charitas autem vivificat ;* c'est à dire, que tenir le sens littéral en la sainte écriture, est occire son ame : mais tenir le sens de vraie charité, c'est à savoir tendre à la fin pourquoi la loi divine fut faite, c'est chose qui bien montre spirituelle édification.

Item, les lois divine, naturelle et humaine me donnent autorité de le faire, et en ce faisant je suis ministre de la loi divine. Ainsi appert que lesdites objections ne font rien contre ce que dit est.

Je viens aux trois exemples de la sainte écriture pour parfaire l'approbation de madite tierce vérité. La première vérité est de Moyse qui, sans

commandement ni autorité quelconques, occit l'é-
gyptien, qui tyrannisoit les fils d'Israël; et pour
lors icelui Moyse n'avoit autorité de juge, laquelle
lui fut donnée sur le peuple d'Israël près quarante
ans après qu'il eût perpetré ce fait. De ce toutefois
est loué icelui Moyse, *ut patet auctoritate Exodi:* 2,
*quia tanquam minister legis hoc facit. Ità impro-
priè in hoc faciendo ego ero minister legis.*

Le deuxième exemple est de Phinées, qui sans
commandement quelconque occit le duc Zambry,
comme il est ci-devant raconté, lequel Phinées
ne fut pas puni, mais en fut loué et rémunéré
très grandement en trois choses, en amour, honneur et richesses. En amour, car Dieu lui montra
greigneur signe d'amour que devant. En honneur,
quia reputatum est ei ad justitiam, etc. En richesse,
*quia per hoc acquisivit actum sacerdotii sempiter-
num, non tantum pro se, sed pro totâ tribu suâ.*
Le tiers exemple est de saint Michel l'archange,
qui sans commandement de Dieu ni d'autre,
mais tant seulement d'amour naturelle, occit le
tyran et déloyal à Dieu son roi et souverain seigneur, pource que ledit Lucifer machinoit à usurper une partie de l'honneur et seigneurie de Dieu.
Icelui saint Michel en fut hautement rémunéré
ès trois choses dessusdites, c'est à savoir en amour
honneur et richesses. En amour car, Dieu l'aima
plus que devant, et le confirma en son amour et
grâce. En honneur, *quia fecit eum militiæ cælestis
principem in æternum;* c'est-à-dire qu'il le fit prince

de la chevalerie des anges à jamais. En richesses, car il lui donna richesses en sa gloire, tant comme il en voulut avoir, etc. *Tantum quantum erat capax : De quibus loquitur. O altitudo divitiarum sapientiæ et scientiæ Dei quàm incompre hensibilia sunt judicia ejus, et investigabiles viæ ejus. Ad Ro.* xi. Ainsi appert ma tierce vérité prouvée par douze raisons.

La quarte vérité au cas dessusdits : Il est plus méritoire, honorable et licite qu'icelui tyran soit occis par un des parents du roi que par un étranger, qui ne seroit point du sang du roi, et par un duc que par un comte, et par un baron que par un simple chevalier, et par un simple chevalier que par un simple homme. Je prouve cette proposition; car celui qui est parent du roi à désirer et garder l'honneur du roi, le défendre à son pouvoir et venger de toutes injures, et y est obligé plus qu'un étranger, un duc plus qu'un comte, un comte plus qu'un baron, etc. Et fait plus à punir, et est greigneur vilenie et diffame, s'il est négligent de ce faire ; et par opposition, s'il en fait bien son devoir, et bonne loyauté et diligence, ce lui est greigneur honneur et mérite. *Item, in hoc magis relucent amor et obedientia occisoris, vel occidere præcipientis ad principem et Dominum quia est magis honorabile si fuerit præpotens dux suum, vel comes. Item, in hoc magis relucet potentia regis, quod est honorabile et quantó occisor vel dictæ occisionis præceptor, non fuerit vilior et potentior, tantò magis, etc.*

La quinte vérité au cas d'alliances, serments et promesses et de confédération faites de chevalier à autre, en quelque manière que ce soit, ou peut être. S'il advient qu'icelles garder et tenir tourne au préjudice de son prince, et de ses enfants et de la chose publique, n'est tenu nul de les garder : ains les tenir et garder en tel cas, seroit fait contre les lois morale, naturelle et divine : je prouve cette vérité. *Arguendo sic. Bonam æquitatem (dictamen rectæ rationis) et legem divinam boni principes in personâ publicâ servare, et utilitatem reipublicæ debent præferre, et præsupponere in omnibus talibus promissionibus, juramentis et confœderationibus : immó excipiuntur implicitè secundum dictamen rectæ rationis, bonam æquitatem, et charitatis ordinem : quià aliàs esset licitum non obedire principi, immó rebellare contra principes, quod est expressè contra sacram scripturam, quæ sic dicit: Obedite principibus vestris, licet etiam discolis. Et alibi: Subjecti estote regi præcellenti, sive ducibus tanquam ab eo missis ad vindictam malefactorum, laudem veró bonorum 1. Pe. 2, ut sup. allegatum est. Ex illo arguitur sic. Quandocumque occurrunt duæ obligationes ad invicem contrariæ, major tenenda est, minor dissolvenda ; quantum adhoc. Sed in casu nostro concurrunt duæ obligationes. Et cum obligatio ad principem sit major, et alia minor ; obligatio ad principem tenenda est, et talia non in tali casu. Item arguendo eamdem quæstionem, quandocumque aliquis facit quod est melius, quamvis juravit se id non facturum, non est perjurium, sed perjurio contrarium, ut expressè ponit Magister sententiarum, ultimâ distinctione tertii : sed in casu nostro, meliùs est tyrannum occidere, quamvis juraverit se non occisurum, quàm permittere eum vivere, ut probatum est superiùs : ergó occidere tyrannum, in præfato casu, quamvis juravit se non occisurum, non perjurium facit sed perjurio contrarium. Et consequenter, Isidorus, in libro de* Summo Bono, *sic dicit :* Id non est observendum sacramentum et juramentum, quo malum incautè promittitur. *Sed in casu nostro malè et incautè promitteretur, scilicet tenendo promissiones, jurata, vel confœderationes contra principem, uxorem principis, liberos, vel reipublicæ utilitatem.*

La sixième vérité au cas dessusdit est, que s'il advient que lesdites alliances ou confédérations tournent au préjudice de l'un des promettants ou concédants, de son épouse ou de ses enfants, il n'est en rien tenu de le garder. *Patet hæc veritas per rationes tactas priùs. Et cum hoc probatur sic, quia observare in illo casu confœderationes esset contra legem charitatis, quâ quis magis obligatur sibi ipsi, uxori propriæ vel liberis, quàm posset obligari cuicumque alteri virtute talis promissionis ; et cum omnia præcepta et consimilia ordinentur ad charitatem, ut patet per Apostolum sic dicentem :* Finis præcepti est charitas, *quia in omnibus casibus et promissionibus intelligitur hoc, si in fidem servaverit; juxta illud : Frangenti fidem fides frangatur eidem. Item sub intelligitur,* si Domino placuerit ; *sed certum est quòd non placeret Deo, cum foret contrà legem caritatis, ideo conclusio vera.*

La septième vérité au cas dessusdit est, qu'il est licite à un chacun sujet honorable et méritable occire le tyran trahistre (traître) dessus nommé et déloyal à son roi et souverain seigneur par aguet, cautelles et espiements. Et si est licite de dissimuler et taire sa volonté d'ainsi faire, je le prouve premièrement par l'autorité du philosophe moral, appelé Boccace, dessus allégué, au second livre *De casibus virorum illustrium,* qui dit ainsi, en parlant du tyran : Le honorerai-je comme prince? lui garderai-je foi comme à seigneur? Nenni. Il est ennemi, et contre lui puis prendre armes et mettre espies, c'est fait de courageux, c'est très sainte chose et du tout nécessaire ; car à Dieu n'est fait plus agréable sacrifice que du sang du tyran. *Item,* je le prouve par l'exemple de sainte écriture du roi Jehu. *Occident te sacerdotes et cultores Baal,* ut habetur quarto Reg., ubi sic dicitur, : *Achab parum coluit Baal, ego autem colam eum ampliùs.* Et paululùm post : *Porrò Jehu faciebat insidiosè ut disperderet cultores Baal; dixit : Sanctificate diem solemnem Baal, etc.* Et laudatur de hoc. Item *de Athaliâ reginâ vidente filium suum mortuum ; surrexit, et interfecit omne semen regium ut regnaret, et Joïadas summus sacerdos insidiosè fecit eam occidi.* Et de hoc laudatur, ut superiùs tactum est ad longum. Item, *Judith occidit*

Holofernem per insidias. Et etiam de hoc laudatur pater-familias *quód ad zizaniæ eradicationem non voluit expectare tempus messis, ne triticum simul cum zizaniis eradicaretur,* etc. *Quod intelligitur in occisione tyrannorum per insidias ; sed et bonam cautelam debet expectare, et loci et temporis oportunitatem et explere, ne boni occidantur cum tyrannis.*

C'est la plus propre mort de quoi tyrans doivent mourir, que les occire vilainement par bonne cautelle, aguet et espiements; mais pour ce, je fais une question: pourquoi ? c'est qu'on est tenu en plusieurs cas de garder foi et convenance à son ennemi capital, et non pas au tyran? La cause de la réponse mettent communément les docteurs, et pource qu'elle est commune et qu'elle seroit longue à raconter, je m'en passerai à tant.

La huitième vérité est que tous sujets et vassaux qui, appensément, machinent contre la santé de leur roi et souverain seigneur, de le faire mourir en langueur, par convoitise d'avoir sa couronne et seigneurie, font consacrer, ou, à plus proprement parler, font exécrer épées, dagues, badelaires, ou couteaux, verges d'or ou anneaux, et dédier au nom des diables par nécromancie, faisant invocations de caractères, sorcelleries, charmes, superstitions et maléfices, pour après les bouter et ficher parmi le corps d'un homme mort et dépendu du gibet, et après mettre en la bouche dudit mort et laisser par l'espace de plusieurs jours en grande abomination et horreur pour parfaire lesdits maléfices, et avec ce porter sur soi un drappel lié ou cousu du poil du lieu vil et déshonnête, et plein de la poudre d'aucuns des os d'icelui mort dépendu : celui ou ceux qui le font ne commettent point seulement crime de lèse-majesté humaine au premier degré, mais sont trahistres (traîtres) et déloyaux à Dieu leur créateur et à leur roi : et comme idolâtres et corrompeurs, faussaires de la foi catholique, sont dignes de double mort, c'est à savoir première et seconde : mêmement quand lesdites sorcelleries, superstitions et maléfices sortissent leur effet en la personne du roi par le moyen et male foi desdits machinants.

Quià dicit Dominus Bonaventura, lib. 2, Diabolus nunquàm satisfacit voluntati talium, nisi antequàm infidelitas idolatriæ immisceatur, sicut enim ad divina miracula plurimum facit fides, etc. Et ideó experientia de effectu prædictarum superstitionum secuta in personam præfati regis, probat clarè ibi fuisse idolatriam et fidem perversam. Item, Diabolus nihil faceret ad voluntatem talium in tali casu nisi exhiberetur ei dominium, quod multum affectat; nec se exhibet ad tales invocationes ipsis invocantibus eum, nisi ipsum adorent, et sacrificia et oblationes offerant aut pacta cum ipsis dæmonibus faciant. Item, Doctor Sanctus, in secundá secundæ 11, articulo secundo, dicit : quod tales invocationes nunquam sortiuntur effectum, nisi fuerit falsa corruptio fidei, idolatria et pactio cum dæmonibus. Ejusdem opinionis videtur esse Alexander de Hallis, Richardus de Media-villá et Astensis in Summá. Et communiter omnes doctores qui de hâc materiâ locuti sunt, et sicut et falsarii monetœ et pecuniarum regis, etc.

Ainsi je vois que les docteurs en théologie disent tous d'un commun accord que telles sortiléges, charmes et maléfices ne sortissent point leur effet, si ce n'est par œuvre de diable et par son faux moyen. Et les charmes et autres superstitions, que font lesdits invocateurs, n'ont point de vertu de nuire ou aider à quelque personne que ce soit ; mais ce sont les diables qui ont puissance de nuire, tant comme Dieu leur en permet; lesquels ne feroient rien à la requête desdits invocateurs, s'ils ne leur faisoient trois choses : c'est à savoir exhiber honneur divin, lequel ne doit point être exhibé fors à Dieu; par action et convenance ; par manière d'hommage, promesse et obligation, et soi montrer à eux faussaires et corrompeurs de la foi catholique. Lesquelles choses jointes ensemble sont erreurs de foi et idolâtrie, et par tant commettent le crime de lèse-majesté.

Primum corollarium. S'il advient que pour les cas dessusdits, iceux invocateurs de diables, idolâtres et traîtres au roi, soient mis en prison, et que pendant le procès contre eux ou avant icelui juger, aucun leur facteur ou participant en leur crime les délivre ou fasse délivrer de sa puissance, il doit être puni comme les dessusdits idolâtres, comme trahistre du roi son souverain seigneur et criminenx de lèse-majesté au premier et quart degré.

Secundum corollarium. Tout sujet qui donne et

promet à autrui grand' somme d'argent pour empoisonner son roi et souverain seigneur; le marché fait, et les poisons ordonne, posé que les poisons ne sortissent point leur effet, pour aucun empêchement survenant par la grâce de Dieu ou autrement, tous les deux machinants commettent crime de lèse-majesté en premier degré, sont faux, traîtres et déloyaux à leur roi et souverain seigneur, et sont dignes de double mort, première et seconde.

Tertium corollarium. Tout sujet qui, sous dissimulation et feintise de jeux et ébatements, ou pensément et de malice, a procuré faire vêtements pour vêtir son roi, et qui plus est le faire vêtir avec plusieurs autres et y bouter le feu à escient, pour le cuider ardoir, et lui tollir et soustraire sa très noble seigneurie, il commet crime de lèse-majesté au premier degré, et est tyran traître et déloyal à son roi, et pour ce est digne de double mort, c'est à savoir de première et seconde; et mêmement quand par le feu sont ars et morts plusieurs nobles hommes vilainement à grands douleurs.

Quartum corollarium est: Tout sujet et vassal du roi, qui fait alliances avec aucuns qui sont ennemis mortels du roi et du royaume, ne se peut excuser de trahison, par espécial quand il mande aux gens d'armes de la partie d'iceux ennemis qu'ils obtiennent les forteresses dudit royaume, et qu'ils se tiennent bien en icelles forteresses, sans eux rendre : car quand viendra au fort il s'emploiera et leur fera faire secours et bon remède : avec ce empêchera les voyages et armées qui se feront contre lesdits ennemis, en les réconfortant toujours par voies subtiles et secrètes; il est traître à son roi et souverain seigneur, et à la chose publique du royaume, et commet crime de lèse-majesté aux premier et quart degrés, et est digne de double mort : c'est à savoir de première et seconde.

Quintum corollarium est : Que tout sujet et vassal qui, par fraude, barat et faux donner à entendre, met dissension entre le roi et la reine, en faisant entendre à ladite reine que le roi la hayoit tant, qu'il étoit délibéré de la faire mourir, elle et ses enfants, et qu'il n'y avoit point de remède, si elle ne s'enfuyoit hors du royaume atout ses enfants, en lui conseillant et requérant qu'ainsi le fît, lui offrant la mener hors du royame en aucunes de ses villes ou forteresses, et en ajoutant une cautelle ou subtilité, c'est à savoir, qu'il est nécessaire que ladite reine le tienne secret, afin qu'elle ne soit empêchée ou arrêtée à ce faire : pour laquelle chose faire il voulut qu'elle feignît aller en plusieurs pélerinages de l'un à l'autre, jusques à ce qu'elle seroit en lieu sûr, tendant par cela la mettre en ses prisons, et ses deux enfants, et puis faire semblablement au roi, pour parvenir par ce moyen à la couronne et seigneurie du royaume; tout tel sujet et vassal commet un crime de lèze-majesté, au second, tiers, et quart degré. Cette vérité s'ensuit des précédentes, et si appert tout clair à tout homme de bon entendement, et tant, que se je la voulois prouver, *esset adjuvare cœlum facibus.*

Sextum corollarium est : Que tout sujet et vassal, qui, par convoitise d'avoir la couronne et seigneurie du royaume, se trait devers le pape, en imposant faussement et contre vérité à son roi et souverain seigneur crimes et vices redondants à sa noble lignée et génération, et par ce concluant que le roi n'est pas digne de tenir la couronne d'un royaume, ni ses enfants de l'avoir après lui, comme par succession, requérant audit pape, par très grand' instance, qu'il veuille faire déclaration sur le fait de la privation d'icelui roi et desdits enfants, et déclarer icelui royaume devoir appartenir à icelui requérant et à sa lignée, et lui donner absolution, et à tous les vassaux dudit royaume qui adhérer à lui voudroient, et dispensation du serment de féauté et d'obligation par lesquels sont tenus et obligés tous sujets et vassaux à leur roi et souverain seigneur, tous tels vassaux et sujets, sont traîtres, tyrans et déloyaux audit roi et au royaume, et commettent crime de lèse-majesté, au premier et au second degrés.

Septimum corollarium est : Que s'il advient qu'icelui déloyal et tyran, *animo deliberato*, empêche l'union de l'église et les conclusions du roi et des clercs dudit royaume, délibérés et conclus pour le bien et utilité de sainte église, en empêche l'éxécution, par force et puissance, induement et contre raison, tendant que le pape soit plus enclin à lui octroyer sa fausse, mauvaise et inique requête, icelui tyran est déloyal à Dieu, à sainte église, et à son roi et souverain seigneur, et doit être réputé schismatique ; et si est pertinax hérétique : et si est digne de vilaine mort, tant que la terre s'en doit ouvrir sous lui et l'engloutir en corps et en âme, comme elle fit les trois schismatiques Dathan, Coré et Abiron, desquels nous lisons en la Bible : *Dirupta est terra sub pedibus eorum, et aperiens os suum devoravit eos cum tabernaculis suis, descenderuntque vivi in infernum operti humo.* Num. 16. Psalm. *Aperta est terra et deglutivit Dathan*, etc.

Octavum corollarium est : Que tout vassal et sujet doit être comme criminel de lèse-majesté, qui, par convoitise de venir à la couronne et seigneurie du royaume, machine à faire mourir, par privés empoisonnements et viandes envenimées ou autrement, icelui roi et ses enfants; il et tout tel vassal et sujet doit être puni comme criminel de lèse-majesté en premier et tiers degré.

Nonum et ultimum corollarium est : Que tout sujet et vassal, qui tient gens d'armes sur le pays, qui ne font autre chose que manger et exiler (ravager) le peuple, piller, rober, prendre, tuer gens, et efforcer femmes, et avec ce mettre capitaines ès châteaux, forteresses, ponts et passages dudit royaume, et, avec ce, fait mettre sus tailles et emprunts innumérables, feignant que c'est pour mener la guerre contre les ennemis du royaume : et après, quand lesdites tailles sont levées et mises au trésor du roi, les emble (enlève), prend et ravit par force et puissance, et en donnant desdites pécunes, fait alliance aux ennemis, adversaires et malveillants desdits roi et royaume, en se rendant fort et puissant pour obtenir sa damnable et mauvaise intention, c'est-à-dire d'obtenir la couronne et seigneurerie dudit royaume; il, et tout tel sujet qui ainsi fait, doit être puni comme tyran, faux et déloyal audit roi et royaume, et comme criminel de lèse-majesté aux premier et quart degrés, et est digne de double mort, première et seconde. Et ainsi fais fin de la première partie de ladite justification.

Sequitur minor.

La seconde partie de ladite justification ou proposition s'ensuit.

Or viens-je à déclarer et affirmer madite minor, en laquelle j'ai à montrer que feu Louis, naguères duc d'Orléans, fut tant embrasé et épris de convoitise et honneurs vains et richesses mondaines, c'est à savoir d'obtenir pour soi et sa génération, et de tollir et soustraire à soi la très haute et très noble seigneurie de la couronne de France au roi notre sire, qu'il machina et étudia par convoitise, barat, sortiléges, et mal engins à détruire la personne du roi notre sire, de ses enfants et génération; en tant qu'il fut si épris de convoitise, tyrannie et tentation de l'ennemi d'enfer, que comme tyran à son roi et souverain seigneur, il commit crime de lèse-majesté divine et humaine, en toutes les manières et degrés déclarés en madite majeur ; c'est à savoir de majesté divine, et majesté humaine en premier, second, tiers et quart degré. Et quant est de crime de lèse-majesté divine, il appartient au souverain juge de là sus : pourquoi je n'en pense point à faire espécial article ; mais les articles de lèse-majesté humaine, je penserai à en toucher par manière d'incident. Ainsi donc me faut déclarer par articles comment il a commis crime de lèse-majesté humaine en chacun des quatre degrés dessus nommés.

Pour laquelle chose je pense à diviser madite mineur en quatre articles. Au premier article, je pense à déclarer comment en plusieurs et diverses manières il a commis crime de lèse-majesté humaine au premier degré, le second au second degré, le tiers au tiers, le quart au quart degré. Quant au premier article, qui sera du premier degré, lequel est quand l'injure ou offense est directement faite contre la personne du roi, si est à savoir que telle injure peut être faite en deux manières : la première manière en machinant la mort et destruction de son prince et souverain seigneur ; la seconde est quand on fait confédérations avec l'ennemi mortel de sondit prince et seigneur. La première manière se peut diviser en plusieurs manières, mais quant à présent, je ne la diviserai qu'en trois manières. La première manière est en machinant de sondit prince la mort par sortiléges, maléfices et superstitions. La deuxième manière par poisons, venins et intoxication. La troisième manière est pour occire, ou faire occire par armes et eau, feu et autres violentes injections. Qu'il ait été criminel en la première espèce, je le prouve. Car pour faire mourir la personne du roi notre sire en langueur et par manière si subtile, que n'y fût nulle apparence, il fit par force d'argent et diligence tant, qu'il fina de quatre personnes, dont l'une étoit moine apostat, l'autre chevalier, l'autre écuyer, et l'autre valet, auquel il bailla sa propre épée, un badelaire (coutelas), et un annel pour dédier et consacrer, ou, pour plus proprement parler, exécrer au nom des diables d'enfer. Et pource que tels manières de maléfice ne se peuvent bonnement faire, si ce n'est en lieux solitaires, et qui sont loin de toutes gens, ils portèrent lesdites choses en la tour de Montjay, vers Lagny-sur-Marne, et là se logèrent et firent résidence par l'espace de plusieurs jours; et ledit moine apostat, comme dessus, qui étoit maître d'icelle œuvre diabolique, fit plusieurs invocations de diables par plusieurs fois et journées, dont je vous dirai deux ensemble qu'il fit entre Pâques et Ascension, à un dimanche, très bien matin devant soleil levant, en une montagne près de la tour de Montjay. Premièrement fit un cerne (cercle), plusieurs caractères et autres choses superstitieuses requises à faire en telles évocations de diables, emprès un buisson; et en faisant lesdites invocations se dépouilla tout nud en pur sa chemise, et se mit à genoux, et ficha lesdites épée et badelaire par les pointes en terre ès extremités dudit cerne (cercle); et ledit annel mit parmi icelui cerne, et la dit plusieurs oraisons, en invoquant les diables. Et tantôt vinrent à lui deux diables en forme de deux hommes vêtus ainsi que de brun vert, ce sembloit, dont l'un avoit nom Hermas, et l'autre Astramein ; et lors leur fit honneur et très grand' révérence, et si grand' comme on pourroit faire à Dieu notre Sauveur. Et ce fait, se tira derrière icelui buisson ; et icelui diable, qui étoit venu pour ledit annel, le prit et l'emporta et s'évanouit ; et icelui qui étoit venu pour lesdites épée et badelaire, demeura audit cerne (cercle), prit ledit badelaire (coutelas) et le mania en faisant plusieurs choses, puis le coucha audit cerne, et semblablement fit de ladite épée, et puis après s'évanouit comme avoit fait l'autre. Et tantôt après icelui moine vint audit cerne, et trouva iceux badelaire et épée couchés de plat, et les prit, et trouva que ladite épée avoit la tête rompue, en signe que c'étoit fait, et trouva ladite pointe en la poudre où icelui diable l'avoit mise et mucée (cachée). Et après attendit, par l'espace de demi-heure, l'autre diable, qui, avoit emporté l'annel, lequel retourna et lui bailla ledit annel, qui étoit apparent rouge ainsi qu'écarlate, comme il sembloit pour l'heure, et lui dit : « C'est fait, mais il ne faut fors que tu les mettes, en la bouche d'un homme mort, ainsi et en la manière que tu sais. »

Et lors s'évanouit. Ledit moine refit la pointe de l'épée ¹, et outre, pour parfaire lesdits maléfices, iceux moine, écuyer et varlet, s'en vinrent par nuit au gibet de Montfaucon lez (près) Paris ; là prirent l'un des morts nouvellement pendus, lequel il dépendirent et mirent sur un cheval pour le porter en ladite tour de Montjay ; mais pour ce qu'ils virent qu'ils n'avoient pas assez de la nuit pour le porter en ladite tour de Montjay, et que le jour approchoit fort, ils s'en retournèrent à Paris en l'hôtel dudit chevalier, et mirent ledit corps en une étable, et puis lui mirent ledit annel en la bouche, et les épée et badelaire lui fichèrent au corps parmi le fondement jusques à la poitrine ; et là demeurèrent en grand' abomination et horreur, par plusieurs jours, comme les diables leur avoient dit et ordonné. Et puis après iceux épée, badelaire et annel ainsi dédiés et consacrés, ou à parler proprement, exécrés, furent rendus et restitués au dessusdit duc d'Orléans, pour en faire et parfaire les maléfices en la personne du roi notre seigneur, pour parvenir à sa mauvaise et damnable intention ; et avec ce lui baillèrent de la poudre

---

1. Tout le détail qui suit, des conjurations et *maléfices* du duc d'Orléans, avoit été omis jusqu'ici dans toutes les éditions. Le manuscrit 8347.⁵⁵ est le seul en effet qui le donne ; craignant que ce ne fût une interpolation, je le comparai avec les manuscrits de la justification de Jean Petit, qui se trouvent à la bibliothèque du roi, et je le

d'aucuns des os, et des poils du lieu déshonnête d'icelui mort dépendu, pour porter sur soi ; lesquels aucuns os enveloppés en un drap, icelui duc d'Orléans porta par plusieurs journées entre sa chair et sa chemise, attachés à une aiguillette dedans la manche de sa chemise ; et l'eût encore plus porté, si ne fût un chevalier de grand honneur, parent du roi et le sien, qui étoit serviteur

---

trouvai conforme à tous, à quelques phrases près. Je restitue le texte d'après le manuscrit du roi 10319.[33], autrefois Colbert, 6312, qui est précédé d'une enluminure qui représente un loup cherchant à couper une couronne surmontée de fleurs de lis, tandis qu'un lion l'effraie et le fait fuir. Au bas de l'enluminure, on lit ces quatre vers :

> Par force le leu rompt et tyre
> A ses dents et gris la couronne,
> Et le lion par très grant ire
> De sa pate grant coup lui donne.

Il est écrit sur parchemin en lettres bâtardes allongées du commencement du 15ᵐᵉ siècle.

Des trois autres manuscrits que j'ai sous les yeux, l'un 1036.[33], copié sur papier, étoit de la bibliothèque du président de Thou, et est conforme au manuscrit 10319.[33].

L'autre, 9681, qui contient plusieurs autres pièces intéressantes relatives au même fait, est aussi sur papier.

Le quatrième, 1953, vient de la bibliothèque Coislin, et est intitulé : Procès-verbal de la proposition de Jean Petit. A la suite se trouve la réponse faite au nom du duc d'Orléans ; il est le moins complet de tous, et a été publié par Ch. Dupin, au commencement du 5ᵉ tome des ouvrages de Senon.

principal d'icelui duc d'Orléans, qui les lui ôta par force, et les porta au roi en la présence de plusieurs, dont aucuns sont cy présents; et pour ce que ledit chevalier avoit porté lesdits os au roi, et révélé aucunes des choses dessusdites du duc d'Orléans, icelui duc conçut si grand' haine contre lui, qu'il le persécuta et détruisit en honneur et chevance, nonobstant qu'il fût son parent et parent du roi, comme dit est.

Item, ledit criminel duc d'Orléans fit faire un autre sortilège par ledit moine, d'une verge de bois appelé cornouiller, du sang d'un rouge cochet (petit coq) et d'une poulette blanche; lequel sortilège parfait, ladite verge devoit avoir si grand' vertu, par art et paction diabolique, que celui qui la porteroit feroit sa volonté de toutes les femmes qu'il en toucheroit, comme disoit ledit moine; et disoit qu'il l'avoit éprouvé, en une semblable verge et sortilège ainsi fait, en la personne d'une femme qu'il désiroit moult et aimoit, et n'en pouvoit venir à chef. Et fut baillée icelle verge audit criminel duc d'Orléans, ensorcelée comme dit est, en la sainte semaine. Et pourquoi en la sainte semaine plus qu'en autre temps? Ce fut pour faire contumélie plus injurieuse, et injure plus contumélieuse à Notre-Seigneur Dieu Jésus-Christ, qui en icelui temps souffrit mort et passion pour tout humain lignage; et avecque ce, pour faire greigneure (plus grand) plaisir, honneur et révérence à Satan, l'ennemi d'enfer, par le moyen duquel toutes les manières de sortiléges, charmes et maléfices sortissent leur effet. Et que lesdits sortiléges, charmes et maléfices aient sorti leur effet en la personne du roi notre sire, je le montre par trois moyens. Le premier est deux grièves maladies que le roi eut tantôt après : la première maladie fut à Beauvais, qui fut tant angoiseuse, qu'il en perdit les ongles et les cheveux, pour la greigneure (plus grande) partie. La seconde fut au Mans, greigneure (plus grande) sans comparaison, et tant qu'il n'étoit créature humaine, si l'eût vu, qu'il n'en eût au cœur grand' pitié et grand' douleur; et fut si oppressé de maladie par un grand espace de temps, qu'il ne parloit ne à homme ne à femme, ains (mais) apparoît mieux mort que vif.

Le second moyen est les paroles qu'il se prit à dire tantôt après qu'il put parler, c'est à savoir : « Pour Dieu, ôtez moi cette épée qui me transperce le cœur, ce m'a fait beau frère d'Orléans. » Et icelles mêmes paroles ou semblables a plusieurs fois repliquées en santé et en maladie, en ajoutant celle parole : « Il faut que je le tue. » Ainsi comme si il vouloit dire : « Si je ne le tue, il me fera mourir sans nul remède. »

Hélas! messeigneurs, or considérons ci un peu, qui pouvoit mouvoir icelui duc d'Orléans à faire cette extrême et damnable mauvaiseté et cruauté en la personne de son frère, qui oncques ne lui avoit fait fors que amour et plaisir? il est tout clair que autre chose ne lui faisoit faire, fors la très grand' convoitise et ambition dont il étoit épris et embrasé pour avoir et parvenir à la couronne et très haute seigneurie de France.

Le tiers moyen est une parole que dit une fois le duc de Milan, père de la duchesse d'Orléans [1], à un messager qui lui portoit lettres de par le roi, auquel il demanda en quel point étoit le roi, et le messager répondit : « Il est en très bon point, la merci Dieu. »—« Il est le diable, » ce dit le duc de Milan ; et par très grand' admiration, adjoignit ces paroles : « Comment se peut-il faire qu'il soit en bon point ! » C'est évident signe qu'il avoit été consentant, ou, à plus proprement parler, auteur avec son beau-fils, le criminel duc d'Orléans, de mettre le roi, et faire mettre en tel point ; et pour dire à quel fin, il est assez notoire qu'il désiroit fort grand' seigneurie, tant pour soi comme pour sa lignée, comme il appert spécialement en la personne de son oncle, messire Barnabo, lequel il prit malicieusement, déceptivement, et par manière de trahison, sous ombre de sainte vie, et après pour posséder et avoir sa seigneurie, le fit mourir mauvaisement. Aussi apparut-il, parcequ'il convoita merveilleusement que sa fille fût reine de France ; et pour y cuider parvenir fit tant, qu'il traita le mariage d'elle et dudit feu duc d'Orléans, pour

---

1. Le duc de Milan et Valentine, sa fille, avoient déjà été représentés par les partisans du duc de Bourgogne, comme très experts en sorcelleries.

lors duc de Touraine, et seul frère du roi, considérant que le roi n'avoit encore nuls enfants, et qu'il n'y avoit qu'une bouche à clore, et ainsi n'y falloit qu'une bouconnée (bouchée) bien assise pour venir à son entente. Et qu'il apparut qu'il eût cette volonté, la commune renommée est que, quand sa fille se partit de lui pour venir en France, il lui dit : « Adieu, belle fille, je ne vous veux jamais voir tant que vous soyez reine de France. » Et pour parvenir à ce, les dessusdits ducs d'Orléans et de Milan, par diverses voies, ont depuis machiné en la mort du roi et de sa génération, desquelles choses fut moyen, un faux hypocrite, nommé Philippe de Mézières[1], chevalier, qui étoit le propre ministre de faire trahisons; car il fut chancelier du roi de Chypre, lequel il trahit faussement et mauvaisement, et puis s'en vint demeurer avec le dessusdit messire Barnabo; et lui demeurant avec

---

1. Philippe de Mézières naquit en Picardie, en 1312. Il passa en 1343, âgé de trente ans environ, en Chypre, près de Hugues de Lusignan IV, roi de Chypre et de Jérusalem, afin de l'exciter à une croisade pour la conquête de Jérusalem. Hugues étant mort en 1352, dans un voyage entrepris pour entraîner avec lui les princes de l'Occident, Pierre Ier, son frère et son successeur, nomma Philippe de Mézières son chancelier. Philippe engagea Pierre Ier à s'emparer de la ville de Satalie, qui étoit l'ancienne Attalie, bâtie dans la Pamphylie, sur le bord de la mer, vis-à-vis la pointe occidentale de l'île de Chypre. Il se rendit ensuite avec lui en France, et de là en Italie, en 1364. Ils en par-

lui, aida ledit duc de Milan à trahir, détruire, et faire mourir ledit messire Barnabo, son seigneur et maître, et à ce fut serviteur et ami très spécial d'icelui duc de Milan, et advisèrent entre eux deux aucunes instructions qu'il apporta au duc d'Orléans ; et pour faire la chose plus couvertement et plus subtilement, icelui Philippe de Mézières, s'en vint à Paris, et se rendit aux Célestins par

---

tirent à la tête de l'expédition de la croisade en 1365, le 13 septembre. Après la rupture de la croisade, Philippe de Mézières fut envoyé de nouveau en Italie par Pierre II, en février 1371, pour aller complimenter Grégoire XI, successeur d'Urbain ; et après différentes négociations, il finit par se fixer à la cour de France. Charles V aimoit à profiter de ses conseils, qui, d'après les ouvrages assez nombreux qu'il nous a laissés, paroissent avoir été ceux d'un homme éclairé et indépendant. Il étoit blessé des dépenses excessives de la cour, et surtout du grand nombre d'officiers dont elle étoit remplie, et c'est sans doute cet amour pour l'économie qui lui attira l'animadversion du duc de Bourgogne et de Jean Petit, qui étoit en même temps avocat, conseiller, maître des requêtes du duc de Bourgogne, et cordelier. Outre cette raison d'animadversion, Philippe ne perdoit aucune occasion de combattre le goût de la cour pour l'astrologie, et de démontrer toute la futilité de cette prétendue science. On sent bien que Jean Petit, qui croyoit aux sorciers, et a décrit si minutieusement les charmes et maléfices, ne devoit guères lui pardonner cet excès de philosophie. Quant au reproche d'hypocrisie, fait à Philippe de Mézières, je renvoie à sa vie, par l'abbé le Bœuf, Mémoires de l'Académie des inscriptions et belles-lettres, tom. 16 et 17.

hypocrisie; et ainsi comme ledit duc de Milan feignoit sainte vie, pour plus aisément décevoir ledit messire Barnabo, ains fit icelui de Mézières feindre sainte vie à icelui duc d'Orléans, pour faire décevoir et détruire le roi; et alloit tous les jours icelui duc d'Orléans aux Célestins, et là oyoit chacun jour cinq ou six messes par très grand' dévotion, ce sembloit, mais ce n'étoit que fausse hypocrisie et simulation; car sous ombre de ce, ils faisoient en un oratoire leurs collations, conjurations, et délibérations de la manière de parvenir à leur fausse, mauvaise, et damnée intention; et nonobstant que icelui duc d'Orléans se montrât ainsi dévot par jour, néanmoins il menoit très dissolue vie de nuit; car il est vrai que presque toutes les nuits il s'enivroit, jouoit aux dés, et gisoit (couchoit) avec femmes dissolues, et finablement la dissolution qu'il avoit menée par nuit et secrètement, il l'amplia (augmenta) tellement, et tant la continua de jour et de nuit, qu'elle fut toute notoire et publique.

Or avons-nous deux choses, la première, que feu le criminel duc d'Orléans fut auteur des dessusdites invocations de diables, superstitions, charmes, exécrations, sortiléges et maléfices; la seconde que lesdites invocations, initiations, sortiléges et maléfices dessusdits sortirent leur effet en la personne du roi notre sire: desquelles choses s'ensuit expressément que ledit feu duc d'Orléans fut criminel du crime de lèse-majesté divine et humaine; divine, pour ce que lesdits sortiléges, charmes, maléfices, sont idolâtrie et fausse corruption de la foi catholique, comme il appert par ce que j'ai déclaré en une des vérités de madite majeure, qui parle de cette matière. *Item*, de lèse-majesté humaine au premier degré et en la première espèce, pour ce qu'en faisant lesdits sortiléges, charmes et maléfices, il machinoit directement la mort et destruction de son roi et souverain seigneur, par lesdits sortiléges, charmes et maléfices.

Après, je vueil montrer que ledit criminel duc d'Orléans a commis crime de lèse-majesté en la seconde espèce de la première manière dudit premier degré. Car, lui voyant que par lesdits maléfices n'avoit pas encore obtenu sa damnable intention, c'est à savoir la mort du roi, il se convertit à le faire empoisonner par choses venimeuses ; pourquoi faire il voulut faire marché avec plusieurs. Desquels y en eut deux auxquels il promit à l'un 4,000 francs, et à l'autre 50,000, dont les 25,000 seroient baillés présentement. Mais, comme bons et loyaux, les refusèrent ; et les autres ne les refusèrent pas.

Le marché fait, et les poisons ordonnés, ils ne sortirent pas tout leur effet, empêchés par la grâce de Dieu, et d'aucuns bienveillants du roi, qui apperçurent les choses. Et pour montrer plus évidemment qu'il fut auteur des dessusdits sortiléges, charmes, maléfices et aussi des empoisonnements dont j'ai maintenant parlé, il est vrai que plu-

sieurs desdits malfaiteurs et empoisonneurs et des
plus principaux après ledit criminel duc d'Orléans,
furent mis en prison, en plusieurs lieux et en
divers temps; et contre eux procès formés, et des
aucuns ordonnances faites par le roi, et de quelle
mort ils devroient mourir. Il, par la force, délivra
les uns et les envoya en leur pays, et des autres
empêcha l'exécution de justice, afin que sa déloyauté ne fût découverte.

Item, il est vrai que environ été, à dix-huit ou
dix-neuf ans, que le roi et icelui duc d'Orléans, accompagnés de bien peu de gens allèrent au châtel
de Néaufle, soupèrent avec la reine Blanche et cou-
chèrent audit châtel; et le lendemain leur donna à
dîner ladite reine. Ledit criminel duc, par cautelle et
malice, feignit soi aller ébattre au bois jusques à ce
que le plat de rôt pour servir le roi fut dressé pour y
accomplir sa damnable intention; lors s'en vint, et
passant par-devers le dressoir, où ledit plat étoit,
salua les queux (cuisiniers) disant : « Dieu garde
les compagnons; » et dessus ledit plat jeta certaine
poudre blanche. Et après que ledit plat fut servi
devant le roi, ladite reine bien informée et moult
courroucée, fit ôter ledit plat et porter devant l'aumônier de ladite reine, qui étoit à table, auquel fut
dit qu'il n'en mangeât point. Lequel parce qu'il
toucha ladite viande en la mettant en la corbeille
de l'aumône sans en manger, et puis mangea du
pain sans laver ses mains dont il avoit touché ladite viande, chut pâmé, et le convint emporter

aux bras comme mort. Et lui churent barbe, cheveux et ongles ; les nerfs retrairent ; chut en langueur ; et finablement en mourut. Et fut ladite viande enfouie en terre, afin que personnes ni bêtes n'en mangeassent ; et après vêpres ouïes, audit jour, ladite reine en issant des vêpres en la présence du roi, dit audit feu duc d'Orléans qui venoit du bois de soi ébattre, après qu'il eut salué le roi et ladite reine : « êtes-vous là, bon valet? faites-vous bien le marmiteux ? » Puis regarda le roi en lui disant : « Que vous en semble, beau fils? Ha, ha! qu'il est bien taillé de laisser les pois ardoir ! » Et en outre dit audit criminel duc d'Orléans : « Par saint Jean, vous ne ferez jà bien. »

Ainsi appert que ledit criminel duc d'Orléans commit plusieurs crimes de lèse-majesté en la seconde manière de la seconde espèce dudit premier degré.

Après, je viens à déclarer comment ledit criminel duc d'Orléans a commis crime de lèse majesté en la tierce et dernière espèce de la première majeure dudit premier degré. Car il est vrai que par sa subtilité, fraude et malice, pour ce qu'il n'étoit pas venu du tout à son entente par les choses dessusdites, il se pourpensa à faire faire certains jeux ou ébattements de personnages en manière d'hommes sauvages dont le roi seroit l'un. Lesquels étoient vêtus parmi le corps de vêtements de toile, couverts et semés de fin lin, chanvre et étouppes, étoffés de souffre, poix et autres choses

de léger inflammables, aisées à enflamber, et malaisées à éteindre, et venir danser en tel état par manière de jeux et ébattements. Et combien que ledit duc d'Orléans eût accoutumé en tous ébattements et autres choses être vêtu de semblable habit du roi et soi ébattre avec lui, il se garda bien de s'en vêtir, nonobstant qu'il y eût un habit fait pour lui. Mais quoi ! il trouva une feinte excusation, disant que son habit lui étoit trop étroit, et que point ne s'en vêtiroit, mais porteroit la torche devant les autres ; et qui pis est, vouloit, comme qu'il fût, que le roi et tous ceux qui étoient ainsi habillés fussent accouplés ensemble, afin que le roi ne lui échappât qu'il ne fut ars ; car c'étoit sa principale intention. Mais, par la grâce de Dieu, un ancien prud'homme et sage serviteur et familier du roi, dit au roi. « Sire, gardez que vous faites ; car
» si vous êtes accouplé et lié avec les autres, et d'a-
» venture le feu se prenne en l'un de vous par celle
» torche ou autrement, vous serez tous ensemble
» ars sans point de remède. » Et quand icelui duc d'Orléans ouït cette parole, il bouta la torche toute allumée contre le visage d'icelui, en lui disant : « Hé ! ribaut, de quoi vous mêlez-vous ? » Et ainsi le roi ne souffrit point qu'ils fussent accouplés pour la parole du prud'homme qui le sauva d'être ars. Mais Dieu sait qu'elles persécutions icelui duc d'Orléans a depuis fait faire audit familier ; et le bâtard de Foix, qui en fut vêtu et ars, disoit bien au-devant que tous ceux qui en seroient vêtus, se

mettroient en grand péril de mort; et pour ce cuida trouver remède pour soi : c'est-à-savoir qu'il ordonna que deux de ses varlets fussent à l'huis (porte) atout (avec) deux draps de lits, mouillés en eau, afin que si le feu se prenoit en l'un d'eux, qu'ils le couvrissent de ces draps ; mais les varlets dessusdits ne furent pas si près de secourir et aider à leur seigneur et maître, comme il avoit ordonné. Si le convint mourir à grand' douleur de corps, le comte de Joigni, messire Aimart de Poitiers, et plusieurs autres, dont ce fut grand' pitié; pour ce que icelui duc d'Orléans, qui s'étoit fait varlet de porter la torche, bouta le feu au vêtement de l'un d'eux, cuidant ardoir le roi notre sire ; mais par la grâce de Dieu, et à l'aide de très excellentes et très nobles dames, mesdames de Berry et de Bourgogne, et des autres dames et damoiselles qui là étoient, il en échappa [1].

Après je veuil déclarer que ledit criminel duc d'Orléans a commis crime de lèse-majesté en la seconde manière dudit premier degré, c'est à savoir qu'il a fait alliance aux ennemis du roi et du royaume. Et pour vous déclarer pour qui et comment la vérité est telle, qu'après ce que le roi notre sire et le roi Richard d'Angleterre furent ensemble en amitié confirmés par le traité de mariage dudit roi Richard et de l'aînée

---

[1]. Voyez le détail de cette mascarade dans Froissart tom. 13, chap. 32., pag. 140.

fille de France, le roi Richard voulut, comment que ce fût, parler au roi notre sire pour le grand bien de sa santé, et se assemblèrent ensemble ; et lors lui dit que les infirmités de son corps et grands maladies qu'il avoit, lui étoient venues par le moyen et pourchas desdits ducs d'Orléans et de Milan, et que pour Dieu il s'en voulût prendre garde; et pour cette cause prit le roi, si grande indignation contre ledit duc de Milan, et non sans cause, que son héraut, qui portoit ses armes, ne s'osoit plus voir devant le roi. Et sitôt que les choses dessusdites vinrent à la connoissance dudit duc d'Orléans, il conçut haine mortelle contre ledit roi Richard, et s'enquit qui étoit le greigneur (plus grand) adversaire qu'il eût en tout le monde, et trouva que c'étoit Henry de Lancastre ; et fit tant qu'il eut alliances avec lui, l'une pour détruire le roi Richard, et l'autre pour renforcer et prendre puissance à parvenir à sa damnable intention. Et furent d'accord les dessusdits de labourer et machiner de toute leur puissance, par toutes les voies et manières possibles à eux, la mort et destruction des deux rois, pour obtenir les deux couronnes de France et d'Angleterre : celle de France pour Louis d'Orléans, et celle d'Angleterre pour Henry de Lancastre. Henry en est venu à son entente, mais Louis non, Dieu merci ! Et qu'il soit vrai desdites alliances, icelui duc d'Orléans a toujours favorisé, aidé et conforté ledit Henry de Lancastre, et les autres Anglois de la bande dudit Henry de tout son pouvoir; et expressément manda à iceux Anglois ennemis du roi et du royaume, qui étoient au châtel de Bordes, qu'ils se tinssent bien, et qu'ils ne rendissent pas leur châtel aux François, et qu'il empêcheroit le siége, ou qu'il leur fineroit de bon secours ou remède, toutefois qu'il en seroit nécessité, et outre empêcha plusieurs voyages entrepris contre ledit Henry; et ainsi fut tyran et déloyal à son prince et souverain seigneur, et à la chose publique de ce royaume, et commit crime de lèse-majesté en la deuxième manière dudit premier degré. A la confirmation de ce fait me meut une chose que je vous dirai.

Il est vrai que au temps qu'on détenoit le roi Richard, que ledit Henry tendoit à faire mourir, aucuns plusieurs des seigneurs d'Angleterre lui disoient, qu'il y auroit trop grand péril pour la doute des François; auxquels il répondit que de ce ne convenoit faire aucune doute, car il avoit un puissant ami en France auquel il étoit allié; c'est à savoir le duc d'Orléans, frère au roi de France, lequel ne souffriroit point, pour quelque chose qu'on attentât contre ledit roi Richard, qu'aucun assaut en fût fait par les François à l'encontre des Anglois; et pour les faire plus certains, fit lire les lettres desdites alliances. Ainsi appert que ledit criminel duc d'Orléans a commis crime de lèse-majesté en plusieurs manières et espèces du premier degré. Ainsi finit le premier article de madite minor, nonobstant qu'il y ait plusieurs autres crimes très horribles en plusieurs manières et diverses espèces de crime de lèse-majesté en ce premier degré commis et perpétrés par icelui criminel duc d'Orléans, lesquels mondit seigneur de Bourgogne a réservé, à dire en temps et lieu, toutefois que métier en sera.

Après je viens au second article de madite minor, auquel je veuil montrer comme ledit criminel duc d'Orléans a commis crime de lèse-majesté, non pas seulement au premier degré, mais au second; lequel degré est de faire offense à l'encontre du roi en la personne de sa femme et épouse : car il est vrai que quatre ans ou environ à un certain jour que le roi étoit encheu en sa maladie, le duc d'Orléans, lequel ne cessoit de machiner par quelle manière il pût venir à sa damnable et mauvaise intention, pensant que s'il pouvoit tenir la reine et ses enfants hors du royaume, il viendroit de léger à son intention, dit et fit savoir à la reine, faussement et contre verité, que le roi étoit merveilleusement mu et indigné à l'encontre d'elle. Et pour ce il la conseilloit, si chèrement comme il l'aimoit, qu'elle et ses enfants se missent hors de la voie du roi et en tel lieu qu'ils fussent hors de sa puissance, tendant à la mener elle et sesdits enfants en la duché de Luxembourg, afin, quand il les eût tenus, d'en faire à sa volonté; et promettoit à ladite reine, qu'il la tiendroit en ladite duché bien et sûrement et sesdits enfants aussi, en disant outre, que si après la santé du roi, il voyoit et apercevoit, que le roi ne fût plus mu contre elle, et qu'elle pût sûrement retourner par-devers le roi, à quoi il promettoit à son pouvoir de l'induire, il l'iroit quérir, elle et ses enfants, et la ramèneroit au roi : et au cas que le roi demeureroit en son propos et imagination contre elle, il la tiendroit au pays de Luxembourg, selon son état, quiconque le voulsît (voulût) voir, fût le roi ou autre.

Et afin de colorer sa mauvaiseté et intention, faisoit entendant à ladite reine, qu'il convenoit que la chose fût faite couvertement et subtilement, et tellement qu'au chemin elle et sesdits enfants ne pussent avoir empêchement aucun. Et pour ce faire et exécuter, avoit avisé que la reine feindroit qu'elle et sesdits enfants allassent à Saint-Fiacre en pélerinage, et d'illec à Notre-Dame de Liesse. Et puis de là il les conduiroit jusques audit pays de Luxembourg, et là lui bailleroit ou feroit bailler l'état d'elle et de ses enfants, honorablement comme appartient, en attendant que la volonté du roi fût muée envers elle et sesdits enfants. Et de ce faire pressa fort ladite reine, et par plusieurs fois, en lui récitant en effet les paroles telles comme j'ai touché; tendant afin d'avoir la reine et sesdits enfants pour en faire sa volonté; dont ils furent en grand péril, et eussent été encore plus, si n'eussent été aucuns bienveillants du roi, de ladite reine et de sesdits enfants, auxquels ladite reine se conseilla; lesquels lui dirent que c'étoit fausse déception et très grand péril. Pour lesquelles choses ladite reine bien avisée mua son propos ; et apercevant la fausse et damnée intention dudit criminel feu duc d'Orléans , si se détermina à demeurer par-deçà et non aller audit voyage. Ainsi appert le deuxième article de madite minor, auquel j'avois à déclarer et remontrer que ledit criminel duc d'Orléans a commis crime de lèse-majesté au secoud degré.

Après, je viens à déclarer le tiers article de madite minor ; c'est à savoir que ledit criminel duc d'Orléans a commis crime de lèse-majesté en tiers degré. Et combien que ce appert assez par l'article devant déclaré, toutefois je montre qu'il a commis crime de lèse-majesté en deux autres manières de ce tiers degré. La première est par venins, poisons et intoxications. La seconde par fallaces et déceptions.

Quant à la première manière, il est vrai que ledit criminel duc d'Orléans machina de faire manger à monseigneur le dauphin, dernier trépassé, une pomme empoisonnée et venimeuse, laquelle fut baillée à un enfant ; et lui fut chargé qu'il la portât et baillât audit monseigneur le dauphin, et non à autre comme qu'il fût. Si advint qu'en la portant il passoit parmi les jardins de Saint-Pol, et là rencontra la nourrice de l''un des fils du duc d'Orléans, laquelle tenoit icelui fils entre ses bras. Et pour ce que ladite pomme sembloit à ladite nourrice belle et bonne, elle dit à l'enfant qui la portoit, qu'il lui baillât pour donner à son fils; lequel lui répondit que non feroit-il, et qu'il ne la bailleroit fors qu'à monseigneur le dauphin. Et pour ce qu'il ne lui voulut pas bailler de bon gré, elle lui ôta par force et la bailla à manger à son fils, dont il cheut en maladie et mourut assez tôt après.

Si fais ci une question. Cet innocent est mort de la pomme empoisonnée : en doit être puni l'enfant qui la portoit, ou la nourrice qui lui bailla? Je réponds que nenni, car l'un ni l'autre n'y eut coulpe : mais la coulpe et trahison en doit être attribuée à ceux qui l'empoisonnèrent, et firent porter.

La deuxième manière est par fallace et déception, c'est à savoir par donner faux à entendre. Et combien que cette manière appert assez par les cas dessusdits et déclarés de la reine et de ses enfants, qu'il voulut mener en la ville de Luxembourg, toutefois la veuil-je encore plus déclarer par un autre cas ; c'est à savoir que ledit criminel duc d'Orléans, persévérant toujours en sa mauvaise et damnable intention, a été et envoyé par plusieurs fois par devers le pape, tendant afin de priver et débouter le roi et sa postérité du royaume et de la dignité royale. Et pour parvenir à sa damnable intention, controuva faussement, malicieusement et contre vérité plusieurs cas et crimes contre la personne du roi, et redondants à sa noble génération et lignée, lesquels il donna à entendre au pape, en le requérant qu'il voulsît déclarer le roi et sa postérité inhabiles à tenir telle dignité comme le royaume de France, et qu'il voulsît absoudre ledit criminel duc d'Orléans et les féaux du royaume qui à lui se voudroient adhérer, du serment de fidélité en quoi ils étoient astreints envers le roi, et qu'il voulsît déclarer le plus prochain de sa postérité devoir venir et succéder à la couronne et seigneurie dudit royaume de France. Et pour mieux conduire son fait, et plus tôt incliner le pape à condescendre à sa fausse injustice et inique requête, a toujours favorisé le fait dudit pape et soutenu en plusieurs et diverses manières, comme il appert par la voie de cession de la substraction et restitution, sur le fait des pécunes et de l'épître de Toulouse., et autrement encore l'opinion de l'église de France et la conclusion.

Ainsi appert le tiers article de madite mineure déclaré; et pour ce fais fin d'icelui, nonobstant qu'il y a plusieurs autres crimes innumérables, très grands et très horribles de lèse-majesté en ce tiers degré, lesquels mondit seigneur de Bourgogne a réservés prêts pour les déclarer en temps et en lieu toutefois que métier sera.

Après je viens à déclarer le quart et dernier article de madite mineure, c'est à savoir que ledit criminel duc d'Orléans a commis crime de lèse-majesté au quart degré, lequel degré est, quand ladite offense est directement contre le bien de la chose publique du royaume. Et combien que ce appert assez par les cas dessus déclarés des alliances qu'il avoit faites avec les ennemis de ce royaume, qui est expressément être ennemi déloyal de la chose publique, je le veuille toutefois déclarer lui avoir commis crime en deux autres manières. La première, en ce qu'il a tenu gens d'armes sur les champs en ce royaume par l'espace de quatorze ou quinze ans, qu'ils ne faisoient autre chose que manger et exiler (détruire) le pauvre peuple, piller, rober, rançonner, occire, tuer gens et prendre femmes à force; et mettoit capitaines ès châteaux, forteresses, ponts et passages de ce royaume, pour parvenir à sa fausse et damnable intention : c'est à savoir usurper la seigneurie du royaume. La seconde manière est en ce qu'il a fait mettre sus tailles et emprunts intolérables sur le peuple, en feignant que c'étoit pour soutenir la guerre contre les ennemis du royaume; et après qu'ils ont été levées, cueillies et mises au trésor du roi, les a emblées (enlevées), prises et ravies par la force et puissance, c'est à savoir, 300,000 fr. qui étoient à la tour du palais, et 100,000 francs au châtel de Melun ; et en donnant d'icelles pécunes aux ennemis, adversaires et malveillants du roi et du royaume, en a fait ses alliés en intention d'affoiblir le roi, et de soi rendre plus fort et plus puissant pour obtenir sa damnable entreprise de parvenir à la couronne et seigneurie dudit royaume. Ainsi appert que j'ai déclaré et remontré, comment ledit criminel duc d'Orléans a commis crime de lèse-majesté au quart degré et en plusieurs manières. Plusieurs autres crimes de lèse-majesté très grands et horribles, non pas tant seulement du quart degré, mais au tiers, second et premier en plusieurs cas et diverses manières et espèces a-t-il commis pour parvenir à sa damnable et mauvaise intention, à savoir, à la très noble couronne et seigneurie de France, et à la tollir (ravir) et soutraire au roi notre sire, et à sa génération; lesquels autres crimes mondit seigneur de Bourgogne réserve à déclarer et dire en temps et en lieu, quand métier en sera. Et en outre avec ce appert madite mineure déclarée, de laquelle jointe à ma dessusdite majeure, s'ensuit clairement et en bonne conséquence, que mondit seigneur de Bourgogne ne doit en rien être blâmé ni repris dudit cas avenu en la personne dudit criminel duc d'Orléans, et que le roi notre sire n'en doit point tant seulement être content, mais doit avoir mondit seigneur de Bourgogne et son fait pour agréable, et l'autoriser en tant que métier seroit. Et avec ce le doit guerdonner et rémunérer en trois choses, c'est à savoir en amour, honneur et richesse, à l'exemple des rémunérations qui furent faites à monseigneur Michel l'Archange et au vaillant homme Phinées; desquelles rémunérations j'ai fait mention en madite majeure en la probation de ma tierce vérité; et entends ainsi en mon gros et rude entendement, que le roi notre sire le doit plus aimer que devant, et sa loyauté et bonne renommée faire prêcher partout le royaume, et dehors le royaume publier par lettres-patentes, par manière d'épîtres et autrement. Icelui Dieu veuille que ainsi soit-il fait, *qui est benedictus in sœcula sœculorum. Amen.*

CHAPITRE XL.

Comment après la justification faite par maître Jean Petit, le duc de Bourgogne l'avoua, et des rumeurs qui en coururent à Paris, et comme la reine Isabelle et son fils se partirent de Paris.

Après laquelle proposition finie, icelui maître Jean Petit requit audit duc de Bourgogne qu'il le voulsît (voulût) avouer, lequel duc lui accorda et l'avoua en la présence du dauphin, qui là représentoit la personne du roi, et du roi de Sicile, avecque tous les autres ci-dessus nommés; et après dit icelui proposant, qu'icelui duc de Bourgogne retenoit et réservoit encore aucunes autres choses plus grands à dire au roi quand lieu et temps seroit. Et bref ensuivant se retrahirent (retirèrent) tous les princes chacun en son hôtel, et ledit duc de Bourgogne, accompagné de plusieurs hommes d'armes et gens de trait, s'en retourna en son hôtel d'Artois. Si fut adonc fait grand murmure dedans la ville de Paris, tant des princes, barons et nobles hommes comme du clergé et de la communauté, pour ce qu'il fut assez connu en icelle de la justification, et aussi des accusations qu'avoit fait faire et proposer ledit duc de Bourgogne contre ledit duc d'Orléans défunt. Et y eut plusieurs et diverses opinions ; car ceux qui tenoient le parti du duc d'Orléans, disoient icelles accusations être fausses et décevables ; et ceux tenant la partie de ceux de Bourgogne maintenoient le contraire.

En après, bref ensuivant, Isabelle, reine de France, pleine de grand' admiration et crémeur (crainte), le duc d'Aquitaine, son fils, et ses autres enfants, se partirent de Paris, accompagnés de Louis, duc de Bavière, frère à la reine, et s'en allèrent faire leur résidence au châtel de Melun. Et tôt après le roi Charles, qui grand espace avoit été malade, retourna en santé ; devers lequel icelui duc se retrahit (retira), et trouva la manière qu'il fût raccordé et réconcilié avecque lui ; et impétra et aussi obtint lettres scellées du scel du roi et signées de sa main, par lesquelles lui étoit pardonné le cas naguères advenu en la personne du duc d'Orléans, dont moult de grands seigneurs et aussi autres sages furent moult émerveillés [1].

---

1. Je retrouve dans les cartons de Fontanieu, à l'année 1407, la copie de cette lettre de rémission que voici :

Lettre du roi Charles VI, touchant la mort de Louis, duc d'Orléans, son frère, afin d'en tenir absous Jean, duc de Bourgogne, qui l'avoit fait assassiner. (Extrait d'un registre des chartes de la chambre des comptes de Lille en Flandre, cotté 5, depuis 1403 jusqu'en 1412, fol. 494, Bibliothèque du roi, manuscrits Colbert, vol. intitulé : *Police de Flandre*, cotté 35.)

A tous ceux qui ces lettres verront, Guillaume de Tignon-

CHAPITRE XLI.

Comment le roi envoya devers le pape ses ambassadeurs solennels, la reponse qu'ils eurent, et comment depuis il excommunia le roi et ses adhérents.

En ce temps vint devers le roi à Paris et devers les seigneurs qui étoient avecque lui, certains messagers lesquels rapportèrent que le pape Bénédict et son adversaire ne vouloient point eux déporter, ni délaisser la papalité, comme ils avoient promis et convenu de venir en la cité de Savonne et autres lieux ; mais prolonger la besogne de l'universelle église par dilations (délais) de nulle valeur très frauduleusement. Pour lesquelles nouvelles le roi écrivit et fit savoir au pape par Jean de Château-Morant, et Jean de Consoy, chevaliers, ses ambassadeurs, qu'au cas qu'union ne seroit

---

ville, chevalier, conseiller, chambellan du Roi nostre sire, et garde de la prévôté de Paris, salut ;

Sçavoir faisons que nous, l'an de grâce 1407, le lundi 9ᵉ jour d'avril, avant Pasques, véismes des lettres patentes du roi nostredit seigneur, scellées de son grand scel en cire jaune pendant à double queue, desquelles lettres la teneur s'ensuit :

Charles, par la grâce de Dieu, roi de France, à tous ceux qui ces présentes lettres verront, salut. Comme après le cas avenu de la mort de feu nostre très chier et très amé frère le

trouvée en l'église universelle dedans le jour de l'Ascension prochain venant, lui, le clergé, les nobles et le peuple de son royaume et de la Dauphiné, plus n'obéiroient à lui ni à son adversaire,

---

duc d'Orléans, que Dieu absolve! nostre très chier et très amé cousin le duc de Bourgongne, doutant que par le rapport d'aucuns ses malveillants, ou autrement, nous eussions pris aucune desplaisance à l'encontre de lui, pour occasion dudit cas, nous eut fait supplier qu'il nous pleust oyr en nostre personne, se faire se pouvoit, ou commettre aucuns proches princes de nostre sang à oyr ses justifications sur ledit cas, et à ce faire, pour aucuns empêchements que nous avions, eussions commis nostre très chier et très amé aisné fils le duc de Guyenne, dauphin de Paris, Viennois à nos très chers et très amés cousin et oncle le roi de Hiérusalem et de Sicile, et le duc de Berry, en la présence desquels pour ce assemblés en nostre hostel de Saint-Pol à Paris, appellez et estans devers eux plusieurs autres de nostre sang, et grand nombre de gens, tant de nostre grand conseil, comme de nostre parlement et de nostre chambre des comptes, et grand' multitude de gens, tant nobles comme autres, et tant de nostre amée fille l'université de l'estude de nostredite ville de Paris, comme des bourgeois et autres d'icelle nostre ville; et d'ailleurs, nostredit cousin de Bourgongne a fait dire et proposer publiquement plusieurs cas touchans sesdites justifications, en réservant aucunes déclarations en temps et en lieu; et entre autres choses eut fait dire et proposer qu'il est, par la grâce de Nostre-Seigneur, extrait de nostre sang et maison de France, et si proche de nostre lignage, comme nostre cousin-germain en ligne masle, c'est assavoir fils de feu nostre très chier et très amé oncle le duc de Bourgongne, cui Dieu pardoint, qui tout son vivant ayma si

et que plus ne fera ni par ses sujets, ne souffrira être à lui faite aucune obéissance.

De laquelle ambassade et du contenu ès lettres envoyées de par le roi, icelui pape nommé Béné-

---

loyaument, nous, nostre gouvernation et nostre royaume; et allié avec nous par les mariages de nostredit fils de Guyenne, et de nostre très chière et très amée fille aisnée de nostredit cousin de Bourgongne, et de nostre très chière et très amée fille Michelle de France, avec très chier et très amé fils le comte de Charolois, fils seul et héritier d'icelui nostre cousin; et qu'il a et tient en nostredit royaume si belles et notables seigneuries, comme le duché de Bourgongne, la comté de Flandre et la comté d'Artois, est pair de France, et doyen des pairs, nostre homme-lige et vassal, et à ces causes, il est tenu de entendre en toutes manières à lui possibles, à la sûreté de nostre personne, et de nostre lignée, et à l'honneur et bien de nous et de nostre dit royaume; et pour ce qu'il avoit apperceu et appercevoit, et estoit pleinement acertené et informé, si comme il fit dire et proposer, que nostredit frère avoit machiné et machinoit de jour en jour, la mort et expulsion de nous et de nostre génération, et tendoit par plusieurs voies et moyens à parvenir à la couronne et seigneurie de nostredit royaume, il, pour la sûreté et conservation de nom et nostredite lignée, pour le bien et utilité de nostredit royaume, et pour garder avec nous la foi et loyauté, à quoi il nous est tenu, avoit *fait mettre hors de ce monde* nostredit frère, en nous suppliant que par le rapport d'aucuns ses malveillants, ou autrement, nous avions pris aucune desplaisances contre lui, pour cause dudit cas à venir en la personne de nostredit frère; nous, considérées lesdites causes pour lesquelles il les avoit fait faire, voulissions oster de nostre courage toute desplaisance

dict, ne fut pas bien content, jaçoit-ce qu'il n'en montrât point semblant à iceux ambassadeurs, ainçois (mais) leur fit assez courtoise réception et leur fit réponse absolute, que bref ensuivant,

---

que par ledit rapport ou autrement, pouvions avoir eu au regard de lui pour occasion dudit cas, et le avoir et tenir en nostre singulière amour, comme nous faisions par avant; et aussi ordonnons que il et ses successeurs seront, et demeureront paisibles dudit fait, et de tout ce qui s'en est ensuivy; et depuis encore nostredit cousin le duc de Bourgongne nous a fait faire en sa présence semblable requeste et supplication tendantes à cette fin, présents à ce nostredit aisné fils, nosdits cousin et oncle, et plusieurs autres de nostredit sang et de nostredit conseil, et plusieurs autres.

Sçavoir faisons que nous, considérant la ferme et loyalle amour et bonne affection que nostredit cousin a eu, et a à nous et à nostredite lignée, et espérons qu'il aura toujours en temps à venir, avons osté et ostons de nostre courage toute desplaisance, que par le rapport d'aucuns malveillants de nostredit cousin, ou autrement, pourrions avoir euc envers lui, pour occasion des choses dessusdites; et voulons que icelui nostre cousin de Bourgongne, soit et demeure en nostre singulière amour, comme il estoit paravant; et en outre, de nostre certaine science, voulons et nous plaît par les présentes que nostredit cousin de Bourgongne, ses hoirs et successeurs soient et devront être paisibles envers nous et nos successeurs dudit cas et fait, et de tout ce qui s'en est ensuivy, sans ce que par nous, nosdits successeurs, nos gens et officiers, ou les gens et officiers d'iceux nos successeurs, pour cause de ce, lui soit ou puisse estre donné, ne mis aucun empeschement, ores ne pour le temps à venir.

par ses messagers il envoieroit réponse à leur roi sur le contenu des lettres qu'ils avoient apportées. Après laquelle réponse prirent congé, et s'en retournèrent devers le roi, et lui racontèrent,

---

En tesmoing de ce, nous avons fait mettre notre scel à ces présentes. Donné à Paris, le 5ᵉ jour de mars, l'an de grâce 1407, et le 28ᵉ de nostre règne.

Ainsi signé par le roy, présens le roy de Sicile, nosseigneurs les ducs de Guyenne, de Berry, de Bretagne et de Lorraine, les comtes de Mortaing, de Nevers et de Vaudemont, messire Jacques de Bourbon, monsieur l'archevesque de Sens, l'évesque de Poitiers, le comte de Tancarville, le grand maistre d'hostel, le sire d'Aumont, le sire d'Ivry, le sire de Dampierre, le galois d'Aunay, et plusieurs autres.

Et nous, à ce présent transcrit, avons mis le scel de ladite prevosté, l'an et le lundi premier.

Et étoit écrit au-dessous ce qui s'ensuit.

Collation faite par moi Duhan, et par moi Prudhomme.

Le manuscrit 1953 de la bibliothèque Coislin, contient deux pièces sur les arrêts rendus par le parlement, relativement eux principes émis, par Jean Petit, desquels il résulte que la justification de maître Jean Petit, fut condamnée et prohibée par tout le royaume, voici ces deux extraits :

Extrait des registres du greffe civil du parlement, du mercredi 16ᵉ jour de septembre 1406.

A conseiller la requeste de l'université de Paris, sur certain cayer ou escripture appellé la justification du duc de Bourgongne, sur le registre du septième d'aoust dernier passé, et tout considéré :

(1408) DE MONSTRELET. 331

et à son conseil, la réponse qu'ils avoient eue du pape. Et en assez bref temps ensuivant, vint en la ville de Paris un messager du pape dessusdit, lequel, en un certain jour, vint en l'hôtel de Saint-Pol, où étoit le roi; lequel étant en son oratoire,

---

Il sera dit que la Cour deffend de par le roi, sur peine de corps et de biens et sur quanques ung chascun, peut meffaire envers le roi, que aucun de quelque estat ni condition qu'il soit d'ores-avant, ne die, publie, afferme, ou enseigne en la seigneurie du roi, qu'il soit loisible à quelque vassal ou subject ou autre occire par aguet, blandices, ou déceptions, sans attendre sentence ou commandement de juge compétent.

Et deffend la cour sur lesdites peines que d'ores-en-avant aucun ne escripve, coppie, exemplifie, tiengne, ne face escripre, copier, exemplifier ne tenir devers soy, aucunes telles scriptures, cayers, ou coppies appellés comme dessus.

Et en oultre commande la cour sur lesdites peines que quiconques aura aucun tel ou tels cayers, coppies, ou escriptures appellées comme dessus, qu'il les apporte par-devers la justice du roy, incontinant et sans délay après la publication de cette ordonnance, pour envoyer devers la cour et en faire ce qu'il appartiendra.

Et encores commande au procureur du roy que s'il treuve aucuns faisans le contraire, qu'il les face punir ainsi qu'il appartiendra ; et oultre ordonne que ces choses soient publiées au chastelet de Paris, et ès lieux principaux des bailliages, séneschaucées, prevostez et aultres lieux royaux, afin que aucun ne puisse prétendre ignorence.

Item et a esté délibéré que ladite ordonnance sera publiée et prononcée par le président aux premiers arrests.

— *Dymmenche 26ᵉ jour de mars 1413. Au parvis de Notre-*

sur le commencement de la messe, entra icelui
messager dedans, et lui présenta unes lettres apostoliques, et puis tantôt se départit; et après ladite
messe le roi fit ouvrir icelles lettres, et les lire tout
au long. Après la lecture desquelles, et vu qu'elles
contenoient excommunication contre le roi et tous
ses sujets, on fit quérir par tout Paris icelui qui
les avoit apportées; mais point ne fut trouvé, car
il s'étoit départi et en allé le plus couvertement
qu'il avoit pu[1]. Et adonc le roi et ceux de son
conseil, voyant la forme et manière de ladite excommunication, tant par l'enhort (conseil) et l'ins-

---

Dame de Paris, présents l'évesque de Paris, l'université, le
chancellier de ladicte esglise, et mout grant peuple, fut ars
le propos fait, ores a cinq ou six ans, à l'ostel de Saint-Pol,
devant le roy nostre sire, à Paris, par maistre Jehan Petit,
maistre en théologie de la nation de Normandie, sur la
justification du duc de Bourgongne, sur le meurtre fait en la
personne du feu duc d'Orléans, frère germain du roy, nostre
seigneur; et aussi furent ars pareillement les pareils propos
qui furent trouvez en exécutant certaines sentences jugées
par plusieurs intervalles de temps et diverses sessions faites
en la salle dudit évesques, comme l'en disoit, par les maistres de la faculté de théologie de ladicte université, et ledit
inquisiteur, et prononcée vendredi dernier passé en ladicte
salle pour plusieurs erreurs et poincts touchant la foy trouvez
ès ditz propos.

1. La soustraction à l'obédience de Bénoît fut publiée le
15 mai 1408, d'après les instances de l'université de Paris. Bénoît, qui s'en doutoit, avoit envoyé deux messagers

tigation de l'université de Paris, comme de la plus grande partie de ceux de son conseil, et avec ce, tous les princes là étant, furent fortement émus contre lui; et pourtant le roi se sépara et retrahit de l'affection et obéissance d'icelui pape.

CHAPITRE XLII.

S'ensuit la teneur desdites lettres apostoliques reçues par le roi.

Benedict, évêque, serf des serfs de Dieu, à très chier fils en Jésus-Christ, Charles, roi de France, salut et bénédiction apostolique. Plût à Dieu, très cher fils, que tu eusses pleine connoissance de l'amour et affection que nous avons à ta noble et puissante personne, et que tu entendisses la pureté de notre courage (cœur); en vérité tu connoîtrois comment nous avons grand' liesse de ta bonne prospérité et profit, comme doit avoir le père à son enfant, et grand' tristesse et douleur de tes tribulations et dommages. Si de ce eusses connoissance, tu ne voudrois pas ouïr les mal parlants nous détrayant et faussement notre procès, et affaires nous repro-

---

chargés de lettres remplies de témoignages d'amour ; mais on trouva au fond du paquet les bulles d'excommunication. Le conseil s'assembla, et sur le rapport du chancelier, elles furent déchirées en plein conseil (*Voyez* le moine de Saint-Denis, à l'année 1408).

chant, afin que par lesdits médisants tu ne fusses pas corrompu, mais nous aimerois comme le fils doit aimer son père; et cesseroient en ton royaume les tourbillons de tes persécutions faites contre notre mère sainte église.

Tu sais bien, glorieux prince, et par publique renommée est venu à la connoissance, qu'en grand' sollicitude et instance, nous avons souffert moult grands labeurs, afin que par nous la paix de l'église pût être trouvée et procurée, et grand' diligence avons fait vers iceux qui ont nourri par plusieurs ans le schisme et division moult périlleuse, en occupant le siége apostolique follement, par entreprises de fait, et mêmement vers l'ange Corracian, qui s'appelle Grégoire, lequel, pour le présent en cette partie, est adversaire de l'église; et que rien n'a voulu amener à effet de ce qu'il avoit promis à laisser la papalité, et convenir et assembler en la ville de Savonne, et autres lieux de son obéissance; mais a prolongé et démené la besogne de Dieu par dilations de nulle valeur. Et jaçoit-ce qu'il soit tout notoire, tant qu'il ne peut être celé, qu'il n'a point tenu ni tient à nous, que vraie union ne soit brièvement en sainte église de Dieu, et tout schisme debouté et mis à néant, toutefois ils sont aucuns, comme nous avons ouï dire, qui par-devers toi, en malice et sans cause, de nous murmurent, eux enforçant par leidenges (injures) maudites de déchirer et diminuer ou amoindrir la pureté de notre renommée.

Aucuns sont mettant leur étude à troubler la dévotion de toi et des autres princes de ton sang, en blâmant nos faits injustement, et affirmant ce qui n'est pas vérité, c'est à savoir, que nous ne mettons point diligence que vraie union soit en sainte église.

Vraiment à telles personnes doit pour nous vérité répondre, et détruire les fictions des faussetés d'iceux; et si croyons qu'il a été fait par l'enhortement d'iceux, que nous n'avons point les droits de notre chambre jà par l'espace de deux ans; car icelui édit a été fait en ta cour, par lequel nos droits nous sont soustraits, et à nous n'est pas obéi en ton royaume, et toutefois nous espérions à avoir consolation et repos par toi, duquel les prédécesseurs grandement, au temps passé, ont labouré pour détruire schisme et erreur en sainte église, et avoir paix et union. Derechef, ceux de ton royaume font rébellion contre l'église romaine, en appelant de nous contre les constitutions canoniques, et leur est souffert semer diverses erreurs contre la pureté de la loi.

Mais encore avec ce que dessus est dit, qui grandement nous déplaît à conter, en cette ville, en notre présence, notre très cher fils, Jean de Château-Morant, et Jean de Conssy, nobles hommes, tes ambassadeurs sont venus, qui de par toi nous ont présenté unes lettres scellées de ton scel, par lesquelles tu nous fais à savoir, que si dedans la fête de l'Ascension prochain venant, union n'est faite et trouvée, et un vrai et seul pape et pasteur de l'église universelle n'est eu ou élu, toi, le clergé, et autres gens de ton royaume, et aussi de la duché de Guyenne ferez neutralité ; et ne ferez, prêterez ou démontrerez, ni souffrirez par aucun de tes sujets de adonc, ni en après ensuivant, à nous ou à aucuns qui tiennent notre état, être faite ou démontrée aucune obédience. Pour lesquelles choses, tres cher fils, tu dois grandement considérer que nous avons cause d'avoir grand' douleur au cœur ; ce ne sont mie signes d'amour de cher fils démontrées à son père ; et des choses dessusdites ensuivent moult d'autres inconvénients ; car iceux qui à toi et aux autres princes de ton sang baillent telles paroles envenimées, toi et les autres pourroient faire cheoir en perdition avec eux. En cela renommée de ta noble maison est grandement blessée, et par grand péché en ce est faite détraction à la divine puissance, en voulant mettre terme et fin à la miséricorde de Dieu.

L'union que tu penses est droitement un péché et persévération du schisme ; car notre adversaire et ses ensuivants, pour les choses dessusdites élévés en orgueil, ne pourront point être ployés ni induits en concorde, mais seront plus obstinés, ayant espoir que prochainement, à nous et notre partie sera faite la substraction d'obédience ; et par ainsi eux qui étoient jà tous mattés et déconfits par nos oppressions, seront renforcés et corroborés.

» Vraiment, très, cher fils nous, à qui Dieu a baillé la garde de son peuple, ne pouvons plus souffrir par raison telles choses, qui redondent en l'offense de la divine majesté, et péril des ames, et turbation de ladite union, et l'élection et renommée de toi et ta mégnie (famille), mais grandement, doutant de ta damnation par telles subjections et mauvais enhort (conseil), te prions et enhortons en notre seigneur, notre vrai sauveur, que ne veuilles ouïr iceux mauvais, qui par aventure quièrent à trouver leur profit ou dommage de nous et de l'église, et la perturbation de toi et des tiens. Quant est de notre procès, tu en as assez connoissance pleinement, par ce que nous à toi avons écrit. Veuille étudier, et considérer en repos d'esprit, en ton sage conseil, les causes et ordonnances, et la pure intention de nous; veuille en outre révoquer, rappeler, et annuler les grièves entreprises et dommages faits à nous et à l'église, en ton royaume et en tes terres, et ramener ou faire ramener par vrai jugement; à l'état d'eux et premier en après te mandons que ne veuilles nouvellement procéder à ce que tu nous as écrit; car il n'affiert (sied) pas à l'honneur de ton excellente personne.

» Si ainsi est que tu veuilles obéir aux mandements et exhortations de ton père avec la louange humaine, tu auras moult grand mérite perdurablement devers Dieu, en inclinant à toi la faveur du siége apostolique et la nôtre. Très amé fils, garde qu'aucun ne te déçoive par vaine erreur. Si voulons que saches, et par ces présentes te faisons savoir, qu'outre les peines et sentences prononcées en droit, nous avons fait n'a guère autres constitutions, que nous à toi envoyons sur notre bulle avec ces présentes, par lesquelles toi et autres tellement délinquants et désobéissants que Dieu ne veuille, seront punis. Et ce nous avons fait pour toi et les autres princes préserver et retraire de si griève offense de lèse-majesté, tant qu'en nous est, pour l'amour paternel qu'avons à toi et aux autres princes, et afin qu'au dernier jour du jugement nous ne soyons pas coupables, en dissimulant des ames qui par ce pourroient périr. Donné au Port-de-Venerre (Port-Vendre), au diocèse de Gênes, le vingt quatrième jour du mois de mars et le quatorzième an de notre papalité. »

CHAPITRE XLIII.

S'ensuit la teneur des bulles dudit pape de la Lune, par lesquelles il excommunie le roi et les autres.

« BENEDICT, évêque : serf des serfs de Dieu, à perpétuelle mémoire. Parce que les malices des hommes croissent, nous voyons le monde aller de mal en pis, et les pensées des hommes tellement accoutumées à mal, que toujours ajoutent mal sur mal : et afin que les bons mêlés avec les mauvais ne soient pas corrompus par malice ou erreur, et que la hardiesse des mauvais présomptueux soit restreinte des vices, au moins par la cremeur (crainte) de la peine : il est venu à notre connoissance, par publique et commune renommée, qu'aucuns pleins de perdition, tant d'église comme séculiers, veuillants monter plus haut qu'ils ne doivent, dont ils ont à trébucher périlleusement, abusés et déchus par les fallaces de celui, qui se tranfigure en forme d'ange de lumière, afin qu'il déçoive les autres, ont préparé grand' esclandre aux simples et frêles, et grand' matière de travail à ceux qui sont plus fermes et plus stables, eux à leur pouvoir efforçants de détruire et diviser l'église catholique par schisme, et empêcher la très sainte union d'icelle ; car jaçoit-ce qu'après que nous fûmes pris pour être évêque souverain et apostolique, et aussi deux ans par avant que nous étions en mûr état, et eûmes mis grand diligence de détruire ce schisme horrible, qui jà a duré en l'église de Dieu par trente ans ou à peu près, dont c'est grand' douleur, et encore dure pour le péché des hommes, et que nous eussions déclaré à l'ange Corracian, qui s'est bouté de fait au siége apostolique, et s'est fait par ceux à lui obéissants, nommer Grégoire, la voie de renonciation par nous être à faire purement et franchement comme il est, ès lettres apostoliques données à Marseille le second jour de février, l'an dessusdit de notre papalité, plus pleinement contenu ; et de rechef avons promis de convenir en certains lieux avec l'ange Corracian, et de comparoir en notre personne, pour démener duement les choses dessusdites à exécution, comme il appert par les instruments sur ces faits.

» Toutefois les dessusdits fils d'iniquité s'efforcèrent de tout leur pouvoir, et par manières non licites, par fraudes et couleurs feintes, d'empêcher nous et nos frères les cardinaux en cette salvable exécution, despitant les liens de sainte église et feignant eux avoir grand amour et désir à l'union de sainte église, en eux soustrayant follement de l'obéissance de nous et de notre église, et à la défense de leur erreur appelants de nous ; toute fois il n'appartient point à ce faire de droit. Et jaçoit-ce que patiemment nous ayons souffert aucunement les choses dessusdites par dissimulation, en révoquant iceux, et promovant à pénitence, et eux retourner au sein de leur débonnaire mère sainte église ; néanmoins ils persévèrerent en plus grand' présomption et hardiesse. Pour ce, après mûre délibération eue sur les choses dessusdites, par cette constitution perdurablement à durer, nous prononçons sentence d'excommunication contre tous ceux qui empêcheront sciemmement l'union de l'église susdite en notre personne, ou les personnes de nos vénérables frères les cardinaux de sainte église de Rome ; et en l'exécution des dessusdites par nous offertes et accordées avec l'ange Corracian et ses messagers, ou qui appelleront de nous, ou de nos sucesseurs les évêques romains entrant à la papalité droiturièrement, ou qui bailleront faveur auxdites appellations, subtractions, ou perturbations, par eux, ou par autrui, par quelque occasion ou couleur que ce soit, et tous ceux qui, obstinément, affirmeront iceux non être liés, ou excommuniés par notre sentence, de quelque degré qu'ils soient en dignité de cardinal, de patriarche, d'archevêque, d'évêque, d'autorité ou de majesté royale ou impériale, ou de quelque état tant d'église comme séculière. De laquelle sentence nuls ne peuvent être absous fors par le pape, excepté tant seulement en l'article de la mort. Et s'il advenoit que par aventure aucun ainsi fût absous audit article, nous voulons et déclarons que tantôt qu'il sera guéri, se présentera au siége apostolique pour recevoir absolution, en faisant satisfaction, comme il appartiendra de justice ; et si de rechef et de fait il recheoit en celle même sentence d'excommunication, laquelle sentence ainsi jetée par nous, s'il l'a soutenu par courage dur et obstiné par l'espace de vingt jours, s'il est lay, de quelque état, degré, condition, ou dignité et dessus nommés, soit prince ou autre séculière personne, quel qu'il soit, nous le soumettons à l'interdit de l'église, avec toutes ses terres, villes, cités, châteaux, et généralement tous autres lieux qu'il tient ou tiendra. Si ce ont été universités, semblablement elles seront subjettes à l'interdit de sainte église. Et pource qu'à bon droit aucunes fois par ingratitude les bénéfices sont révoqués, tous ceux et un chacun d'iceux, tant d'église comme séculiers, et ceux qui ès choses dessusdites leur donneront faveur, conseil, et aide comme dit est, et auront soutenu lesdites sentences par l'espace de vingt jours prochains après ensuivants, seront privés de toutes indulgences, priviléges, grâces, libertés et franchises à eux données et accordées par le siége apostolique, conjointement, ou divisément, sous quelque forme ou expression de paroles. Lesdits clercs seront privés de tous leurs bénéfices d'églises, dignités, personnats ou offices atout (avec) cure, et sans cure. Et aussi jaçoit ce qu'ils soient de la dignité d'évêque, d'archevêque, patriarche, cardinal, ou quelconque autre dignité; dès maintenant, par autorité apostolique, et par pleine puissance, et de fait et de certaine science, nous les déclarons être privés; et les vassaux et hommes obligés et tenus à eux par serment de loyauté ou par quelconque autre obligation, nous les déclarons être quittes et absous; et les fiefs, honneurs, droits, offices et autres biens meubles et non meubles tenus des églises retourneront aux gouverneurs d'icelles, pour en disposer à leur volonté; ni nulle audience de cause ne sera donnée à tels pécheurs et transgresseurs. Leurs sentences et procès faits par iceux qui sont tabellions ne seront de nulle valeur. En après tous qui auroient fait compagnie et alliance durant ladite contumace et rébellion, ou qui leur auront aidé ou donné conseil, faveur ou aide, publiquement ou secrètement, si ce sont singulières personnes, cités, châteaux ou lieux, ils seront punis, interdits et excommuniés, ainsi comme lesdits pécheurs et transgresseurs, et par la manière que dessus est déclarée; et avec voulons, et est notre intention, que les peines ordonnées de droit par nos prédécesseurs contre tels pécheurs, soient et demeurent en leur valeur et effet, nonobstant quelconques constitutions, ordonnances, libertés, grâces, franchise et indulgences apostoliques, octroyées et données de nous ou de nos prédécesseurs évêques romains, par quelconque forme et manière qu'elles soient données; de certaine science et par ces présentes nous les révoquons, en tant qu'elles aucunement pourroient être contraires ou bailler empêchement aux choses dessusdites. A nul homme donc ne soit licite d'enfreindre, ou aller à l'encontre, par hardiesse folle ou présomptueuse, de ces présentes contenant notre déclaration, supposition, juration, confiscation, annulation, cassation, irritation, murmuration, question, volonté. Si aucuns sont si hardis d'aller à l'encontre, ils sachent eux encourir l'indignation de Dieu tout puissant, de saint Pierre et de saint Paul, ses benoits apôtres. Donné à Saint-Victor de Marseille, la vingt et troisième calende de mars, et de notre papalité l'an treizième. »

CHAPITRE XLIV.

Comment l'Université de Paris fit proposer devant le roi, contre le pape de la Lune; et du partement du roi Louis de Sicile, et du Borgne de la Heuse.

Au commencement de cet an[1], l'université de Paris fit proposer par maître Jean Courte-heuse, natif de Normandie, contre le pape Bénédict, en la manière ci-après déclarée, où étoient présents les rois de France et de Sicile, les ducs de Berri et de Bourgogne, de Bar et de Brabant; les comtes de Mortagne, de Nevers, de Saint-Pol, de Tancarville; le recteur de l'université, les suppôts et députés de par icelle, et plusieurs autres grands seigneurs, avec grand' multitude de clergé et de peuple de Paris; le comte de Warwick, anglois; les ambassadeurs d'Écosse et de Galles, qui lors étoient tous à Paris; et fut cette proposition faite en la grande salle du Palais. Si prit icelui maître Jean son theume (thême) au septième psalme. *Convertetur dolor in caput ejus, et in verticem ipsius iniquitas ejus descendet*, c'est-à-dire : La douleur

---

[1]. Monstrelet commence l'année à Pâques, qui tombe, pour l'année 1408, le 15 avril.

sera convertie en son chef, et la iniquité de lui
descendra sur lui. Et fit six conclusions : La première, que Pierre de la Lune étoit schismatique
obstinément. voire hérétique, troubleur de la paix,
et union de l'église; la seconde, que ledit Pierre ne
doit point être renommé Benedict, pape, cardinal,
ni par aucun nom de dignité; ni à lui comme pasteur de l'église on ne doit point obéir, sur les peines
ordonnées contre ceux qui baillent faveur à schismatiques; la troisième conclusion, que les faits, les
dits, les collations, provisions, sentences et procès
du temps de la date de la lettre, faite en manière de
bulle, ni quelconques peines temporelles ou spirituelles, claires ou obscures, qui contenues y sont,
sont de nulle valeur; la quarte conclusion, que
ladite lettre d'elle-même est mauvaise, séditieuse,
pleine de fraude, troublant la paix, et offensant
la majesté royale; la cinquième conclusion est
qu'audit Pierre de la Lune, ni à ses lettres ou
mandements, nul ne doit obéir, sur peine de bailler
faveur à schismatiques; la sixième conclusion,
qui est à procéder contre ledit Pierre, et contre
ceux à lui favorables, et retenant ses lettres.

Après lesquelles six conclusions déclarées, furent
faites certaines requêtes au roi de France par les
dessusdits proposants, et par l'université. La première requête, que bonne information soit faite
diligemment d'icelle lettre, et soient pris tous les
sustanteurs et recepteurs pour les punir et corriger
selon leur cas; desquels moult il y a en ce royaume;

et seront dénommés par l'université en temps et en lieu. La seconde requête, que le roi dorénavant, ni nuls de son royaume, de quelque état qu'ils soient, ne reçoivent lettres dudit Pierre de la Lune. La tierce requête, qu'il soit commandé de par le roi à ladite université sa fille, que par icelle la vérité soit prêchée par tout le royaume. La quarte requête, que l'évêque de Saint-Flour, qui a été envoyé devers ledit Pierre en ambassade, soit révoqué; et soit retenu et pris, maître Pierre de Courcelles, Sansien le Leu, le doyen de Saint-Germain d'Auxerre, et iceux punis selon leurs démérites. En outre que la lettre, faite en manière de bulle, soit déchirée comme injurieuse et offensive à la majesté royale, avec protestation de procéder à plus grandes choses touchant la foi, et d'expliquer et démontrer les choses dessusdites devant ceux auxquels il appartiendra, en temps et en lieu, lesquelles requêtes prestement furent octroyées du roi à ladite université. Et adonc, devant tous ceux qui là étoient, ladite lettre fut échirée et rompue par le recteur de l'université. Le doyen de Saint-Germain d'Auxerre fut là pris en présent et mis en charte; et tantôt après fut pris l'abbé de Saint-Denis en France, et maître Jean de Sains, jadis secrétaire du roi, et plusieurs autres hommes de nom, et tenus prisonniers au Louvre; et auquel temps aussi, par la diligence des gens du roi, le messager qui avoit apporté les bulles devantdites fut tellement poursuivi, qu'il fut pris vers Lyon sur le Rhône, et ramené prisonnier à Paris avec le dessusdit Sansien le Leu, qui avoit été pris en l'église de Clervaux.

Si étoient alors le roi, tous les princes et le clergé moult ennuyés et courroucés contre ledit pape de la Lune ; lequel pape, après qu'en assez bref temps il fut venu à sa connoissance, comment il avoit ému le roi de France, ses princes et l'université de Paris contre lui, et de ce en moult grand doute et cremeur (crainte), se partit du port de Vendre, seulement avec quatre cardinaux, par mer, et de là s'en alla en Arragon, et puis en Perpignan. Auquel temps aussi le roi Louis de Sicile prit congé du roi de France pour partir de Paris, et aller en Provence contre aucuns favorables au roi Lancelot (Ladislas) son adversaire. Si étoit lors la reine de France à Melun ; auquel lieu alla le roi et s'y tint par aucun peu de jours, puis retourna à Paris, où étoient encore les ambassadeurs du roi d'Écosse. Lesquels, après qu'ils eurent reçu grand' somme de pécune du roi pour mener guerre aux Anglois, prirent à lui congé, et s'en retournèrent en leur pays. Et d'autre partie, le roi octroya à ceux de Galles, un an durant, à ses dépens, trois cents hommes d'armes, et deux cents arbalêtriers, desquels fut conducteur le Borgne de la Heuse, chevalier de grand renom, natif de Normandie ; et lui fit le roi délivrer navire et argent pour faire sondit voyage en Galles.

CHAPITRE XLV.

Comment le duc de Bourgogne se partit de Paris pour le fait du Liége ; du roi d'Espagne et du roi de Hongrie, qui écrivit à l'Université de Paris.

Le cinquième jour de juillet audit an, le duc de Bourgogne, avec lui ses deux frères, se partit de Paris en grand' indignation de plusieurs princes et gouverneurs du royaume, et s'en alla à Arras faire la fête de l'évêque de ladite cité, nommé Martin Poirée, de l'ordre des prêcheurs, lequel étoit son confesseur; et de là s'en alla à Gand voir la duchesse sa femme. Si fit grands préparations pour aller secourir Jean de Bavière, son beau-frère, évêque de Liége, lequel pour lors étoit bouté par les Liégeois hors de son pays ; et l'avoient assiégé dedans la ville du Trect (Maestricht), où il s'étoit mis à refuge avec plusieurs gentilshommes qui tenoient son parti ; et y étoit le seigneur de Pierwess, leur chef et conducteur, avec lui son fils qu'ils avoient élu leur évêque au lieu dudit Jean de Bavière ; et d'autre partie le duc Guillaume, comte de Hainaut, auquel icelui Jean de Bavière étoit frère, le comte de Conversant, seigneur d'Enghien, avec lui, et plusieurs grands seigneurs de ses pays, fit assembler très grand nombre de gens d'armes; lequel, avec les seigneurs de Croy et Heilly, que lui envoya le duc de Bourgogne, bien accompagnés de grand' foison de gens de guerre, se tira vers le pays de Liége pour y faire guerre à la cause dessusdite. Et premièrement ardirent une maison et cense d'une église de l'ordre de Citeaux, et puis chevauchèrent devers Fosses et Florines[1], et surtout le pays de la rivière de Sambre, auquel ils firent moult grand dommage et par feu et par épée. Et de fait prirent aucunes petites forteresses d'assaut, dedans lesquelles furent mis à mort cruellement tous ceux qui étoient dedans; et n'étoit lors en icelui pays épargnée quelque créature, de quelque état qu'il fût, que tout ne fût mis à l'épée.

Si furent en ce voyage faits nouveaux chevaliers, Pierre de Luxembourg, comte de Conversant, Engilbert d'Enghien, et plusieurs autres. Et après qu'icelui duc eut moult dégâté le pays, doutant que lesdits Liégeois ne vinssent pour le combattre, lesquels étoient trop plus puissans contre lui, et en trop grand nombre, s'en retourna hors du pays embrasant icelui, et boutant les feux partout atout (avec) ses gens, qui étoient grandement remplis de leurs biens qu'ils avoient trouvés, et revint en son pays, pour illec derechef assembler plus grand' puissance, avec celle dudit duc de Bourgogne, sur intention de retourner audit pays de Liège, et combattre les dessusdits Liégeois.

---

1. Ville et village de l'évêché de Liége.

Auquel temps avoit forte guerre entre les Espagnols et Sarrazins du royaume de Grenade; car le roi d'Espagne, grandement accompagné de ses Espagnols et de messire Robinet de Bracquemont, chevalier, natif de Normandie, entrèrent en vingt-trois galées, lesquelles étoient bien fournies de gens d'armes, et allèrent combattre sur la mer lesdits Sarrazins, qui avoient vingt-deux galées bien armées, qui du tout furent détruites, et ceux de dedans mis à mort.

Es quels jours le roi de Hongrie écrivit lettres à l'université de Paris, desquelles la teneur s'ensuit.

Premièrement la subscription étoit : « A vénérables, sages et prudents hommes le recteur, et université de l'étude de Paris, nos dévots et âmés. »

La narration si étoit :

« Nobles hommes, et très renommés en science par tout le monde, nous avons reçu très agréablement votre épître pleine de subtilité de sentence, et ornée d'éloquence de paroles, réputant votre cure et étude être piteuse et dévote, et très agréable à Notre-Seigneur et au Saint-Esprit, et très profitable à tous chrétiens. Icelle opinion par toutes parts et par toute raison est ensuivie, car telle abomination est pour le présent élevée et révélée en l'église de Dieu, que nous considérons que tout chrétien de cœur de pensée et d'œuvre, devroit à Dieu faire prières, afin que par sa grâce voulsît y pourvoir de remède convenable, parquoi ladite abomination, c'est à savoir, schisme et division, qui jà a duré par l'espace de trente ans, fût détruite par vraie union. Car, si brièvement à ce n'est remédié, il est à douter que par cette double division ne s'ensuivent trois divisions. Et pour cette cause et aucunes autres, nous avons envoyé notre orateur à très chrétien prince, notre seigneur, le roi de France, afin que notre légation envoyée devers lui, et son conseil, ne fût point empêchée, tant par les mécréants comme par les autres; par laquelle à lui requérons féablement, qu'il nous envoie aucuns de sa noble, haute et puissante lignée, pour nous aider et conseiller en nos affaires, comme nous avons espoir qu'il fera, sachant que si ce il nous octroie, nous serons toujours prêts à lui servir et faire plaisir, comme autrefois avons été. Donné à Rome, l'onzième jour de juin, et de notre règne, le vingt-deuxième. »

CHAPITRE XLVI.

Comment tous les prélats et gens d'église, de toutes les parties de la France, furent mandés à Paris; et la venue de la reine et de la duchesse d'Orléans.

En ces mêmes jours furent mandés en la plus grand'partie du royaume de France et Dauphiné, les prélats et gens d'église, ou leurs procureurs, à venir à Paris devers le roi, et son conseil, pour avoir avis et délibération, principalement sur l'union de l'église, et aussi sur autres besognes touchant le bien et honneur de la personne du roi et de son royaume, lesquels y vinrent en très grand nombre, et s'assemblèrent, la nuit Saint-Laurent, en la grand'salle du palais, environ huit heures du matin, où étoit président, au lieu du roi qui étoit malade, le chancelier de France. Si y célébra la messe solennellement du Saint-Esprit, l'archevêque de Toulouse. Après laquelle un maître en théologie, très renommé, de l'ordre des frères prêcheurs, proposa notablement, en la présence du duc d'Orléans, du duc de Berri, et de plusieurs grands seigneurs, avec le recteur de l'université, et grand'multitude de clergé. Si prit son thème : *Quæ pacis sunt, sectemur, et quæ ædificationis sunt, invicem custodiamus ; ad Rom.* 4. C'est-à-dire monseigneur saint Paul dit aux Romains, au ch. 4. : « Nous devons ensuivre les choses de paix, et garder ensemble les choses qui baillent édification. »

Lequel proposant dit moult de choses de la paix, concorde, et union être mise en l'église, et le démena par manière de procès, longuement et très éloquentement, en disant comment Pierre de la Lune, du premier jusques au derrain (dernier), s'étoit très mauvaisement porté à procurer la paix et union de l'église, démontrant icelui être schismatique, hérétique et obstiné en mal ; et moult par la de ladite obstination, en déclarant icelle par six manières ; pour laquelle chose le roi de France avoit autrefois fait neutralité contre lui, en lui soustrayant de son obédience. Après ce, icelui proposant nota par point les choses contenues èsdites lettres faites en manière de bulle, en démontrant comment elle étoit pleine de fraude et de déception, offensive à la majesté royale, et que pour ce, tous ceux là étant, avoient été mandés de par le roi, afin que les choses dessusdites leur fussent notifiées, et que sur ce ils baillassent conseil, aide et faveur au roi, pour avoir paix et union en ladite église, comme ils y étoient tenus.

Et entre temps que ces choses étoient dites et faites, maître Sansien le Leu, et le messager de Pierre de la Lune, qui avoit apporté les lettres dessusdites au roi, tous deux Arragonnois, mitrés, et vêtus d'habillements où étoient figurées les armes d'icelui Pierre de la Lune renversées, furent amenés moult honteusement et déshonnêtement, sur un bannel (tombereau), du Louvre, en la cour du palais, et prestement, emprès le marbre, au pied des grands degrés, fut un échafaudis levé, sur lequel tous deux furent mis, et montrés moult longuement à tous ceux qui voir les vouloient; et avoit écrit èsdites mitres: *Ceux-ci sont déloyaux à l'église et au roi,* et après furent ramenés au Louvre sur ledit bannel, comme dessus, et le lendemain s'assembla ledit conseil au palais, où étoit présent, au lieu du roi, le chancelier de France.

Auquel lieu maître Ulfin Talvande, natif de Normandie docteur en théologie très renommé, proposa pour l'université de Paris, et prit son thème du centième psalme : *Fiat pax in virtute tuâ*, en dressant ses paroles à la personne du roi, et aux seigneurs de son sang là étant présents, de par ladite université, en eux exhortant, qu'ils voulsissent (voulussent) entendre par toutes manières qui seroient possibles, de faire cesser ce périlleux schisme, et, à leur pouvoir, procurer la paix et union de sainte église universelle, démontrant derechef la mauvaiseté dudit Pierre de la Lune, par trois claires raisons, disant comment il étoit schismatique, hérétique obstinément, et qu'il ne devoit point être nommé pape, Benedict, ni cardinal, ni par aucun nom de dignité, et que nuls ne devoient à lui obéir, sur peine due aux favorables à hérésie et à schisme; et raconta moult de fois aucuns cas de papes de Rome, convenables à son propos, et la conclusion du derrain concile, laquelle fut, que si ledit Pierre de la Lune, et son adversaire, ne faisoient paix et union en l'église dedans l'Ascension, comme ils avoient promis, tout le royaume de France généralement, et ceux de la Dauphiné se soustrairoient de leur obéissance; car ainsi l'avoient conclu lesdits prélats, qui audit concile avoient été, comme il apparoît par lettres scellées de leurs sceaux, que avoient par-devers eux ceux de ladite université. Et pour ce ladite obédience est soustraite de par le roi, jusques à ce que vrai, seul, non douteux pape et pasteur de l'église universelle soit élu et déclaré.

Et si fut pareillement déclaré par ledit proposant, comment on se devoit avoir en dispensations pour les consciences, et ès collations des bénéfices, et autres choses, tant audit royaume, comme en la Dauphiné durant ladite neutralité, et aussi quelles choses on devoit conclure sur les besognes dessusdites. C'est à savoir finalement, que nul, sur les peines dessusdites, de quelque état qu'il fût, ne fît obéissance aux deux papes dessusdits après le jour qui étoit déclaré, et sur peine d'encourre l'indignation dudit roi.

En après fut requis par icelui, que les lettres dont par-devant étoit faite mention, fussent déchirées publiquement, et pareillement unes autres, qui autrefois avoient été apportées à Toulouse. Si en fut ainsi fait, et avec ce fut ordonné à tous les prélats et autres gens d'église, que chacun endroit soi, ès mettes de ses bénéfices, fît publier haut et clair, et par plusieurs jours en ladite université, ladite neutralité. Et avec ce leur fut baillé par écrit, de par icelle université, tous les points et articles touchant cette matière, et comment ils s'avoient à gouverner. Après lesquelles besognes traitées et remontrances faites, comme dit est, chacun se départit. Et le lendemain les deux Arragonnois dessus nommés, tous deux furent derechef menés et échafaudés, et menés parmi Paris, comme autrefois avoient été.

En ces jours la reine, qui par certains jours avoit été à Melun, vint à Paris, et amena son fils le dauphin, lequel étoit monté sur un cheval blanc, lequel conduisoient quatre hommes de pied, et alloient après le chariot de ladite reine : et derrière ledit dauphin suivoient les ducs de Berry, de

Bretagne et de Bourbon, le comte de Mortagne, le comte de Clermont, le comte de Vendôme, et grand nombre de grands seigneurs, tant gens d'église, comme séculiers, chevaliers et écuyers ; à laquelle venue fut faite grand' liesse de Parisiens, et fut crié Noël en plusieurs lieux. Et ainsi s'en allèrent loger icelle reine, le dauphin son fils, et Louis de Bavière, son frère, au châtel du Louvre ; et le lendemain vint audit lieu de Paris, la duchesse d'Orléans douaigiere (douairière), et sa belle-fille Isabelle, aînée fille au roi de France, accompagnées de plusieurs gens notables, chevaliers et autres, tous vêtus de deuil, à l'encontre desquels issirent tous les princes dessusdits, qui les conduisirent et menèrent devers la reine, et le duc d'Aquitaine pour eux faire requête qu'ils pussent avoir justice et raison de la piteuse mort du duc d'Orléans défunt, et aussi faire répondre et proposer à l'encontre de ce que le duc Jean de Bourgogne avoit fait proposer, proclamer et divulguer contre ledit duc publiquement naguères, comme dessus est déclaré contre son seigneur et mari ; laquelle requête finalement elle obtint.

CHAPITRE XLVII.

Comment la duchesse d'Orléans et son fils firent proposer à Paris, à l'encontre du duc Jean de Bourgogne, pour la mort du duc d'Orléans.

Ensuivant huit jours après, le duc d'Orléans, accompagné de trois cents hommes d'armes ou environ vint à Paris. A l'encontre duquel allèrent le duc de Berry, et les autres grands seigneurs de son lignage. Lequel duc d'Orléans entrant par la porte saint Antoine, alla au Louvre devers la reine, et son fils le duc d'Aquitaine, son cousin-germain, auxquels il recommanda sa besogne et sa personne moult honorablement, comme il appartenoit, et puis présentement, lui partant de là, s'en alla voir la duchesse sa mère et sa femme.

Et après les choses dessusdites, ledit duc d'Orléans, lesdites duchesse, sa mère et sa femme, point ne cessèrent de faire requête au roi et à son conseil, afin qu'il leur fît justice du duc Jean de Bourgogne et de ses complices; laquelle requête par ledit roi leur fut accordée de faire; et eurent audience de faire proposer tout ce qu'il leur plairoit à l'encontre dudit duc de Bourgogne et ses complices. Et adonc le duc d'Aquitaine représentant la personne du roi avec sa mère, par le commandement du roi, étant en habit royal en la grand' salle du châtel du Louvre, présents les ducs de Berri, de Bretagne et de Bourbon, les comtes d'Alençon, de Clermont, d'Eu, de Mortagne et de Vendôme, et plusieurs autres grands seigneurs dudit conseil, et aussi plusieurs autres chevaliers, le recteur et l'université de Paris, et très grand' multitude d'autre gens, ladite duchesse douaigière, accompagnée de son fils le duc d'Orléans, de maître Pierre l'Orfévre, son chancelier, de maître Pierre Cousinot, avocat en parlement, et de plusieurs autres gens et familiers, fit lire par l'abbé de Saint-Fiacre, de l'ordre de saint Benoît, les choses contenues en un livre écrit en françois, à lui baillé en sa main, devant tous qui là étoient, confirmées par les dits des prophètes, des saints de l'un et l'autre testament, des philosophes et histoires, publiquement, haut, et entendiblement, mot après autre; duquel livre la teneur s'ensuit :

Roi très chrétien, prince très noble, souverain seigneur, et chef de justice, à toi sont mes paroles adressées, car à toi compète de montrer justice à tous les sujets du royaume de France, auquel non mie tant seulement les pays et régions voisines, mais aussi les étranges nations ou gens prennent exemple, et tiennent la droite sentence de ta justice. A laquelle partie de toi, et de ton renommé conseil, comme à la fontaine de raison et de vérité, je veuille adresser mes paroles en la personne de ma très honorée et très noble dame, Madame la duchesse d'Orléans, et de messeigneurs ses enfants, qui tout déconfortés présentent leur plainte en lamentations et larmes, voyant eux après Dieu nul recours avoir fors en ta pitié et compassion.

Afin que mieux soient conceutes (conçues) les choses que j'ai à dire, et vérité qui ne quiert nulles fallaces puisse plus clairement apparoir, ce présent propos sera divisé en trois parties, et en trois membres principaux : au premier, selon mon pouvoir, je déclarerai que les rois, comme souverains, sont tenus de faire justice à tous sujets à lui, à la conservation de paix sous sa très noble et très puissante seigneurie ; au second membre comment partie adverse, c'est à savoir Jean de Bourgogne, et ceux à lui favorisables et donnant aide et conseil, en ce cas, injustement et honteusement ont occis ou fait occire monseigneur le duc d'Orléans, duquel l'ame soit avec Dieu ; au tiers membre, comment mondit seigneur, mauvaisement et injustement a été accusé de plusieurs cas, et singulièrement de crime de lèse-majesté, auquel il n'avoit nulle coulpe, et comme il apperra ci-après. En outre est à savoir que mon intention est de diviser en six points chacune desdites trois parties : et ainsi conséquemment tout ce présent propos est contenu en dix-huit points [1].

---

1. J'ai sous les yeux deux manuscrits de Monstrelet, qui renferment deux textes assez différents de ce discours, et

Tant qu'est à la première partie, il me semble que le roi est obligé singulièrement à faire justice en ce cas, et spécialement pour six raisons, desquelles la première est la puissance et dignité royale, à ce non mie tant seulement obligée par volonté, mais aussi par obligation d'office, car les rois sont appelés rois pour la cause de faire justice et non pour autre chose. La seconde est fondée en amour fraternelle; car comme dit le commun proverbe, nature ne peut mentir : le roi donc, comme seigneur et frère selon justice et raison, doit maintenir son droit. La tierce raison est la pitié des suppliants, car madite dame d'Orléans, veuve et déconfortée, est accompagnée de ses jeunes enfants et de plusieurs chevaliers menant grand deuil avec elle, pour la cruelle mort de son mari et seigneur.

---

deux manuscrits séparés de ce discours qui ne diffèrent pas moins entre eux que les manuscrits de Monstrelet. Le manuscrit de Monstrelet 8,347.[55] que je suis ordinairement, est à peu près conforme au manuscrit de Coislin 1953, dont j'ai parlé note pag. 303. Le second manuscrit de Monstrelet 8,299.[55], qui est loin d'être aussi correct et aussi complet qu'il est magnifiquement copié, est à peu près conforme au manuscrit 9,681, dont j'ai également parlé note page 303 de ce volume. Comme ce ne sont là que des phrases de rhéteur, j'ai cru inutile de fatiguer le lecteur par des variantes, et me suis contenté du texte imprimé de l'édition de 1596, en y ajoutant ce que j'ai jugé plus essentiel à l'intelligence de l'ensemble des faits ou de la contexture du discours.

La quarte raison est l'énormité du cas, qu'à peine pourroit-on trouver pareil, car à tous ceux qui ont ouï parler dudit escandale, voire étrangers et autres, ledit cas est abominable; et s'il advenoit que le roi n'y pourvût de remède, il convenroit dire qu'il n'est pas seigneur de son pays, et qu'il convient lui humilier, et adoucir au regard de la puissance des sujets. La quinte raison est, que si sur ce n'est faite exécution de justice, maux sans nombre s'en pourront ensuivir, c'est à savoir les pays et cités désolées, voies de fait, procès rigoureux, dure rébellion de sujets. La sixième raison est mauvaiseté de partie adverse, laquelle par sa force et puissance quiert à soutenir son péché en veuillant sans cause plaider l'épée traite. Et en ces six raisons gisent toute la forme du procès.

Tant qu'à la seconde partie, je démontrerai comment partie adverse par six raisons a si grandement péché, qu'il est fort et à peine impossible d'être réparé. La première raison est, car partie adverse nulle autorité n'avoit sur le défunt, pourquoi il fit occire si grand et très noble seigneur, comme il sera dit ci-après. La seconde raison est, car partie adverse nullement ne tint forme de justice au procès en l'exécution de la mort de mondit seigneur le duc d'Orléans; et supposé qu'il eût eu autorité sur lui, ce que pas n'étoit, néanmoins il étoit licite et raisonnable chose la partie être ouïe, et convaincue ou condamnée à mort devant ce qu'on le fît mourir; car vu qu'il n'avoit nulle puissance sur lui ni autorité, de tant moins devoit la forme de son procès colorer son péché. La tierce est fondée ès alliances qu'ils avoient ensemble, non mie seulement pour cause du lignage, mais avec ce avoient faites especiales alliances pour éviter les inconvénients qui se pourroient ensuivre pour la cause de leur division, par lesquelles et selon lesquelles ils ne pouvoient ni devoient, selon raison, nuire ni grever l'un à l'autre sans défiances précédentes; et pour plus grand' confirmation, plusieurs fois avoient juré sur les paroles du canon, et sur la croix de Notre-Seigneur, en baillant avec ce certaines lettres scellées de leurs sceaux. La quarte raison est fondée en ce que la mort de mondit seigneur d'Orléans fut si soudaine, que nuls vrais chrétiens ne pourroient soutenir qu'elle ne fût damnable au regard du malfaiteur et de celui par quel commandement elle a été exécutée. La cinquième raison est démontrée et fondée en ce que évidemment je démontrerai comment partie adverse a fait occire monseigneur d'Orléans, non mie pour bonne fin, ni pour le bien commun, mais pour ambition, convoitise et désir de dominer, et afin qu'il fît les siens riches, et par grand' haine que long-temps avoit tenue en son cœur. La sixième raison est fondée en ce qu'il ne suffit pas à partie adverse la mort de monseigneur d'Orléans, mais avec ce s'est efforcé d'escandalir (scandaliser) et détruire sa renommée, en proposant libelle diffamatoire, et soutenant les ministres et traîtres homicides; et ce touche la seconde partie de mon procès.

Tant qu'à la tierce partie, selon six points qu'elle contient, je mettrai six fausses accusations, par lesquelles partie adverse accuse mondit seigneur d'Orléans; et derechef je mettrai réponses, par lesquelles apperra l'innocence dudit défunt, et ce est tant qu'à la tierce partie, et en ce appert que mon présent propos est divisé en trois parties. La première regarde justice, la seconde la malice de partie adverse, la tierce excuse ledit défunt; mais devant ce que je procède, plus avant en cette matière, je proteste que mon intention est de dire tant seulement vérité, et n'avancer non plus qu'il m'est enjoint de madite dame d'Orléans et de messeigneurs ses enfants. Et est vrai que le proposant pour partie adverse comme mal avisé, appeloit mondit seigneur d'Orléans crimineux, jaçoit-que (quoique) par nulle manière il ait ce approuvé ni vérifié, nonobstant je ne veuille mie ainsi nommer partie adverse, jaçoit-ce qu'il soit tel, car je répute icelui cruel homicide, et par conséquent crimineux, non mie par suspection tant seulement, mais par la confession de sa propre bouche; et pource que sapience vainc malice, selon la sainte-écriture, il me suffit de nommer partie adverse la partie de Bourgogne, car il vaut mieux premièrement démontrer les vices, et après démontrer le duc de Bourgogne criminel, que faire ainsi qu'il fit; c'est à savoir premièrement l'appeler crimineux sans aucune approbation ou vérification. Maintenant donc je laisserai le propos du procès principal, lequel est tel, comme dessus est divisé en trois parties ; et tant qu'à la première partie qui traite de la justice du roi, je prends la parole du prophète qui dit :

Justitia et judicium præparatio sedis tuæ. Car ces paroles sont écrites au 78e psalme, et est autant à dire au roi que justice et jugement sont la préparation de son siége. Tant qu'à la seconde partie regardant la malice de partie adverse, prenons la parole du proposant pour son parti, c'est à savoir : *radix omnium malorum cupiditas, quam quidam appetentes erraverunt à fide.* Cette autorité est écrite en la première épistole (épître) de monseigneur saint Paul à Timothée, au dernier chapitre, et est à dire : Convoitise est la racine de tous maux, laquelle aucuns appétant évanouirent de la foi.

Tant qu'à la tierce partie regardant l'innocence du défunt monseigneur d'Orléans, je prends la parole du prophète, disant au septième psalme : *Judica me secundùm justitiam tuam, et secundùm innocentiam meam super me ;* c'est-à-dire, fais de moi justice selon ta justice, et selon mon innocence sur moi. Après ces choses proposées je viens à la première partie, et prends la parole du prophète, qui dit : *Justitia et judicium præparatio sedis tuæ.* Icelles paroles je puis adresser à la personne du roi notre sire, en disant : justice et jugement sont préparation de ton siége royal, car royaume sans justice ne dessert point être appelé royaume, mais doit être appelé larcin, selon que le dit saint Augustin, au dixième chapitre du neuvième livre de la Cité de Dieu. *Regna, inquit, remota à justitiâ, quid sunt nisi magna latrocinia?* Les royaumes, dit-il, loins de justice, quelles choses sont-ils fors grands larcins? Il appert donc comment le roi est tenu faire justice à tous les sujets, et garder à un chacun son droit; et ce pour six raisons touchées au commencement.

Tant qu'à la première raison, qui est fondée en l'état de dignité royale, est à noter, que dignité royale principalement est instituée à faire justice; le roi vraiment au regard de ses sujets, est aussi comme le pasteur au regard de ses ouailles, comme dit est, en Aristote, au huitième chapitre des Éthiques, c'est-à-dire des moralités, et au cinquième des Politiques, c'est-à-dire du gouvernement des cités, où est déclaré comment le roi est tenu de conserver justice, et au livre du gouvernement des princes.

Justitia, inquit, *regnantis utilior est subditis, quam fertilitas ipsius;* c'est-à-dire que la justice du régnant est plus profitable aux sujets, que n'est la fertilité ou richesse. Et le prophète dit en cette manière : *Honor,* inquit, *regis judicium diligit.* L'honneur du roi, dit-il, aime justice et jugement; cette justice, de quoi est faite mention, ce n'est autre chose que garder à un chacun son droit, de laquelle parole Justinien, l'empereur, au premier livre des Constitutions, dit : *Justitia est constans voluntas unicuique jus suum tribuere;* c'est-à-dire justice est ferme et stable, baillant à un chacun son droit. Et est à considérer que justice ne doit point être régie selon le plaisir, mais selon les lois écrites et les institutions du pays. Considérez donc comment est ordonné à faire justice, et comment à ce faire vous êtes obligés. A vous donc la dame d'Orléans et ses enfants adressent leurs paroles, requérant justice, laquelle vous devez aimer, et garder comme votre propre domination et royaume. Considérez les exemples et les faits des anciens, qui tant aimèrent justice, comme il appert par icelui lequel voyant que son fils avoit desservi de perdre les deux yeux selon les lois du temps, adonc voulut que son fils perdît un œil, et lui propre en perdît l'autre, afin que les lois qui étoient adonc, ne fussent point violées ni corrompues. Ainsi le récite Valérian (Valère-Maxime) au sixième livre, lequel parlant en autre endroit du roi nommé Cambyse, qui commanda à écorcher un faux juge, et fit mettre sa peau sur la chaire du juge, et puis après il établit et constitua le fils dudit faux juge en la chaire asseoir sur la peau de son père comme juge, en lui disant : Quand tu jugeras aucune chose, ce que j'ai fait à ton père te soit en exemple, et sa peau, tenant à ton siège, te soit en mémoire. O roi de France! il te souvienne de la parole que dit David, quand le roi Saül le persécutoit injustement : *Dominus*, inquit, *retri-*

buet unicuique secundùm justitiam suam. C'est à savoir Notre-Seigneur Dieu rétribuera à un chacun selon sa justice. Ces paroles sont écrites au premier livre des Rois, au sixième chapitre. Tu donc, comme vrai ensuiveur de Notre-Seigneur, dois ce faire semblablement selon ton pouvoir, et subvenir et aider à la personne qui est blessée et injustement persécutée.

Item, tu dois avoir mémoire comme Andronice, cruel homicide, fut condamné à mort au lieu où il avoit occis le prêtre de la Loi, comme il est écrit au livre de Machabeus. O roi de France! prends exemple au roi Daire, qui bailla aux lions à dévorer ceux qui mauvaisement avoient accusé Daniel le prophète. Considère la justice exécutée sur deux vieillards qui, par leur fausse accusation, avoient condamné et avoient accusé Susanne. Ces choses ici apparoissent, et sont écrites au livre de Daniel le prophète, aux sixième et quatorzième chapitres. Ces exemples te doivent émouvoir à justice comme roi et souverain; car ainsi que les sujets à toi doivent obéir, en telle manière tu es tenu à eux faire justice; et ainsi que le sujet peut forfaire en désobéissant, aucuns pourroient douter et proposer, que le sujet se pourroit exempter avecque tous ses biens de son souverain pour le refus de justice et équité. Sire, il te plaise à considérer cette parole, car pour justice tu ne dois rien douter, comme je déclarerai ci-après. Et pour la conclusion de cette première raison, dit la parole qui est écrite au livre de Job, au troisième chapitre : *Cum justitiâ indutus sum, et vestivi me vestimento, et diademate in coronatione meâ ;* c'est-à-dire je suis vêtu de justice, et m'en ai vêtu comme de vêtement et de diadème à ma coronation.

Conséquemment, très noble prince, je dis qu'amour fraternelle très grandement te doit émouvoir à justice, car, comme je crois, plus grand' amour ne pourroient avoir frères ensemble que vous aviez. Sois donc vrai ami à ton frère en jugement et en justice, car ce sera très grand' honte et reproche à toi et à la couronne de France, par tout le monde, si justice et réparation n'est faite de la mort de ton frère, si cruelle et infâme. Maintenant il est temps que tu doives démontrer l'amour fraternelle; ne sois point d'iceux amis, de quoi parle le Sage, au huitième chapitre du livre de l'Ecclésiastique, disant en telle manière : *Est amicus et socius mensæ, et non permanebit in die necessitatis;* c'est-à-dire il est aucun ami compain (compagnon) à table et à prospérité; mais il ne sera point ami en jour de nécessité.

Maintenant, comme nécessité le requiert et desire, démontre-toi tel vrai ami, que tu ne sois appelé de tout le monde feint ami, duquel parle Aristote, au neuvième chapitre des Moralités. *Qui,* inquit, *fingit se esse amicum et non est, pejor est eo qui facit falsam monetam.* Celui, ce dit Aristote, qui feint être ami, et il ne l'est pas, il est pire que celui qui fait fausse monnoie.

Si aucun te dit que partie adverse soit de ton

sang et de ta parenté, néanmoins tu dois haïr son péché, tu dois garder justice entre deux amis, selon ledit Aristote au second livre des Moralités. *Duobus,* inquit, *existentibus amicis sanctum est præ honorare veritatem;* c'est-à-dire c'est ferme chose et honorable préhonorer vérité entre deux amis.

Il te souvienne de l'âpre amour qui étoit entre toi et ton frère; non mie que par ce veuille te attraire à faveur, mais tant seulement je te enhorte à vérité et justice. Hélas! ce seroit peu de bien ou heureuseté, être fils et frère du roi, si cette mort si cruelle étoit mise en oubli sans réparation, attendu que celui qui le fit occire, le devoit aimer comme son frère; car en la sainte écriture, les neveux et cousins germains sont appelés frères, comme il appert au livre Génesis d'Abraham, qui dit à Loth son neveu :

Non sit jurgium inter te et me, fratres enim sumus; c'est-à-dire tenson (querelle) ne soit point entre toi et moi, en vérité nous sommes tous frères. Et saint Jacques est appelé frère de Notre-Seigneur; et toutefois ce n'étoit tant seulement que son cousin germain. Donc tu peux dire à partie adverse la parole que dit Notre-Seigneur à Caïn après qu'il eut occis son frère :

Vox sanguinis fratris tui clamat ad me de terra; c'est-à-dire la voix du sang de ton frère crie à moi, de la terre, et certainement la terre crie, et le sang se complaint; et icelui n'est pas homme naturel, ni de bon sang, qui n'a compassion de telle mort si cruelle. Et n'est pas merveilleuse chose, si je dis partie adverse sembler à Caïn, car en lui je vois moult des similitudes de Caïn ; car, ainsi que Caïn, mu par envie, occit son frère, pource que Notre-Seigneur avoit reçu ses dons et sacrifices, et il n'avoit point les siens regardés, et pour tant il machina en son cœur comment il pourroit occire son frère, en telle manière partie adverse, c'est à savoir le duc de Bourgogne, mu par envie de ce que mondit seigneur d'Orléans étoit agréable au roi, il machina en son cœur sa mort, et finablement le fit cruellement et traîtreusement occire, comme il sera démontré en la seconde partie. Après, ainsi que Caïn, mu par convoitise, commit celui inconvénient, ainsi partie adverse en telle manière, mue par convoitise, fit ce qu'elle fit, comme il appert en la manière qu'elle maintint devant et après la mort de monseigneur d'Orléans.

En outre, je trouve que Caïn est interprété acquis ou acquisition. Par tel nom peut être partie adverse appelée ; car vengeance est acquise au roi en corps et en biens ; mais que justice ait régne, et ainsi il sera fait au plaisir de Dieu par sa provision. Et aussi par les choses dessusdites appert comment partie adverse fait raisonnablement à être comparée à Caïn.

Sire, donc il te souvienne de la parole dessusdite adressée à Caïn, c'est à savoir : *Vox sanguinis.* La voix du sang de ton frère, c'est la voix de la dame d'Orléans et de ses fils, criant et requérant à toi justice. Hélas! Sire roi, pour qui voudrois-tu faire justice, si tu ne la faisois pour l'amour de ton frère? si tu n'as été ami à ton sang, à qui seras-tu ami? Donc, attendu qu'on ne te demande fors justice, oh! très noble prince, considère que ton frère germain à toi est ôté ; dorénavant tu n'auras point de frère ni verras, car partie adverse a occis ton seul frère cruellement et ôté de toi. Aies considération qu'il étoit ton frère, et tu trouveras que grandement il doit être plaint, et mêmement de toi ; qu'il aimoit très parfaitement la reine de France, ta femme et tes enfants. Derechef, par le grand sens qui en lui étoit, il honoroit toute sa lignée royale de France; car à peine pourroit-on trouver plus facond, ni mieux proposant, ni répondant devant nobles, clercs et lais. Notre-Seigneur lui avoit donné et octroyé ce que le roi Salomon avoit demandé, c'est à savoir prudence et sapience ; un chacun sait bien qu'il étoit orné d'excellence et d'entendement, dont de lui on pouvoit dire ce qui fut dit de David au septième chapitre du livre des faits des apôtres : *Sapiebat sicut Angelus Domini* : Il avoit sapience comme l'ange de Dieu. Qui voudroit parler de sa beauté naturelle, rien autre chose l'en (ou) ne pourroit dire, fors qu'il étoit ton image et ta semblance. Avec ce, de propre condition, il étoit homme très débonnaire, car oncques ne fit homme mourir ni battre, ni oncques ne procura la mort d'autrui ; et toutefois il avoit assez puissance et autorité de ce faire, et mêmement à ses ennemis, qui disoient mal de lui notoirement, lui imposant les maux que oncques ne pensa; et, en spécial, partie adverse eût-il fait plusieurs fois mourir, s'il lui eût plu; car en grand' puissance n'est pas requise à occire un homme traîtreusement; mais en vérité oncques ne fut de tel sang, car la condition du sang royal doit être de si grand' pitié et loyauté, qu'à peine pourroit-elle souffrir cruauté, homicide, ou trahison quelconque ; et audit sang royal étoit moult prochain monseigneur d'Orléans, car il étoit fils de roi et de reine. O roi Charles ! si tu véquisses maintenant, que dirois-tu ? quelles larmes l'apaiseroient ? qui t'empêcheroit que tu ne fisses justice de si cruelle mort ? Hélas ! tu as tant aimé l'arbre, et si diligemment élevé en honneur, lequel apporta le fruit qui a fait mourir son très cher fils. Hélas ! roi Charles, tu pourrois dire droitement avec Jacob : *Fera pessima devoravit filium meum* : La bête très mauvaise a dévoré mon fils. Partie adverse mauvaisement a reconnu les grands biens, que toi Charles faisois à son père, c'est la reconnoissance du voyage de Flandre, auquel toi et ton royaume mis en péril pour l'amour de son père. En vérité les dons et bienfaits donnés par toi à son père, par lui sont jà mis en oubli. Sire, regarde donc, et avise madite dame d'Orléans, disant en requérant, avec le prophète: *Domine, deduc me in justitiâ tuâ propter inimicos meos* ; c'est-à-dire, Sire, veuille moi mener en ta justice pour mes ennemis. Et ces choses dessusdites sont de la première raison. L'autre raison est fondée en pitié, vue la condition desdits suppliants : c'est à savoir, de madame d'Orléans, veuve et déconfortée, avecque ses enfants innocents, tes neveux, qui sont orphelins, et déconfortés, non ayant père fors toi.

Tu dois donc plutôt être enclin et contendre plus diligemment à faire justice à iceux suppliants, comme ils n'aient nul refuge fors à toi, qui es leur sire souverain, et ils sont tes parents bien prochains, comme tu as bien connoissance. Vraiment à celle pitié t'émeut saint Jacques l'apôtre, en disant : *Religio munda et immaculata est visitare pupillos et viduas in tribulatione eorum ;* c'est-à-dire visiter les orphelins et les veuves, en leur tribulation, est religion pure et nette et sans souillure.

C'est grand' pitié, une telle et si grand dame être en telle peine sans desserte, laquelle peut être comparée à la veuve de qui parle Valérian, au sixième livre. Icelle veuve avoit un fils, lequel injustement avoit été occis ; icelle veuve vint à Octavian, empereur, requérant justice, et disant : Sire, à moi soit faite justice, et raison de la mort de mon fils injuste et mauvaise. Adonc l'empereur, qui jà étoit monté à cheval pour un voyage, lui répondit : Fille, attendez tant que je serai retourné, et adonc je te ferai justice. Et la femme, incontinent, lui dit : Hélas ! Sire, tu ne sais si jamais retourneras, ne veuilles pas mettre justice en dilation. A laquelle répondit l'empereur : Si je ne retourne, mon successeur à toi fera justice. Auquel répondit la veuve : Sire, tu ne sais si ton successeur voudra à moi faire justice ; il pourra être qu'il aura empêchement comme tu as ; et posé qu'il fasse à moi justice, quel honneur sera à toi, et quel mérite auras-tu de ce par-devers Dieu? Tu es tenu de moi faire justice, pourquoi donc quiers-tu en autrui ton fait? Adonc l'empereur, voyant la grand' constance de la femme, et ses paroles être raisonnables, descendit de cheval, et incontinent, sans dilation, à elle fit raison et justice. Et ce fut le mérite pourquoi cinq ans après que ledit empereur mourut dessous la loi païenne, par les prières de saint Grégoire, pape, fut ressuscité et baptisé, selon ce que racontent les histoires.

O roi de France, icelui roi et empereur dois-tu ensuivre en inclinant à madame d'Orléans, veuve déconfortée à toi suppliant, laquelle autrefois à toi a requis, et encore requiert justice de la cruelle et injuste mort de son seigneur, lequel étoit ton frère. En ce ne vaut rien dilation ou attente à tes successeurs rois de France ; car toi, comme roi présent, à ce singulièrement es obligé, considéré l'état des suppliants, c'est à savoir de la dame d'Orléans et de ses fils. Icelle dame est pareille à la veuve, de laquelle parle saint Jérôme, au second livre contre Jovinian, auquel il raconte que la fille de Caton, après la mort de son mari souvent étoit en grands soupirs et gémissements sans consolation ; pourquoi les parents d'elle et voisins lui demandèrent combien celle douleur lui dureroit ? auxquels elle répondit, que sa vie et celle tristesse fineroient tout ensemble. En tel et pareil état sans doute est madame dessusdite, car elle ne peut avoir remède fors par voie de justice, laquelle elle requiert. En vérité elle ne requiert pas voie de fait ou de vengeance, jaçoit-ce qu'elle et ses fils soient plus puissants à l'aide de leurs parents, amis, et alliés à prendre vengeance de la mort d'Orléans, que n'est le duc de Bourgogne. Icelle voie de justice tu ne peux refuser, et partie adverse justement ne le peut fuir ni décliner. Attendue donc la condition des suppliants, Sire roi, fais que de toi puisse être dite la parole du prophète disant à notre Seigneur : *Justus Dominus et justitias dilexit ; œquitatem vidit vultus ejus ;* c'est-à-dire, Notre-Seigneur est justice et a aimé justice, son regard a vu équité. Et ce est dit tant qu'à ladite raison tierce.

La quarte raison est en la partie du cas ; car icelle mort si cruelle, si vile et abominable, ne semble point avoir pareille, ni il est homme naturel, qui sur icelle ne doive avoir compassion. Icelle donc bien considérée, tu dois être plus enclin à justice par la coutume des rois anciens, qui par grand'compassion, et mêmement de la mort de leur ennemi, pleuroient! Par plus forte raison tu dois condoler (t'affliger) sur la mort de ton frère, et icelui recouvrer par courage diligent. Si ce n'est ainsi fait, très grand reproche sera à toi et à plusieurs autres. Nous lisons comment César voyant la tête de son ennemi Pompée, commença à pleurer et dire que tel chevalier ne devoit point ainsi mourir; icelui même fut moult triste de la mort de Caton son ennemi et adversaire, en donnant grand' aide et consolation à ses enfants, en tant qu'il lui fut possible.

O roi de France très débonnaire, à l'exemple d'iceux tu dois avoir consolation de la mort de ton frère, très cher et loyal ami; considère la manière de la mort de lui, laquelle est moult lamentable et piteuse à remembrer. Hélas! Sire, si l'esprit de ton frère parlât, ô quelle chose il diroit! Certainement il diroit les paroles qui s'ensuivent, ou pareilles. O monseigneur mon frère, regarde comment par toi j'ai reçu mort : c'est pour la grand' amour qui étoit entre nous deux; regarde mes plaies, desquelles cinq espécialement furent cruelles et mortelles : regarde mon corps abattu, foible et enveloppé en la boue, regarde mes bras coupés, ma cervelle épandue hors de mon chef, regarde s'il est douleur pareille à ma douleur. Hélas! il ne suffit mie à partie adverse éteindre ma vie si cruellement, et sans cause, mais si soudainement et traditreusement me surprit, ainsi que j'allois de la maison madame la reine par-devers toi; pourquoi me mit en péril de damnation. En après partie adverse s'est efforcée de diffamer moi et ma lignée par son libelle mauvais et diffamatoire. Sire roi, considère ces paroles, si ce seroient les paroles de ton frère, s'il pouvoit parler. Sois donc plus enclin à faire justice. Ces choses par-dessus ouïes et attendu la requête présente de madame d'Orléans, fais que de toi puisse être dit et vérifié ce qui est écrit au second chapitre du premier livre des Rois : « *Dominus retribuet unicuique secundum justitiam suam;* c'est-à-dire Notre-Seigneur rendra à un chacun selon sa justice, et ce est tant que la quarte raison.

La quinte raison est fondée ès maux et inconvénients qui pourroient advenir de ce cas si n'est faite justice, parce que chacun voudroit user de voie de fait, et être partie et juge : et avec ce s'en ensuivroient trahisons et divisions, par lesquelles pourroient être détruites les terriennes dominations, comme ci-après sera déclaré ; car, selon ce que disent les docteurs, très grand moyen de garder paix en notre royaume, est que justice et jugement soit fait à un chacun. Et ce témoigne saint Cyprien, en son livre des douze abusions, disant ainsi : *Justitia regis*, inquit, *pax populorum, tutamen pueris, munimentum gentis, terræ fœcunditas, solatium pauperum, hæreditas filiorum, et sibimet spes futuræ beatitudinis;* c'est-à-dire que la justice du roi est la paix du peuple, la défense des enfants, la garnison et muniment des gens, abondance et fertilité de la terre, le soulas des pauvres, l'héritage des fils, et à lui-même espérance de béatiude avenir ; c'est la gloire perdurable. Et à ce propos dit le Prophète : *Justitia et pax osculatæ sunt;* c'est-à-dire, justice et paix ont baisé l'une l'autre, et sont alliées ensemble et conjointes. Et si aucuns veulent que par cette exécution plusieurs maux se pourroient ensuivre pires que devant, pour la cause de la puissance qu'a le duc de Bourgogne, si comme on dit; à cette imagination qui est de grand' apparence et de petit fait, on peut répondre, que dudit duc de Bourgogne ce n'est rien au regard de ta puissance royale. Quelle puissance a-t-il, fors autant que tu lui as donné, et que tu souffres qu'il en ait? Justice et vérité, certainement, combien qu'elles soient attargées (différées), toujours en la fin par la grâce de Dieu elles sont et demeurent maîtresses; ni il n'est si bonne sûreté comme est labourer pour vérité et justice. Qui sont les écuyers et chevaliers, qui à lui oseroient servir à l'encontre de toi, ou qui seroient les étrangers qui se mettroient en péril de mort pour si mauvaise et fausse querelle? certainement nuls.

O vous, chevaliers de Bourgogne et de Flandre, clercs et laïcs, et aussi tous ceux des pays de partie adverse, envoyez hommes loyaux, sans faveur ou haine, afin qu'ils oient cette cause plaider, vérité soit ouïe, et qui a droit si le montre! O roi très chrétien, ducs, comtes, avec les autres princes, veuillez porter et donner aide, tant que justice soit gardée, pour laquelle garder principalement vous êtes constitués et ordonnés! O Sire roi, regarde comme les rois de France, qui petite puissance avoient au regard de toi, ont fait justice de plus grands seigneurs que n'est partie adverse, comme il peut apparoir à celui qui voudra lire les histoires du temps passé. En outre, qui sont ceux qui oseroient eux exposer contre leur seigneur souverain, faisant justice selon la voie de vérité et de loyauté, sans faveur de partie, comme il appartient à bon juge et justice ? Ce témoigne Tulle, au second livre des Offices, ainsi disant : *Judicis*, inquit, *est semper verum sequi;* c'est-à-dire il appartient au juge ensuivre toujours vérité. Icelui même dit en une oraison qu'il fit ainçois (avant) qu'il allât en exil : *Nemo*, inquit, *tam facinorosâ inventus est vitâ, ut non tamen judicum prius sententiis convinceretur, quam suppliciis applicaretur;* c'est-à-dire, nul, dit-il, n'est trouvé de si mauvaise vie que son délit ne soit convaincu par sentences, ainçois qu'il soit mis à tourment. Et pour ce, Sire, roi très puissant, tu es tenu sans doute faire justice ; car, si par cette justice s'ensuivoient aucuns inconvéniens, iceux finalement redonderoient contre partie adverse, pour la raison de sa coulpe, comme il sera vu ci-après. Certainement la sentence de Notre-Seigneur Jésus-Christ ne peut faillir ainsi, disant : *Qui de gladio percutit, gladio peribit;* c'est-à-dire, qui fiert de glaive, il périra par glaive. Et Ovide, de l'Art d'amour, dit :

........*Nec enim lex æquior ulla,*
Quam necis artifices, arte perire suâ.

C'est-à-dire, nulle loi n'est plus juste que les faiseurs

de mort et occision périssent par leur art et par leur œuvre. Et pource, Sire roi, ouvre les portes de justice, et exauce les prières de madite dame d'Orléans, qui sont moult justes et raisonnables, afin qu'en toi puisse être vérifié le dit du prophète ainsi disant : *Dilexisti justitiam, et odisti iniquitatem, proptereà unxit te Deus tuus oleo lætitiæ præ consortibus tuis;* c'est-à-dire, tu as aimé justice et tu as haï iniquité; pour ce ton Dieu t'a oint d'huile de liesse dessus tous tes compagnons. Et c'est tant qu'à la quinte raison.

La sixième raison et dernière, tant qu'à présent, est fondée en cinq mauvais maintiens de partie adverse, qu'il tint toujours en continuant après ce cruel et abominable fait. Aucune chose n'est en ce monde que roi doive tant douter et échever, (éviter) que l'élévation d'orgueil en ses sujets au regard de sa domination ; car tu, Sire, en ta domination dois ensuivre le roi des rois, duquel dit l'écriture sainte, *Deus superbis resistit, humilibus autem dat gratiam;* c'est-à-dire, Dieu résiste aux orgueilleux, et aux humbles il donne sa grâce. Donc tu es tenu d'humilier l'orgueil de partie adverse, qui semble si cruel et si élevé que sa puissance, pour sa mauvaise cause, puisse souffler contre ta puissance, et y résister ; et pour ce, roi de France, et vous tous messeigneurs, considérez la rébellion et inobédience de partie adverse, non mie tant seulement contre les commandements du roi, mais contre le conseil de vous tous du sang royal. Il est certain que le roi de Sicile, monseigneur de Berry et plusieurs autres, dernièrement, ès grands froidures furent à Amiens, afin qu'ils pussent trouver appointement raisonnable et paisible pour le bien des parties, et mêmement pour le bien du roi et de tout son royaume. En vérité iceux dessusdits seigneurs ne purent faire la paix par eux désirée envers la partie adverse, en lui notifiant la volonté et commandement du roi, lequel contenoit que pas ne venît (vînt) devers le roi jusques à tant qu'il seroit par lui mandé. Et quand lesdits seigneurs lui donnèrent conseil qu'il obéît au commandement du roi, à grand' peine purent-ils obtenir qu'il ne venît au roi avecque grand' puissance de gens d'armes et très ardents, et ne se déporta de lui artager (retarder) encore quinze jours d'y venir. Voyez, messeigneurs, quelle obéissance et quels maux se peuvent ensuivre de ce. Après ledit conseil fini à Amiens, il fit une congrégation d'hommes d'armes, et à moult grand'puissance vint à Paris, ainsi comme s'il voulsît conquerre le royaume. Et est vrai que le roi et les seigneurs de son sang, sentant sa venue, s'assemblèrent ensemble pour sur ce pourvoir de remède. Et après le roi lui manda par certains messagers qu'il ne venît point devers lui accompagné de plus de deux cents hommes d'armes; toutefois ce nonobstant, ladite partie adverse vint accompagnée de six cents hommes d'armes et plus, en allant au contraire de la volonté et commandement du roi. Et après ce qu'il fût venu à Paris, pour sa puissance, il lui sembloit qu'on devoit toutes choses faire à sa volonté; dont, pour certain, le roi, la reine et les autres princes ne lui devoient aucune chose refuser, mais parler à lui agréablement en l'apaisant de son malfait. « O domination de France ! si tu veux ainsi ce souffrir, en bref temps tu décherras de ta joie. »

Après, ladite partie adverse fit détruire les défenses et munitions faites autour de la maison du roi, pour cause d'échever (éviter) la voie de fait qui jà avoit été commencée par ladite partie adverse. Certainement cette maîtrise et autres plusieurs choses qu'il a faites, sont signes de sujets tendants à la male fin contre le roi; car il dut être venu pour lui humilier, et il vint l'épée tirée avec grand nombre d'hommes d'armes, desquels plusieurs étoient étrangers. Derechef plusieurs fois il a ému les simples à Paris, en proposant et semant partout le royaume libelle diffamatoire, en promettant fausses promesses. Et iceux croyant qu'il dût faire merveilles et être gouverneur de tout le royaume, ont par lui été déçus, en démontrant à lui grand honneur et à ses écrits, et mêmement par cris et acclamations de voix; pour lesquelles choses et autres semblables il est élevé en honneur, orgueil, et cruauté à soutenir son iniquité. Hélas! Sire roi, n'est-ce mie grand' présomption après ce maléfice, chevaucher par la cité de Paris, ses armures découvertes, et être venu à ton conseil paisible

avecque haches et glaives ; ni tu ne devois pas
souffrir venir aucun plus fort de toi à ton conseil ;
afin que par aventure le diable qui mit en son
cœur qu'il fît ce mal, n'émût icelui en continuant
sa mauvaiseté ; pource que les princes du conseil
n'approuvent pas son péché très mauvais ; ni tu ne
devrois point souffrir homme coupable et indigne,
allant par voie de fait être avec toi plus fort ; car il
n'est possible icelui attraire avec lui ceux du peuple par les moyens dessusdits, à la destruction de
ta domination et de tout ce royaume. Il te plaise
donc humilier partie adverse, et toi démontrer
juge droiturier, sans peur, afin que de toi il puisse
puis être dit ce qui est écrit au tiers livre des Rois,
au huitième chapitre : *Judicabit servos suos, justi-
ficans quod justum est, attribuens eis secundùm justitiam ;* c'est-à-dire, il jugera ses serviteurs, justi-
fiant ce qui est juste, et baillant à iceux selon sa
justice. Et c'est tant qu'à ladite raison tierce, par
laquelle et autres précédentes, clairement il appert comment tu es tenu de faire justice à madite
dame d'Orléans. En laquelle seconde, comme j'ai
dit, sera déclaré le crime et délit de partie adverse,
et comment il perpétra mal irréparable et inexcusable ; et ajouterai six raisons loyaument approuvant la féauté et service de monseigneur d'Orléans,
prenant pour le thême, la parole du proposant
pour partie adverse. C'est à savoir : *Radix omnium
malorum cupiditas :* c'est-à-dire, convoitise est la
racine de tous maux. Il me semble que convoitise

a été cause de cet homicide, non mie tant seulement convoitise de richesses, mais avec ce convoitise d'honneurs et convoitise d'ambition. Convoitise donc a été cause de ce mauvais péché, comme il appert plus à plein en la sixième raison de cette présente partie.

Néanmoins je viendrai à démontrer la grandeur et abomination du péché de partie adverse, lequel j'ai à démontrer et à déclarer par six raisons tant seulement. La première est fondée en ce que partie adverse n'avoit nullement autorité ou puissance de juge sur ledit défunt. La seconde raison est fondée en ce que, jaçoit-ce-que partie adverse eût autorité sur ledit défunt, néanmoins il procéda par voie de fait contraire à toute justice et à toute voie de droit. La tierce raison est fondée ès alliances, qui étoient entre monseigneur d'Orléans et partie adverse. La quarte raison est fondée en ce qu'icelui homicide est damnable, ni oncques ne peut être bien traité. La cinquième raison est fondée en ce que partie adverse fit occire monseigneur d'Orléans à mauvaise fin et intention. La sixième raison est fondée en ce qu'il ne suffit à partie adverse priver de vie monseigneur d'Orléans, mais avec ce s'est efforcé de déshonorer sa renommée par son libelle diffamatoire, en occisant icelui par seconde mort. Tant qu'est à la première, il appert clairement que la malice de partie adverse est incorrigible et irréparable, attendu qu'il n'avoit nul autorité sur ledit défunt : car selon les lois et décrets, selon raison et le témoignes de la sainte écriture, nul ne doit autrui occire sans autorité de juge ou judiciale : autrement chacun pourroit autrui occire selon son plaisir, et adonc règneroit confusion et manière de vivre sans gouvernement raisonnable, et sans chef, et un chacun tumultuairement seroit fait roi. Et très véritable chose est que partie adverse n'avoit nulle autorité sur monseigneur d'Orléans, ainçois (mais) étoit tenu de lui faire honneur et révérence comme à fils de roi; et le devoit nommer et appeler son seigneur, et l'honorer en tout siége et parole ; car les prérogatives et priviléges des fils des rois ce requièrent. Appert donc usurpation d'autorité de partie adverse, et son maléfice être perpétré injustement et mauvaisement.

Que l'autorité soit nécessaire pour faire autrui occire, appert clairement en plusieurs écritures : et de fait saint Augustin exposant le dit de Notre-Seigneur, au sixième chapitre de l'évangile monseigneur S. Mathieu : *Omnis qui gladium acceperit, gladio peribit ;* c'est à dire, tout homme qui aura pris glaive, périra par glaive, là dit ledit saint Augustin : S'il prend le glaive, qui sans supériorité et légitime potesté apparente est armé et hardi d'autrui faire mourir. En après il ne loist (loisible) pas occire malfaiteur sans autorité, témoin ledit saint Augustin en la Cité de Dieu : *Qui,* inquit, *sine publicá administratione interfecerit, velut homicida judicabitur ;* c'est-à-dire, qui malfaiteur aura occis sans publique administration de justice, il sera jugé comme homicide. Dont dit la loi civile des jugements : *Judiciorum vigor,* inquit, *jurisque publici tutela in medio videtur constituta, ne quis de aliquo, etiam sceleribus implicato sumere valeat ultionem;* c'est-à-dire, la vigueur publique est ainsi comme défense constituée et ordonnée au milieu, afin que nul ne prenne vengeance, jaçoit-ce qu'il soit enveloppé en grands et abominables péchés. Et est vrai que le proposant pour partie adverse répond aux lois, disant que les lois ne doivent secourir à ceux qui contredient aux lois : et de fait dit que le tyran va droitement contre les lois universelles, pourquoi il affirme que celui homicide par nulle manière n'est contre les lois. Hélas! dont connoît le proposant de partie adverse que monseigneur d'Orleans étoit tyran? Qui est le juge qui le déclare tyran? Certainement il convient icelle fallace être examinée, laquelle est déception de commencement, présupposant monseigneur avoir été tyran. Et pource que le proposant de partie adverse, fonde la plus grand' partie de son fait en ce que monseigneur d'Orléans étoit tyran selon raison, et que pour ce étoit licite à icelui occire et mettre à mort, voyons donc les conditions de tyrannie, et lesquels doivent être appelés tyrans. Le philosophe dit au quatrième chapitre des Moralités : *Tyrannus est,* inquit, *cum aliquis princeps, vi et violentiâ potestatis, sine titulo terram usurpat alienam, et de facto aliquam occupat civitatem, vel pa-*

triam, et qui incorrigibilis est, et nulli obediens; c'est-à-dire, tyrannie est, quand aucun prince par force et violence, usurpe sans titre, et injustement appréhende étrange terre, et de fait occupe aucune cité, ou pays, et qu'il est incorrigible et à nul obéissant. Maintenant donc considérons si monseigneur d'Orléans à eu telles conditions. Certainement nenni : car oncques il n'occupa la terre d'aucun; qui a su le contraire, si le die.

Partie adverse ne devroit point appeler monseigneur d'Orléans tyran : car oncques ne tint dominations fors icelles qui lui furent données du roi héritablement (héréditairement), et les terres que justement il a acquis. Mais le duc de Bourgogne, sans juste titre, tient et occupe trois châteaux et châtellenies qui sont de l'héritage et du demaine (domaine) du roi, c'est à savoir Lille, Douai, et Orchies, nonobstant les serments faits sur le corps Notre-Seigneur, par lesquels il a juré au roi rendre et restituer lesdits châteaux par cas et condition. qui est advenu. Après monseigneur d'Orléans ne fut oncques incorrigible ; car certainement je crois qu'oncques si grand prince comme il étoit, n'honora mieux justice que lui. Le proposant de partie adverse die quelles rébellions et inobédiences monseigneur d'Orléans a fait contre justice.

En son temps plusieurs notables personnes, lesquelles vivent encore, savent bien que nul seigneur

25.

du monde ne soutint et conforta autant la justice du roi capitale, comme il a fait tout le temps de sa vie. Considérons aussi les conditions des tyrans selon les philosophes. Le tyran met toute son étude à occire et détruire les prud'hommes et sages de la terre; il quiert la ruine et destruction des églises et études, et met toute son étude et pensement à les confondre; et pour ses maléfices est toujours douteux, en étudiant de garder et munir son corps et sa personne par très forte garde. Ces conditions de tyrannie n'eut pas mondit seigneur : mais il eut tout au contraire et à l'opposite : premièrement il ne fit oncques sage ni fol occire : ains (mais) souverainement il aimoit hommes sages, et très volontiers les oyoit et véoit, Tant qu'est des églises il ne les détruisit pas, mais les a soutenues, défendues et réparées, donnant à icelles plusieurs biens ; et qui plus est, plusieurs nouvelles églises il fonda, auxquelles il donna plusieurs grands rentes et revenues, comme il appert clairement. Tant qu'est à la garde de lui-même, pource qu'il se sentoit pur et innocent envers tous, il ne cuidoit point qu'aucun lui voulsît malfaire, et ne se doutoit de nully, ni il ne gardoit pas son corps, comme il a été vu : et en vérité s'il se fût douté d'aucun, il n'eût pas été ainsi traîtreusement occis. Moult donc il est à émerveiller comment partie adverse a osé appeler icelui tyran, en excusant son horrible fait sur tel fondement, attendu que monseigneur d'Orléans a eu vertus opposites du tout en tout aux conditions de tyran. Et ce répond assez au fondement de la damnable proposition de partie adverse. Conséquemment le proposant de partie adverse dit, que jaçoit-ce que son maître ait fait contre les lois, tant qu'à la lettre, toutefois il n'a pas fait contre l'intention du faiseur de la loi ni contre la fin des lois, mais pour l'amour de Dieu.

Qui est celui qui lui a révélé l'intention du faiseur de la loi, et la fin des lois, à faire mourir homme sans autorité, et sans déclaration de maléfices d'icelui qui est occis par celle manière. Il pourra faire mourir les autres princes, et dire qu'ils sont tyrans; chacun pourra semblablement interpréter et exposer les lois, laquelle chose est inconvénient moult grand. Selon ce qui est écrit: *Cujus est leges condere, ejus est interpretari;* c'est-à-dire, à celui qui a fait les lois, appartient à exposer et interpréter icelles, il est tout clair que partie ne pouvoit établir lois, obligeant mondit seigneur d'Orléans, comme il ne fut à lui aucunement sujet, ni à lui conséquemment ne compétoit l'interprétation des lois, au regard de monseigneur d'Orléans. Et jaçoit-ce que le proposant de partie adverse, dit son seigneur être le doyen des pairs, pour ce ne s'ensuit-il pas qu'il eût autorité sur ledit défunt; car s'ainsi étoit-il, s'ensuivroit qu'il auroit autorité sur tout le royaume, et qu'il seroit pareil au roi, qui n'est pas à dire. Pourtant s'il est pair, il n'a pas tant d'autorité fors; seulement en ses terres, et en tant qu'il attribue à lui la puissance d'autrui sur le royaume, il entreprend et approprie à lui la domination du roi. Vérité est que le proposant de partie adverse allégua douze raisons, à approuver que son seigneur pouvoit licitement faire mourir monseigneur d'Orléans, sans commandement de nulles personnes quelconques ; desquelles les trois premières sont fondées en trois docteurs de la sainte écriture de théologie, les autres trois en trois philosophes moraux, c'est-à-dire traitant de mœurs ; les autres trois, en trois lois civiles ; et les trois derraines en trois exemples de la sainte écriture. Tant qu'est à la première raison, elle est alléguée en la dernière distinction du dernier livre des Sentences, disant : *Quando,* inquit, *aliquis aliquod dominium sibi per violentiam suscipit, nolentibus subditis, vel sine consensu communitatis, et non est recursus ad superiorem, per quem de tali invasore judicium possit fieri, tunc qui ad liberationem patriæ talem tyrannum occidit, laudatur et præmium accipit ;* c'est-à-dire, quand, dit saint Thomas d'Aquin, aucun reçoit par violence pour lui aucune domination, sans la volonté des sujets, ou consentement de communité, et on ne peut avoir retour ou secours à souverain, par lequel puisse être fait jugement de tel invaseur, adonc celui qui occit tel tyran, pour la délivrance du pays, est à louer, et prend et reçoit grand guerdon. A ce je réponds, que ce ne fait rien au propos ; car monseigneur d'Orléans n'envahit oncques aucune domination par violence, qui ne voulut envahir, n'usurper la domination ni seigneurie du roi ; je dis qu'oncques ce ne pensa ainsi, comme il apperra plus amplement ci-après, en la tierce partie. Je dis conséquemment que saint Thomas parle d'icelui qui peut être trouvé tyran, et monseigneur d'Orléans ne l'étoit point, comme assez il est déclaré. A ce propos, saint Augustin demande et fait question, au livre de franche volonté, s'il est loisible au pélerin d'occire le larron, faisant aguet en la voie, dont finalement il n'appert point par les paroles dudit Augustin, qu'aucun puisse licitement occire autrui sans autorité, comme démontre maître Henri de Gand. En outre je dis que jaçoit-ce que monseigneur d'Orléans fût tel que partie adverse le veut dire, icelle partie adverse avoit refuge suffisant au roi, quand il étoit sain et haitié (bien portant), à la reine et autres seigneurs du sang royal, comme il n'étoit nul d'iceux qui n'eût exposé corps et biens à punir monseigneur d'Orléans, au cas qu'il leur eût été déclaré icelui vouloir usurper et avoir la domination du roi, et aucunement l'empêcher. Et certainement mondit seigneur étoit assez sage, pour considérer qu'il ne pouvoit parvenir à la domination royale, attendu que tous eussent été à lui contredisants, et que le roi a fieulx (fils) à lui successeur. La seconde raison dudit proposant est fondée en l'autorité de saint Pierre, disant ainsi : *Subditi*, inquit, *estote, regi quasi præcellenti, sive ducibus tanquàm ab eo missis ad vindictam malefactorum, laudem vero bonorum, quia hæc est voluntas Dei :* Soyez, dit monseigneur saint Pierre, sujets au roi comme le souverain et excellent, et aux ducs, comme envoyés de par lui à la vengeance des malfaiteurs, et à la grand' louange des bons; car c'est la volonté de Dieu. Ces paroles dessusdites sont écrites en la première épistole de saint Pierre, et au second chapitre; cette autorité ne fait rien au propos, pour ce, ne semble pas que ledit apôtre veuille, ni soit son intention, qu'un duc ait aucune domination ou seigneurie sur tout un royaume, mais tant seulement sur le sien pays. Autrement il s'ensuivroit qu'en Bretagne, en Berry, et ès autres duchés du royaume, devroient obéir au duc de Bourgogne. Ainsi donc appert comment ledit proposant abuse la Sainte Écriture, en tant qu'il s'efforce, par manière d'argument, icelle amener à son propos. La troisième raison est fondée en ce que dit Sabellic en son tiers livre, au xve chapitre : *Tyranno,* inquit, *licet adulari, quem licet occidere ;* c'est-à-dire, il loist (est permis) flatter au tyran par déception, lequel occire est licite chose. A ce, je dis que Sabellic parle des tyrans manifestes, apparents et approuvés. La quarte raison est fondée au dit d'Aristotèle (Aristote) en ses Politiques, c'est-à-dire, en son livre parlant du gouvernement des cités en plusieurs lieux, disant qu'il est licite et chose digne de louange occire un tyran. A ce, je dis qu'Aristotèle parle de tyran public, et tel n'étoit pas monseigneur d'Orléans, comme il est vu paravant. La quinte raison est fondée en ce que Tulle, en son livre des Offices, loue ceux qui occirent César. A ce, je réponds que, jaçoit-ce que Tulle fût homme de grand suffisance, toutefois il parloit comme malveillant à César; car toujours il soutint les causes et faits de Pompée, adversaire de Julius César; et aussi ledit César perpétra moult de choses qu'oncques ne pensa monseigneur d'Orléans. La sixième raison est fondée et prise au second livre des Cas des nobles hommes au vi[e] chapitre: *Res est valdè meritoria occidere tyrannum;* c'est-à-dire que chose est moult méritoire occire le tyran. A ce, je réponds comme dessus, car au cas qu'il eût été tel trouvé, et remède n'y eût pu être trouvé, encore le maintien de partie adverse fut mauvais et illicite. La septième raison, avec deux autres ensuivant, est fondée ès lois civiles, qui dit être trois manières d'hommes, lesquels occire est chose licite: c'est à savoir, ceux qui délaissent chevalerie, les aguétants de chemins, et les larrons de nuit, trouvés ès maisons. A ce, je dis que monseigneur d'Orléans ne fut oncques de telles conditions. Toujours avoit avec lui grand chevalerie, et si aimoit outre mesure chevalerie. Tant qu'est aux deux conditions, je dis que les lois ne commandent pas tels occire, fors tant seulement en cas de péril inévitable. Icelles choses sont moult loin de nos termes, comme monseigneur d'Orléans ne fut pas aguéteur des chemins, la merci Dieu! ni larron de nuit; et n'est loi au monde par laquelle partie adverse peut être excusée. La dixième raison est fondée en l'exemple de Moïse qui, sans autorité, occit l'Égyptien. A ce, je dis que, selon l'opinion de saint Augustin, et de plusieurs autres docteurs, Moïse pécha en occiant l'Égyptien; et comme on dit de Moïse et de saint Pierre, l'un et l'autre trépassa les règles de justice, ces deux cas ne sont point semblables ; car Moïse, qui étoit hébreu, voyant l'homme qui étoit incrédule, émouvant contre son frère, occit icelui, afin qu'il ne tuât sondit frère. L'onzième raison est fondée en l'exemple de Phinées, qui sans commandement occit le duc Zambry, et toutefois de ce demeurant impuni, eut grand' rémunération. A ce, répond monseigneur saint Thomas disant que Phinées fit ce comme maître de la loi; car il étoit fils du souverain prêtre, et pour ce avoit-il puissance et autorité publique; et aussi ce présent cas n'est pas pareil à icelui, comme il appert en regardant l'histoire. La douzième raison est fondée en ce que saint Michel l'archange occit Lucifer sans commandement divin, et pour cette cause fut-il rémunéré de plusieurs richesses, et honoré, comme dit le proposant de partie adverse. A ce, je réponds que saint Michel n'occit Lucifer, ainçois (mais) ce dire est grand dérision, car l'occision de Lucifer n'est autre chose que privation de divine grâce, et de la souveraine gloire de Paradis, de laquelle il fut rejeté de Dieu, pour la cause de son orgueil.

O messeigneurs! en quel livre a trouvé icelui

proposant icelle théologie écrite? Certainement je suis ébahi où il a trouvé, car il n'est livre au monde où il soit comme il a proposé; mais, qui plus est, nous avons en l'épître saint Jude, que saint Michel n'osa pas faire injure à Lucifer, jaçoit-ce qu'il eût puissance sur lui ni à lui commander aucune chose; mais tant seulement dit : Notre seigneur te commande; et ainsi appert que les raisons dudit proposant, lesquelles il a alléguées, ne sont rien à l'approbation de son faux et déloyal propos. Je dis derechef que telles occisions alléguées par partie adverse, ne sont pas à prendre exemple ou conséquence; car en l'ancien Testament moult de choses étoient souffertes, qui maintenant sont défendues, comme il appert en la seconde cause et première question. Daniel, comme il fut homme d'église, il fit mourir le roi Amalech : maintenant il ne loist (est permis) pas à homme d'église lui entremettre des faits de crime. En outre à Moïse fut donné le libelle de répudiation ou refus de mariage, lequel maintenant est défendu. Adonc la doctrine est très mauvaise par laquelle les occisions ensuivent, sont prises et amenées en exemples pour la cause de soutenir icelle cruelle mort commise si injustement sans autorité. Par ce vraiment seroient les princes en péril de mort; et tantôt que renommée seroit d'aucun mal contre aucun prince, chacun prendroit hardiesse à prendre de ce punition, si cette mort sans autorité perpétrée n'étoit réprouvée.

O vous, princes! considérez que si telles doctrines

étoient soutenues, chacun pourra dire : aussi-bien puis óccire comme fit tel ! Il vous plaise donc condamner cette fausse et déloyale doctrine, comme périlleuse, séditieuse et abominable. Et puis dira partie adverse, et tous portants à lui faveur en cette partie, le dire de Jérémie au chapitre xx : *Confundantur vehementer, qui non intellexerunt opprobrium sempiternum, quod numquam delebitur;* c'est-à-dire, ceux seront confondus grandement, qui n'ont point entendu l'opprobre perdurable, qui jamais ne sera ôté ni pardonné ; et c'est tant qu'à ma première raison de ma seconde partie. La seconde raison est fondée en ce que l'occision cruelle de monseigneur d'Orléans ne fut pas exécutée par voie de justice. Et posé que partie adverse eût eu autorité de ce faire, néanmoins étoit-il tenu de traiter ladite mort par voie de justice, et par informations précédentes, par bons témoins non reprochables approuvés suffisamment. Icelle voie nullement il ne tint : car premièrement il fit occire monseigneur d'Orléans, et après il enquit les voies par lesquelles il pût être excusé. O Dieu ! quel procès et quel juge ! O justice ! fais ce que tu dois, défends ta propre cause à l'encontre d'icelui, qui s'efforce de toi ramener à néant. En vérité, tous les droits enseignent à connoître premièrement les causes, et après prouver les sentences, et en la fin icelles mettre à exécution. A ce propos, Julius César, comme raconte et récite Salluste en son Catilinaire, dit que quand les juges auront commencé occire hommes, sans ce qu'ils soient condamnés en jugement, moult maux s'en peuvent ensuivre, ni aucun ne pourroit sûrement vivre; et met l'exemple des Lacédémoniens qui, pour leur victoire encontre ceux d'Athènes, constituèrent trente hommes à gouverner la chose publique, lesquels trente hommes firent mourir plusieurs et sans procès précédent, dont moult grands maux s'en ensuivirent et advinrent. Semblablement moult de maux et sans nombre nous adviendront si telles choses sont souffertes. A ce propos est ce que ledit Salluste écrit de Cathelin (Catilina) et ses favorables, qui comme ils voulsissent ardoir la cité de Rome, et occire les sénateurs et consuls de Rome, Tulle, qui adonc étoit consul, jaçoit-ce qu'il sût toutes ces choses, toutefois il ne fit nulle exécution contre ces malfaiteurs, jusques à ce qu'il pût prouver leur vie.

Donc messeigneurs, attendu que ce maléfice a été commis et perpétré obstinément contre tout droit et justice, il ne demourra (demeurera) pas impuni selon la parole de Notre-Seigneur, parlant par Isaïe au XLVIIe chapitre dudit Isaïe: *Videbitur opprobrium tuum, ultionem capiam, et non resistet mihi homo;* c'est-à-dire ton opprobre sera vue, je prendrai vengeance, et homme ne résistera pas à moi, et c'est tant qu'à la seconde raison.

La tierce raison est fondée en ce que partie adverse avoit fait alliance avec monseigneur d'Orléans, la plus forte et la plus certaine que pouvoit être faite, présents plusieurs serviteurs d'une partie et d'autre;

dont aussi, par l'espace d'un an devant l'occision de
mondit seigneur d'Orléans, avoient été faites et
traitées alliances et certaines promesses entre lesdits seigneurs d'Orléans et de Bourgogne, présents
aucuns prélats, nobles, clercs et conseillers d'une
partie et d'autre. En après jurèrent sur le canon et
l'image du crucifix, en attouchant les saintes évan-
giles, et promirent par le salut de leurs ames et la
foi de leurs corps, que dorénavant ils seroient
loyaux frères et compagnons d'armes ; derechef
promirent que si l'un sentoit aucun mal ou dommage advenir à l'autre, il lui révèleroit ou mande-
roit ; en après firent accord qu'ils porteroient l'ordre
l'un de l'autre, comme ils firent. En après derechef
lesdites alliances furent confirmées en la derraine
(dernière) fête qui fut à Compiègne ; et, à plus
grand' confirmation des choses dessusdites, monseigneur d'Orléans et partie adverse firent jurer
plusieurs chevaliers et serviteurs d'une partie et
d'autre, que bien et loyaument ils aideroient à
maintenir et nourrir les promesses dessusdites
pour l'amour des deux parties dessusdites, et feroient savoir l'un à l'autre, si aucun mal lui devoit
advenir, comme dit est. En outre, monseigneur
d'Orléans, et partie adverse, firent entre eux alliances et confédérations particulières, en promettant et jurant sur la vraie croix, eux garder l'honneur et profit l'un de l'autre, et qu'ils résisteroient
à l'encontre de tous vueillants aucune chose faire
contre l'honneur et profit d'un chacun d'eux. Ces

choses dessusdites assez appairent (apparoissent) par les alliances sur ce écrites et signées de leurs mains, scellées de leurs propres sceaux.

O tu partie adverse ! que peux-tu dire à ces choses ? Où est la foi qui se peut fier en toi, comme tu ne puisses nier ces alliances que tu as faites devant témoins encore vivants ? tu as été vue de tous porter l'ordre de monseigneur d'Orléans. Quelle chose fit-il après ? certainement il ne fit rien contre lui ; car, de ce temps ensuivant, entre lui et partie adverse, ne furent aucunes paroles laidengeuses (outrageuses) sur lesquelles on pût fonder aucun mal. Appert donc que mauvaisement et traîtreusement il fit occire icelui qui se confioit en lui. O partie adverse ! que peux-tu ci répondre ? Si tu dis que tu as icelui fait occire pour raison des malices qui par ton commandement sont proposées contre lui, dis donc pourquoi tu as fait et promis alliances avec lui, que tu tenois si mauvais, si faux et si traître, comme tu as fait proposer. Tu as connoissance que loyal homme jamais ne fera alliance avec celui qu'ils sauroient être traître. Tu dis que monseigneur d'Orléans étoit traître au roi, donc tu te faisois traître en fait, en promettant lesdites alliances. Tu as accusé mondit seigneur d'Orléans des alliances, qu'as dit lui avoir eues avec Henri de Lancastre ; que diras-tu donc des alliances et convenances qu'après as eues avec monseigneur d'Orléans ? Si icelles choses par lesquelles tu as accusé monseigneur fussent advenues après les alliances que tu as faites avec lui, tu eusses aucunement eu couleur de rompre et enfreindre lesdites alliances, jaçoit-ce que celle couleur ne suffiroit pas; tu toutefois sais bien que par ton libelle diffamatoire tu n'allègues rien être fait après lesdites alliances. O trahison abominable! qui te pourra excuser? O tu chevalerie qui as loyauté pour ton fondement, jà Dieu ne souffre que tu aies voulu approuver icelle trahison! O partie adverse! tu as visité plusieurs fois monseigneur d'Orléans quand il vivoit; item, tu as mangé et bu avec lui; item, as pris avec lui ensemble épices en un même plat, en signe d'amitié. Et en la parfin, le mardi dont il fut occis le lendemain, te pria amoureusement que tu dînasses avec lui le dimanche prochain ensuivant, laquelle chose tu lui promis en la présence de monseigneur de Berry, qui est ci présent. Certainement, pourroit dire monseigneur d'Orléans, la parole de Jésus-Christ, laquelle il dit de Judas le traître: *Qui mittit manum mecum in paropside, hic me tradet;* c'est-à-dire, celui qui met la main au plat me trahira. O messeigneurs, considérez cette trahison, et y mettez remède! Considérez derechef que chevalerie, soit gardée, foi et loyauté, dont dit Végèce de la chose de chevalerie: *Milites, inquit, jurata sua omnia custodiant;* c'est à dire, que tous les chevaliers gardent leur serment, et à ce desservir tous les autres sont contraints, et obligés tous les princes. Celui qui rompt et enfreint sa loyauté et serment, n'est pas digne d'être appelé chevalier ; et c'est tant qu'à la tierce raison.

La quarte raison est fondée en ce que la manière de la mort monseigneur d'Orléans fut damnable et déloyale ; et celui qui soutiendroit et voudroit dire le contraire, ne seroit pas bon chrétien. Véons donc que la justice séculière donne aux malfaiteurs espace de pénitence ; et tu, partie adverse, tu icelui fis mourir si soudainement, qu'en toi ne demeura pas qu'il ne trépassât sans pénitence. Pourquoi il semble que tu as mis et exposé toutes tes forces de procurer la damnation de l'ame perdurable avec l'occision du corps. Certainement à grand'peine pourras-tu faire satisfaction à Dieu ; car, en tant que tu le cuidois plus grand pécheur, de tant lui étoit besoin de plus grande pénitence, et longue, comme tu devois supposer. S'ensuit donc, puisque tu l'as privé de temps et d'espace de pénitence, selon ton pouvoir, que ton péché en est plus grief et plus inexcusable, attendu que mondit seigneur n'avoit nulle doute de sa mort, et que lui, comme non remembrable de sa mort, fut occis soudainement et cruellement, Notre-Seigneur lui octroie par pitié qu'il soit trépassé en l'état de grâce, comme je crois qu'ainsi fut; car, en petit de temps devant, il, très dévotement, s'étoit confessé. Je dis en outre qu'œuvre de mauvais chrétien est d'ainsi occire homme ; et qui voudroit soutenir la manière de cette mort, et voudroit dire que ce seroit chose méritoire, je dis qu'il parle mauvaisement, et crois que ce seroit erreur selon les théologiens.

Oyez, messeigneurs, et considérez la manière que tint partie adverse après la mort de monseigneur d'Orléans, et comment lui, vêtu de noirs habits, accompagna le corps depuis l'église des Guillemins jusques aux Célestins, démontrant signes de pleurs et douleur; et ce fit le jeudi ensuivant la mort dessusdite. Considérez, messeigneurs, quelle trahison, et quelle fausse simulation! O sire Dieu, quels pleurs et gémissements! O terre, comment pus-tu soutenir ce péché! Ouvre ta bouche à transgloutir tous ceux qui semblables choses font. Considère comment le vendredi ensuivant, en la maison et l'hôtel de monseigneur de Berri, et en la présence du roi de Sicile, et dudit duc de Berri, et aussi de partie adverse, vinrent et approchèrent les gens de monseigneur d'Orléans, suppliants afin qu'ils enquérissent (enquissent) qui étoit faiseur de cet homicide, et qu'ils eussent madite dame d'Orléans, et ses enfants, pour recommandés : adonc, eux trois ensemble parlant, répondirent par la bouche de monseigneur de Berri, que cette publication étoit raisonnable, et que ce ils feroient le mieux qu'ils pourroient. O partie adverse, tu promis à faire le mieux que tu pourrois, et tu fis le pis que tu pus! Et ne te suffit pas ladite occision : mais avec ce t'es efforcé de détruire la renommée dudit défunt. Tu as promis de faire, et ajouter diligence de savoir qui étoit le malfaiteur; comme tu même le fusses et étois.

En outre, considérez, messeigneurs, après que ladite supplication fut octroyée, partie adverse, c'est à savoir, le duc de Bourgogne connut son péché, disant que lui-même étoit celui qui avoit fait occire monseigneur d'Orléans; et, en disant et étant à genoux, requit au roi et à monseigneur de Berri conseil et aide, affirmant qu'il avoit ce fait par l'enhortement du Diable. Et certainement il disoit vrai; car ce tant seulement il fit pour émouvement d'envie et de convoitise. O messeigneurs, considérez quelle fut cette confession; et comment partie adverse contredit à lui-même : car en la première confession, il dit tant seulement lui avoir ce fait par mouvement du Diable, et après il fit dire qu'il avoit bien fait et à bon droit. Au moins, s'il n'a point de honte de son maléfice, doit-il avoir honte de ce qu'il est contraire à lui.

Considérez, derechef, comment partie adverse voulut celer son péché, et Dieu sait que si son fait eût été tellement méritoire et valable comme il a fait proposer, il ne l'eût mie celé, mais de ce s'en fût glorifié. Entendez les voies pourquoi il reconnut son péché, certainement pour la cause qu'il ne le pouvoit plus celer, et ce bien apparut. Et quand il vit son maléfice découvert, il s'enfuit isnellement (promptement) de la cité de Paris, comme désespéré. Adonc il pouvoit dire, comme Judas le traître : *Peccavi tradens sanguinem jus-*

tum; c'est-à-dire, j'ai péché trahissant le sang juste.

O Philippe, duc de Bourgogne, si tu vivois maintenant, tu n'approuverois pas partie adverse, et dirois que ton propre fils a forligné, car tu étois appelé et nommé Hardi, et fut celui paoureux, douteux, et si fut traître. Tu vraiment lui pourrois dire ce qui est écrit au cinquième chapitre des faits des Apôtres : *Cur tentavit Sathanas cor tuum mentiri te spiritui sancto? non est mentitus hominibus, sed Deo*; c'est-à-dire, pourquoi a Satan tenté ton cœur, et menti au Saint-Esprit? tu n'as pas menti aux hommes, mais à Dieu. Laquelle raison est fondée en ce que la vérité du cas est, que partie adverse ne fit pas mourir monseigneur d'Orléans à bonne fin ou intention, mais pour les occasions lesquelles il a fait publier, c'est à savoir pour la convoitise de dominer, et d'avoir puissance et autorité plus grande que devant, et afin qu'il ait plus largement des pécunes de ce royaume, afin que plus légèrement il pût exaucer (avancer) ses serviteurs. Et ce appert évidemment ès maintiens que tint partie adverse devant et après la mort de monseigneur d'Orléans. Et est vérité qu'un peu après la mort de monseigneur le duc de Bourgogne son père, il s'efforça de toute ses forces, afin qu'il eût en ce royaume semblable autorité, telle pension, et pareil état comme avoit eu sondit père en son temps. Et pource qu'on ne lui accorda point, pour ce que son père étoit oncle du roi, et fils du roi, et homme de grand' prudence, lesquelles choses n'ont pas leur lieu en partie adverse, adonc commença à machiner, comment il pourroit venir à son intention. Et pour ce, devant la mort de monseigneur d'Orléans, fit-il semer par le royaume qu'il avoit grand' affection au bien commun, cuidant que par ce il fût à gouverner tout le royaume. Quand donc il vit que nonobstant ses fictions, monseigneur d'Orléans avoit toujours l'autorité, laquelle chose la raison enseignoit et requéroit, pource qu'il étoit fils de roi, et seul frère du roi, et avec ce étoit-il plus sage d'avoir autorité de gouverner que ledit duc de Bourgogne ; pour ce partie adverse, voyant de toutes parts ses intentions être frustrées, de malfait conspira contre mondit seigneur d'Orléans, comment il le pourroit faire occire, cuidant et espérant qu'après ce nul n'osât à lui contredire, qu'il n'eût le gouvernement de tout le royaume. Et c'est la principale cause de ladite conspiration, et de la mort de monseigneur d'Orléans, nonobstant les choses qui pour lui sont proposées à excuser son maléfice, lequel étoit venu à connoissance de tous. Et qu'il soit ainsi, est à savoir qu'il fit mourir monseigneur d'Orléans pour les causes dessusdites, il appert évidemment par le maintien qu'il fit après son cruel fait, tantôt qu'il fut retourné à Paris. Premièrement, après la mort de mondit seigneur d'Orléans, il commença à promouvoir et exaucer ceux qui tenoient de lui, et à faire déposer et ôter plusieurs bons et vaillants officiers du roi, sans cause, tant de ceux qui avoient eu leurs offices par le moyen de monseigneur d'Orléans comme d'autres, et donner leursdits offices à ceux qui lui plairoient, afin que par iceux il eût plus grand' autorité et puissance. En outre, par sa grand' puissance s'est efforcé de tenir en sujetion tous ceux de l'hôtel et conseil du roi, tous ses officiers, et par espécial ceux qui ont le gouvernement sur les trésors, afin que nul ne lui osât rien refuser. Et encore dis en outre, qu'il s'efforça de tout son pouvoir, qu'il eût tous les trésors du roi, est à savoir la somme de 200,000 francs; et de fait il en eut grand' part tant en assignations comme autrement, et avec ce il donna à ses hommes plusieurs pécunes du trésor du roi, comme bien savent ceux qui ont le gouvernement du roi et d'iceux trésors; et c'est la fin principale à laquelle il entendoit de venir par la mort et occision de mondit seigneur d'Orléans, est à savoir concupiscence de donner, et enrichir les siens des propres deniers du roi.

Appert donc que la racine et fondement de son fait est en orgueil et convoitise : mais au plaisir de Dieu ce ne lui profitera pas. Et de fait sera vérifié le dit de Job au septième chapitre : *Cùm habuerit quod cupierit, possidere non poterit*; c'est-à-dire, quand il aura eu ce qu'il a convoité, il n'en pourra posséder; et c'est tout, quant à la cinquième raison. La sixième et finale est fondée en ce qu'il ne suffit pas à partie adverse priver de vie corporelle et spirituelle selon son pouvoir monseigneur d'Orléans, mais avec ce il voulut icelui et les siens priver de tout honneur et renommée, en proposant libelle diffamatoire plein de mensonges et de faussetés, et en alléguant mauvaises allégations sans probation, et en imposant audit défunt crime de lèse-majesté divine et humaine, de laquelle il étoit innocent, comme il apperra en la tierce partie de cette proposition. Et peut être dit que la justification de cet homicide est plus grand péché que ledit homicide; car c'est persévérance en péché par obstination. Pécher est chose humaine, mais persévérer est chose diabolique. En celle manière justifier cet homicide, et défendre son propre péché, il résiste à Dieu en approuvant ce que Dieu hait, et il ne fait pas ce que dit le prophète David : *Non declines cor meum in verba maliciæ, ad excusandas excusationes in peccatis*; c'est-à-dire, Sire, tu ne déclines pas mon cœur en paroles de malices à guérir excusations en péchés.

Achevée partie principale de ces propos, je viens à la tierce partie, en laquelle j'ai à répondre aux accusations en le libelle diffamatoire qui fut proposé contre l'honneur de monseigneur d'Orléans, et est cette partie divisée en six points, selon six fausses accusations proposées par partie adverse. A la reproche desquelles je prends la parole du prophète, laquelle peut raisonnablement proposer et dire la partie de monseigneur d'Orléans, est à savoir : *Judica me, domine, secundùm justitiam meam, et secundùm innocentiam meam super me*; c'est-à-dire, Sire, juge moi selon ma justice et selon mon innocence sur moi. Icelle requête fait le prophète à Dieu, et icelle même fait à toi, Sire roi, madame d'Orléans, laquelle rien ne quiert fors jugement et justice. Il te plaise à ouïr les réponses de madame d'Orléans, par lesquelles tu pourras voir que monseigneur d'Orléans est injustement accusé de partie adverse, qui proposa contre lui six actions.

La première accusation est, que le proposant pour le parti dudit duc de Bourgogne dit, est à savoir, que monseigneur d'Orléans, encore vivant, commit crime de lèse-majesté divine au premier degré, en commettant et faisant sorcelleries, et idolatries qui sont contre la foi chrétienne, et contre l'honneur de Dieu. Et est vrai que quant à cette accusation ledit proposant moult pausé arrêta, disant que le jugement de cette accusation appartient à Dieu qui est le roi souverain, ainsi comme s'il voulût dire que ce n'appartient point au juge humain. Et laquelle accusation parla d'un religieux apostat et de plusieurs autres sorciers, auxquels monseigneur d'Orléans donna et ajouta foi et consentement, comme allègue ledit proposant, mais pour ce je réponds qu'à ce qu'icelui allègue en sa proposition, je n'allègue rien, mais le renvoie au jugement de Dieu. Il me suffit premier, que monseigneur d'Orléans ait été bon et loyal chrétien, et qu'il ne commit ni fit oncques sorceries ni idolatries, ni oncques ne se départit de la foi de Jésus-Christ. A ce fait grand' approbation la foi qu'il eut à Dieu dès sa jeunesse; car nonobstant les jeux et ébattements,

toutefois son secours et retour étoit toujours en
Dieu, et en se confessant très souvent ; car le samedi avant sa mort, très dévotement il étoit confessé, et démontra plusieurs grands signes de contrition, et dit qu'il lairoit jeux et œuvres de jeunesse, et que du tout il s'occuperoit au service de
Dieu tous les jours incessamment et continuellement
au bien du royaume. Et afin qu'on ne cuidât que ce
soit chose trouvée, encore vivent les religieux qui le
témoigneroient, et aussi mêmement plusieurs autres
auxquels dit plusieurs semblables paroles. Et sur
ce sans opinion d'aucun autre, soit ouï le duc de
Bourbon, son oncle, qui sait les promesses qu'il fit
à Dieu et à lui ; car un peu devant son trépas, il
lui promit à faire tant que Dieu et les hommes seroient contents de lui, et que tous ceux de ce
royaume seroient tenus de prier Dieu pour lui : je
ne sais si partie adverse avoit ouï les nouvelles de
ce très bon propos, et se de ce il se doutoit, car
c'étoit contre la fin où il contendoit, c'est à savoir
au gouvernement de ce royaume ; et bien sait partie
adverse, que si monseigneur d'Orléans se fût gouverné comme il disposoit, il eût eu petite autorité en
ce royaume ; il est donc à présupposer que pour cette
cause il procura si hâtivement la mort d'icelui. O sire
Dieu, tu sais la bonne volonté qu'il a eue à toi quand
il fut occis, et en ce j'ai confidence de son salut ; car,
comme dit l'écriture, *Justus si morte præoccupatus
fuerit, in refrigerio erit*; c'est-à-dire, si le juste aura
été avancé de la mort, il sera en refroidement et

repos. Toutefois partie adverse fit ce qu'elle put, afin qu'il damnât l'âme de lui comme ci-après sera dit. Et après il est notoire à tous, que diligemment et dévotement il oyoit messe, en mettant toutes choses arrière, et disoit tous les jours ses heures canoniaux sans délaisser. O partie adverse, pourquoi as tu proposé que ces choses n'étoient autre chose que hypocrisie et fiction? Qui t'a révélé les secrets des cœurs? qui te fait juger des pensées. Tu ensuis les Pharisiens appelant Jésus-Christ deceveur et démoniacle. Tu sais que les Anges ne savent pas les secrets de nos cœurs, et d'iceux tu veux juger. Or que dit le Prophète : *Tu solus es scrutans renes et corda;* c'est-à-dire, ô toi, Dieu, tu es ès cieux, et nuls autres ne connoissent les intentions et les cœurs. Il est tout notoire comment il fonda messes et chapelles religieuses, et fit moult de bien aux églises. Soit vu son dévot testament, et par ce, et autres choses bien considérées, chacun pourra juger icelui avoit été de bonne intention et non idolâtre ou sorcier. Et est vrai que le proposant pour partie adverse renvoie le jugement de ce à Dieu, en tant qu'il touche le crime de lèse-majesté divine, disant que de ce présent cas il ne veut faire espécial article à l'encontre de monseigneur d'Orléans.

Maintenant donc je demande pourquoi ledit proposant a ce fait : la cause si est pource que sa principale intention est très mal fondée, et pleine de mensonges; en plusieurs lieux certainement les juges humains peuvent punir les sorciers et idolâtres selon leur pouvoir; et est vrai que plusieurs, pour telle cause, de fait ont été condamnés à mort, et en chartre pource que tels gens sont mauvais chrétiens, et par telles continuations s'ensuivent hérésies et erreurs de la foi. Il est écrit au quart livre des Rois, au treizième chapitre, que Josias extirpa et occit tous les devins et sorciers; et est écrit au dixième chapitre de Zacharie : *Divini viderunt mendacium et somniatores locuti sunt frustrà ;* c'est-à-dire, les devins n'ont vu fors mensonges, et les songeurs ont parlé pour néant. Et pour ce il est écrit au dix-neuvième chapitre du Lévitique : *Ne declines ad magos, neque abhariolis aliquid sciscitemini.* Ne déclinez pas aux enchanteurs, et n'enquérez aucunes choses aux devins. La cause pourquoi passa si brièvement cette accusation est, car il ne savoit rien de monseigneur d'Orléans, qu'il ne fût bon, vrai chrétien, et ferme en la foi sans erreur. O Sire roi, madame d'Orléans le supplie, que la parole écrite au vingt-deuxième chapitre du livre de Job soit vérifiée : *Salvabitur innocens in munditiâ manuum suarum;* c'est-à-dire que l'innocent sera sauvé en la pureté de ses œuvres. Et ce est tant qu'à la première partie de la première accusation. La seconde accusation est de partie adverse, comme dit le proposant d'icelle partie adverse, que monseigneur d'Orléans étoit favorable à schisme, et par conséquent icelui avoit commis crime de lèse-majesté au second degré, en démontrant et faisant faveur et aide à Pierre de la Lune, jadis appelé pape Bénédict. Tant qu'à cette accusation, je dis que monseigneur d'Orléans oncques ne donna faveur à icelui fors à bonne fin, et à conclure la paix et union de l'église plus à l'honneur d'icelle, et espécialement de la partie tenant icelui pour vrai pape : et est tout notoire que plus grand honneur eût été à notre obédience, que Pierre de la Lune eût fait son devoir par voie de cession pour l'union de l'église, que par voie de soustraction. Et ce considéré si monseigneur d'Orléans dit, il seroit meilleur un peu attendre, afin que ledit Pierre voulût faire cession de sa volonté, qu'en trop hâtant soi et empirant sa cause ; et en ce on en pouvoit nul mal entendre. Et est vrai que sur toutes choses il désiroit l'union de l'église, et croyoit fermement que Pierre de la Lune fût appareillé de faire cession toutes les fois, que l'autre Romain voudroit et seroit prêt. Et de fait plusieurs sont encore vivants, qui icelui duc ouïrent jurer, que s'il savoit que Pierre de la Lune ne voulût faire cession au cas que l'autre pape se consentiroit à ce, qu'il lui seroit plus contraire qu'aucun du monde. Et ce plusieurs approuveroient, s'il étoit besoin.

Aussi, considérons quelle chose lui pouvoit profiter la division de l'église. Il étoit assez sage pour considérer que tous les maux qui sont viennent de ce, ni il n'étoit pas si ignorant de mettre son espérance en homme si ancien, comme est Pierre de la Lune ; de rechef il savoit bien que par l'union de l'église, plusieurs biens, tant spirituels comme temporels, pouvoient à lui et aux siens venir, et aux autres plus sans comparaison que par la division d'icelle. Et afin que je montre évidemment l'affection de monseigneur d'Orléans avoir été sur toutes choses à l'union de l'église, je veuille raconter une chose par lui offerte à l'Université de Paris trois semaines devant son trépas ; c'est à savoir comment monseigneur d'Orléans, voyant qu'icelui Romain ne vouloit pas venir à Gênes ni à Savoie, et ne vouloit recevoir pour otages ceux que lui avoit présenté le maréchal Bouciquault, et qu'autre chose n'empêchoit l'union de l'église, comme Pierre de la Lune fut près d'aller èsdits lieux, adonc dit les paroles ensuivants :

O recteur, et vous tous mes bons amis, voyez que bien brièvement par la grâce de Dieu nous aurons l'union de l'Église, mais que nous pussions assurer icelui Romain, afin qu'il vienne au territoire de Gênes. J'ai proposé à lui faire offrir un de mes fils pour otage, lequel qu'il voudra élire, et suis prêt de l'envoyer à mes dépens à Venise ou ailleurs. Sur ce faites telles lettres qu'il vous plaira et je les signerai. Dites ce à l'université, en rapportant à moi leur opinion. »

Adonc les seigneurs de l'université le regrâcièrent de ce tant qu'ils purent, disant que plus ne pouvoit offrir, et en ce il démontroit sa bonne affection : et vivent encore ceux qu'il avoit ordonnés à cette besogne à aller personnellement démontrer aux Romains et aux Vénitiens icelle présentation. O vous, messeigneurs, pouvoit-il plus faire que mettre pour otage sa chair et son sang ? Et ceux prêts à témoigner ne sont pas feints ou morts, et ne sont pas témoins ignorants; mais docteurs et maîtres. O partie adverse, ce peux-tu voir et connoître évidemment, comment ta parole est contraire à vérité; de ce tu te dois bien taire, comme toi-même as acquis ta faveur vers Pierre de la Lune, tant ou plus qu'aucuns autres : car en celui temps que Pierre de la Lune étoit le plus accusé, tu écrivis et envoyas à lui, afin que tu eusses évêchés et autres bénéfices pour tes serviteurs, auquel tu n'envoyas pas ton varlet ni ton page, mais la garde de ton ame, c'est à savoir ton confesseur, qui parloit plus sûrement.

Disoit-on aussi que mondit seigneur d'Orléans se étoit consenti à la perverse excommunication envoyée par Pierre de la Lune pour induire le roi à son obéissance. Maintenant il est tout clair qu'icelle mauvaise excommunication ne porte nul effet contre Pierre de la Lune, fors au cas que le roi cesseroit lui obéir, et qu'il eût baillé consentement a ladite excommunication, laquelle, selon ce que dit est, n'avoit nul effet fors en cas de substraction ou de inobédience. Et est tout certain que Pierre de la Lune est d'une volonté assez obstinée à ce faire, et que pas ne se conseilloit fors à lui-même; et appert bien que monseigneur d'Orléans ne fut pas favorable à ladite excommunication ; car elle ne fut pas menée à effet jusques à tant que monseigneur d'Orléans fût mort. Considérez donc, messeigneurs, la deffaute de partie adverse, et l'innocence de monseigneur d'Orléans, lequel peut dire la parole du Prophète : *Os peccatoris, et os dolosi super me apertum est : locuti sunt adversùm me linguâ dolosâ, et sermonibus odii circumdederunt me ;* c'est-à-dire, la bouche du pécheur est pleine de fraude, et ouverte sur moi ; et ont parlé contre moi par leurs fausses langues, et par paroles de haine m'ont environné. Et ce suffit, quant à la seconde accusation.

La tierce accusation de partie adverse est que monseigneur d'Orléans s'efforça par moult de manières à machiner la mort de son prince et seigneur le roi de France, et ce, comme dit le dessusdit proposant, par trois manières. Premièrement, comme il dit, par sorceries, maléfices et superstitions. Secondement par poisons et venins. Tiercement par occision, veuillant occire ou faire occire notre seigneur le roi, et ce par feu, par eau ou autres violentes injections; et par ce veut conclure que mondit seigneur duc d'Orléans a commis crime de lèse-majesté humaine en la personne du roi notre sire.

Tant qu'à la première manière, où il parle des sorceries faites par un moine en une épée, en un bouclier, en un annel et une verge, et pour ce faire mondit seigneur d'Orléans fit venir ledit moine, un chevalier, un écuyer et un varlet, auxquels ils donna grands pécunes, comme dit partie adverse, c'est fausse chose et contre vérité : car mondit seigneur d'Orléans oncques ne consentit aux sorceries, ou autres arts défendus : et si ainsi eût été que ledit moine eût commis sorceries, toutefois ce ne fut pas à l'exhortation de monseigneur, ni ce ne pût pas être su de légier; car contre ledit moine, et ses complices fut moult grand procès en la présence des conseillers du roi, auxquels on en peut savoir toute la vérité. Derechef fut trouvé par la propre confession dudit moine disant, que monseigneur lui avoit défendu que là il n'ouvrât pas des arts magiques, et que rien il ne fît qui pût tourner au préjudice du roi. Et comme Dieu sait, si de ce eût été aucune vérité, il n'eût pas été celé jusques à maintenant. Pour ce appert évidemment la fausseté de celle accusation. Et jaçoit-ce que monseigneur d'Orléans eût eu aucune fois paroles avec ledit moine, on considère que mondit seigneur étoit jeune et environ de l'âge de dix-huit ans, et que tels jeunes princes sont souvent déçus par tels bourdeurs pour la cause d'avoir pécunes d'iceux.

Quant est de l'os baillé à mondit seigneur d'Orléans, enveloppé en un petit drappel, lequel il porta long-temps entre sa chair et sa chemise, comme dit partie adverse, jusques à tant que par un chevalier lui fut ôté, et pour ce il eut en grand' haine ledit chevalier, et tant qu'il le détruisit de ses biens, et procura son bannissement hors du royaume, certes ces choses ne sont pas véritables, mais celui chevalier fut banni du royaume, pour cause assez notoire, par procès et arrêts de parlement, et oncques de cette laide chose ne fut mention fors par icelui chevalier, qui ce publia; et icelui chevalier, selon le dit de partie adverse, étoit soupçonné de haine, et par conséquent personne inhabile à faire témoignage contre ledit défunt.

Considérez, messeigneurs, comment les dits de partie adverse ne contiennent que faussetés et mensonges, et ceux lisant son libelle pourroient cheoir en erreur, dont sur ce devroient mettre remède les révérends maîtres de la faculté de théologie, le plus tôt que faire se pourra : car, comme ils savent bien, telles choses ne doivent pas être écrites ni divulguées; mais plus merveilleuse chose est, que par la bouche de théologien il a été proféré que lesdits maléfices ont sorti leur effet en la personne du roi. Nous sommes maintenant en telles comparaisons, lesquelles fit saint Augustin du médecin et de l'astrologien, rendant la cause de deux enfants nés d'un même ventre, que nous disons jumeaux; l'un étoit moult maigre et l'autre gras; l'astrologien avoit recours aux divers ascendants, le médecin à ce que le gras eut premier l'ame au corps, et pource qu'il étoit plus fort, il disoit qu'il suçoit à peu près toute la nourriture des deux. Auquel est-il plus à croire? certainement au médecin, comme répond saint Augustin. Semblablement nous pouvons dire, que plus grand' foi est à être ajoutée à la faculté de médecine en cette matière, qu'au dit du maître en théologie, prononcé sottement. O très doux Dieu, mets remède en ce; car tu vois les théologiens affirmer que sorciers ne sortissent de nul effet. Certainement c'est erreur contre la sainte écriture, dire que sorciers font fors mensonges, et sortissent quelque effet; dont le sage Salomon, auquel telles choses furent imposées, dit au trente-quatrième chapitre de l'Ecclésiastique : *Quod divinatio erroris, et arguta mendacia et somnia maleficiorum vanitas est;* c'est-à-dire que divinement d'erreur et sorcelleries, mensonges, et les songes de maléfices n'est que vanité. Et cette autorité allègue saint Thomas d'Aquin à prouver que telles sorceries ne sortissent nul effet. O toi, université de Paris, plaise à toi ce corriger, car telles sciences abusives ne sont pas tant seulement défendues, pour ce qu'elles sont contre l'honneur de Dieu, mais avec ce elles ne contiennent rien de vérité ou d'effet; et ce est confirmé par les auteurs, qui ont ouvré d'art magique. Ovide dit, au livre de Remède d'amour :

Fallitur Æmoniæ si quis mala pabula terræ,
Et magicas artes posse juvare putat.

C'est-à-dire, celui est déçu, qui cuide que les mauvaises herbes et les arts magiques puissent aider. Et aussi maître Jean de Bar, moult expert en ce maudit art, lequel fut ars avec tous ses livres, dit à sa dernière confession, que le diable n'apparut oncques à lui, et que ses invocations et sorceries ne sortirent oncques effet, jaçoit-ce-qu'à plusieurs il dit le contraire, et spécialement aux grands seigneurs, pour avoir leur argent. Et pour certain, c'est moult merveilleuse chose de vouloir donner charge à monseigneur d'Orléans de telles sorceries si vaines, et si fausses, comme oncques homme ne les haït tant qu'il faisoit, et persécutoit ceux qui usoient desdits arts. Et sait bien chacun que mondit seigneur fut la cause principale du procès et exécution faite contre maître Jean de Bar, et de deux Augustins, qui pour leurs démérites furent exécutés par les hommes du conseil du roi, les gens d'église à ce appelés.

Tant qu'est de ce dont le proposant pour partie adverse a fait mention, disant que monseigneur de Milan, défunt, donna sa fille à monseigneur d'Orléans, sur espoir qu'elle fût reine de France, pource que, quand elle prit congé à lui, il lui dit : « Adieu, fille, jamais je ne quiers à toi voir, jusques à tant que seras reine de France. » Ce pour certain est fausse chose, que la chose fut ainsi faite car; monseigneur de Milan avoit traité avecque le duc de Gueldres, frère du roi des Romains, qu'il prendroit à femme madite dame d'Orléans, sa fille; et encore étoient les messagers faisant leur chemin à parfaire ledit mariage, quand Bertrand Gaath, pour lors gouverneur du comte de Vertus, fut envoyé du roi, des ducs de Berri et de Bourgogne, dont Dieu ait l'ame ! à monseigneur de Milan, à traiter le mariage de sa fille et de monseigneur d'Orléans; lequel seigneur de Milan, pour l'honneur du roi et des seigneurs de la mesgnie (maison) du roi de France, consentit à donner sa fille à monseigneur d'Orléans, et cessa à traiter avec ledit duc de Gueldres, révoquant les messagers par lui envoyés à icelui duc. Quant est des paroles qu'il dit à sa fille, comme on dit, c'est fausse chose, car monseigneur de Milan étoit issu de Pavie, sans parler à sadite fille; et ce fit-il pour ce qu'il n'eût pas pu parler ni prendre congé d'elle sans pleurer.

Tant qu'est de la parole que devoit avoir dite monseigneur de Milan à un chevalier de France, par manière de grande admiration : « Tu dis que le roi de France est en bon état, comment peut ce être? » certainement c'est fausse chose; car monseigneur de Milan est assez secret pour lui taire de telles choses, mêmement devant les François. Pour la relation, plusieurs sont qui bien savent que monseigneur de Milan aimoit le roi de France sur tous les princes du monde, et l'honneur de tout son sang et de toute la mesgnie (maison) de France dont tous les ambassadeurs du roi et des autres nobles de France trépassants par son pays, il honoroit par grands largesses de dons, et ce pour l'honneur et amour du roi tant seulement, et de tout son sang et de la mesgnie de France. Quant est de l'histoire de l'homme de grand' prouesse, sire Philippe de Maizières, lequel a honteusement diffamé ledit proposant, il est vrai que quand ledit Philippe vint de Cypre, le roi Charles, à qui Dieu pardoint; le retint et fit son chambellan! lequel, après le trépas dudit roi, prit humble habit en l'église des Célestins, auquel lieu il persévéra dévotement jusques à la fin. Et pour ce que monseigneur de Bourgogne trépassé aimoit monseigneur de Milan, voyant ledit Philippe être homme de grand' science et prouesse, et ayant propos d'aller en l'aide de la Sainte-Terre, icelui envoya à monseigneur de Milan, qui le reçut honorablement, et très volontiers le véoit et oyoit parler; et est vrai que devant ce temps ledit Philippe oncques n'avoit demeuré avec monseigneur de Milan, ni avec Barnabo, son oncle. *Item*, long-temps devant, ledit Philippe s'étoit parti de monseigneur de Milan, devant ce qu'il fût mention du mariage de monseigneur d'Orléans et de sa femme; et ainsi appert que ledit proposant pour partie adverse n'est pas véritable.

En outre, tant qu'est à cette accusation regardant la personne du roi, que monseigneur d'Orléans voyant lui non obtenir la mort du roi par sorcelleries, appliqua autres manières de faire mourir le roi pour parvenir à la couronne de France, et pour ce, promit à un homme 40,000 francs, et à un autre 50,000 pour confire et bailler lesdits poisons; mais aucuns loyaux lui refusèrent et aucuns lui accordèrent: certainement c'est mensonge; car s'ils eussent été si loyaux aucuns, qu'ils eussent refusé si grands pécunes, en vérité par eux eût été révélé ledit péché pour y mettre remède; et pour ce qu'ils ne firent rien, s'ensuit que c'est fausse chose. En après, partie adverse allègue, que à l'hôtel de la reine, monseigneur d'Orléans jeta poudre envenimée sur le plat du roi. Que ce soit fausse chose peut-être prouvé, car au dîner nulle mention de ce fait ne fut oncques faite. Aussi c'est claire chose que si ladite reine eût ce aperçu en sa maison, elle eût ce révélé aux parents et serviteurs du roi, autrement elle n'eût pas été loyale.

Tant qu'est de l'aumônier de ladite reine, qui, selon partie adverse, chut à terre comme mort, perdant ses ongles et cheveux, et de fait mourut; laquelle chose est fausse, car il véquit puis cinq ou six ans, dont vraiment je puis dire dudit proposant de partie adverse, ce qui est écrit au VII chapitre de Jérémie : *Ecce vos confiditis in sermonibus mendacii, sed non proderunt vobis*; c'est-à-dire, vous vous fiez ès paroles de mensonges, mais elles ne vous profiteront pas.

De rechef ledit proposant dit et proposa, que monseigneur voyant que pas ne pouvoit parvenir à la mort par sorcelleries, ni par poisons, il trouva une autre manière de détruire le roi, par embrasement ou autrement ; et fit adonc, monseigneur d'Orléans, comme dit partie adverse, certains jeux, ébattements et personnages d'hommes sauvages, vêtus de toiles emplies d'étoupes, de poix, et d'autres choses toutes embrasants, du nombre desquels étoit le roi. Et dit outre que monseigneur d'Orléans feignit que son habit étoit trop étroit, afin qu'il s'excusât dudit ébattement ; et dit qu'un serviteur avisa le roi être en péril par ledit jeu, et pour ce monseigneur d'Orléans dit moult de paroles injurieuses et laidengeuses (outragences), comme dit partie adverse; et finablement que monseigneur d'Orléans mit le feu en la cotte de l'un d'iceux, dont le roi fut en péril de mort, si Dieu et certaines dames n'y eussent remédié.

Tant que à ce, il est très véritable chose que monseigneur d'Orléans ne trouva pas lesdits habits, car il étoit trop jeune pour lors, et n'eût pas su trouver telles choses. Aussi monseigneur de Berri, et monseigneur de Bourgogne trépassé ont bien su qui trouvèrent lesdits jeux, et que ce ne fut pas monseigneur d'Orléans ; car s'il eût ce fait faire, attendu la commotion faite, adonc il n'eût pas échappé de mort ou de grand escandale ; car pour lors il avoit petite puissance. Et combien que partie adverse dise, monseigneur d'Orléans n'avoir été vêtu desdits habits, feignant son habit être trop étroit, ce n'a aucune apparence de vérité, comme monseigneur d'Orléans fut adonc plus grêle, qu'aucuns de la compagnie. Et est vrai que monseigneur d'Orléans, et sire Philippe de Bar, devant le commencement dudit jeu, issirent à voir la dame de Clermont, laquelle n'avoit pas été à Saint Pol aux épousailles, pour lesquels, lesdits jeux avoient été trouvés; lesquels quand ils furent retournés, ils trouvèrent tous les habits vêtus, et ce fut la propre cause pourquoi monseigneur d'Orléans ne se vêtit pas desdites vêtures. A ce qu'on dit que le duc d'Orléans voulut embraser le roi notre sire, c'est mensonge, car mondit seigneur d'Orléans, et sire Philippe, cuidant vêtir lesdits habits, et à nul mal pensant, dirent à Pierre de Navarre ensemble, qu'on boutât le feu sur ceux vêtus desdits habits, afin qu'iceux embrasés courussent entre les dames pour icelles épouvanter; et encore vit Pierre de Navarre, qui diroit bien vérité au roi de ce. Toutefois, supposé qu'en ce fait de jeunesse, monseigneur d'Orléans eût mis le feu sur un des habits d'iceux, attendu qu'il avoit ordonné que le feu fût mis aussi-bien sur l'un que sur l'autre, il n'est pas à croire que ce il fît par malice, et par mauvaise intention. Appert donc le dit de partie adverse être mensonge, mais en ce je me conforme à ce que dit le prophète : *Perdes omnes qui loquuntur mendacium*, c'est-à-dire tu perdras tous ceux qui parlent mensonge; et au vingtième chapitre des proverbes : *Qui profert mendacia peribit;* c'est-à-dire qui profère mensonge il périra.

Quant à ce que partie adverse veut dire, que monseigneur d'Orléans ait fait alliance avec Henri de Lancastre, maintenant soi-disant roi d'Angleterre, au préjudice du roi et de tout le royaume, et qu'il coloroit son dit, en ce que Richard, jadis roi d'Angleterre, dit au roi de France, que les dessusdits seigneurs de Milan, et pareillement ceux d'Orléans étoient la cause de son infirmeté, ledit proposant dit mauvaisement et contre vérité; car quand Henri de Lancastre vint en France, il fut reçu moult honorablement, et de nosdits seigneurs comme leur parent, et fréquentoit avecques monseigneur d'Orléans et les autres du sang royal, moult familièrement, auquel temp comme ami, du roi, il fit alliance avec monseigneur d'Orléans, laquelle convenance ou alliance fut levée et publiée en la présence du roi et de plusieurs du sang royal, et de son conseil, et sembla la chose être bonne, licite et honnête, pour le bien du roi et de son royaume.

Pourquoi assez appert que monseigneur d'Orléans ne fit aucune alliance contre le roi Richard; mais qui plus est, au traité du mariage de la fille du roi, maintenant femme du duc d'Orléans et du roi Richard, firent semblables alliances, monseigneur d'Orléans et le roi Richard, entre eux deux, comme avoient fait ledit roi Richard et le roi de France. En après, monseigneur d'Orléans fut à Calais au roi Richard, duquel il fut reçu agréablement comme son très cher frère. Derechef, après la mort dudit roi Richard, monseigneur d'Orléans eut et démontra moult grand deuil et tristesse de sa mort, et pour ce se rendit ennemi du roi Henri de Lancastre, par lettres de défiance, par lesquelles il arguoit icelui de crime de lèse-majesté, perpétrée contre son seigneur le roi Richard, en soi offrant lui seul combattre contre ledit Henri, ou certain nombre tant contre tant, ou puissance contre puissance, pour venger la mort dudit roi Richard. Et ces choses! et moult d'autres assez apparentes démontrèrent assez que monseigneur d'Orléans moult aimoit le roi Richard, pour ce qu'il étoit allié au roi de France, par le dessusdit mariage, et que nul amour il n'avoit avecque ledit duc de Lancastre, pour ce qu'il avoit étendu sa main contre ledit roi Richard.

Tant qu'est de ce que le proposant pour partie adverse dit, que monseigneur d'Orléans étant avecques Pierre de la Lune, s'efforça d'obtenir bulles au préjudice du roi et de sa lignée, et que pour ce fut toujours favorable, ce n'est pas vérité ; car adonc monseigneur d'Orléans procura, et obtint certaines alliances entre ledit Pierre, adonc nommé Bénédict, et le roi de France, moult espéciales et notables, par lesquelles icelui Bénédict promettoit au roi de lui donner aide, et garder l'état de lui et de sa lignée, comme il appert par les bulles sur ce faites. Il est donc moult à émerveiller, comment un sage homme osa proposer ce que tant évidemment est contraire à vérité. Quant à ce que la partie adverse dit qu'il soutint ledit Pierre de la Lune, à ce j'ai répondu par-dessus; et avec ce mondit seigneur d'Orléans trouva lui même, que si lesdits contendants à la papalité ne vouloient convenir prestement par procureurs, seroit faite substraction; et ce déplut plus à Pierre de la Lune, que chose oncques faite en ce royaume pour l'état de l'église; laquelle chose ne fut pas signé que monseigneur d'Orléans voulût empêcher ou retarder l'union de l'église, en la faveur dudit Pierre de la Lune. Appert donc évidemment que monseigneur d'Orléans est innocent, au regard des faits proposés contre lui. O Sire roi, il te plaise donc conserver par justice son innocence, selon ce qui est écrit au treizième chapitre de Job: *Justitia custodit innocentis viam;* c'est-à-dire justice garde la voie de l'innocent, et c'est tant quant à la tierce accusation.

La quarte accusation de partie adverse est que par l'espace de trois ans entiers, monseigneur d'Orléans, par aucunes inductions frauduleuses, et par espantements (épouvantements) qu'il fit à la reine d'aucunes choses, il cuida icelle et ses enfants mener hors de ce royaume à Luxembourg, afin qu'il pût ce royaume mieux gouverner à sa volonté et plaisance. Tant qu'à cette accusation fausse et perverse, monseigneur d'Orléans servit et honora la reine en toutes choses, donnant aide à garder et soutenir l'état du roi et aussi de la reine, et de ce ne convient-il pas plus parler pour cette heure; car, par la grâce de Dieu, elle étant présente, sait bien la vérité, laquelle, quand lui plaira, la pourra dire plus pleinement: toutefois je ne sais si de ce elle s'est complainte à partie adverse ou aucuns autres: je crois que le contraire du propos de partie adverse sera trouvé véritable, et que telles choses sont trouvées pour la diffamation dudit défunt.

La quinte accusation dudit proposant de partie adverse est, que monseigneur d'Orléans a commis crime de lèse-majesté au tiers degré, c'est à savoir en la personne de monseigneur le dauphin, que Dieu absolve et dit! que monseigneur d'Orléans machina qu'il mangeât la pomme envenimée, laquelle envoya par un enfant, à qui le tollit la nourrice d'un des enfants de monseigneur d'Orléans, et la donna au fils dudit seigneur d'Orléans, qui la mangea, et de ce mourut, selon le dit du proposant ; et laquelle chose est fausse controuvée ; mais est vérité que l'un des fils de monseigneur d'Orléans mourut jà pieça du cours de ventre, de quoi plusieurs mouroient en ce temps. Et sur ce soient ouïs physiciens, c'est à savoir, maître Guillaume le Boucher, et maître Jean de Beaumont, qui visitèrent icelui fils, et ils en diront la vérité : c'est à savoir que point ne mourut par intoxication. Et considérez, messeigneurs, que ce n'est pas créable chose : car oncques aucune nourrice des fils de monseigneur d'Orléans n'eût osé donner à l'enfant pomme ou poire sans commandement de madame d'Orléans ; et aussi quand ladite nourrice alloit par les jardins atout (avec) l'enfant, elle n'étoit pas seule, mais accompagnée de trois ou quatre notables femmes, lesquelles n'eussent pas souffert icelle donner à l'enfant pomme, ou autre chose semblable. O très noble et très amé duc d'Aquitaine, tandis que tu es jeune, apprends à aimer justice comme fit Salomon ; avise les maux qui peuvent advenir si justice n'est gardée : car si tu ne le fais pas n'auras aimé tes frères : ils seront en péril de mort, si ainsi étoit fait comme partie adverse a commencé. Soit considéré le dit du prophète, disant : *Justitiæ Domini rectæ, lætificantes corda* ; c'est-à-dire, les justices de Notre-Seigneur sont droiturières et esjouissants les cœurs.

La sixième accusation et finale est, comme dit le proposant de partie adverse, que monseigneur d'Orléans commit crime de lèse-majesté au quart degré, en détruisant le roi de ses pécunes, et le peuple en tenant hommes d'armes sur le pays, et en faisant tailles intolérables. Messeigneurs, c'est bien merveilles comment partie adverse a ce imposé à monseigneur d'Orléans; car il est notoire à chacun que pour aucunes choses advenues en ce royaume aucunes tailles furent faites; mais ce ne fut pas au profit de monseigneur d'Orléans, comme elles aient été exposées par grand' délibération du roi, et de tous les seigneurs de son sang, et conseil royal; ains (mais) pour le fait de partie adverse au voyage de Hongrie, et pour sa rançon furent faites grands tailles par tout le royaume et grands sommes d'argent cueillies et transportées en Turquie et autres lieux hors dudit royaume, laquelle chose fut dommage irréparable. Et quant est à ce que partie adverse veut dire que monseigneur d'Orléans prit en la tour du palais 4,000 francs, et au châtel de Melun 100,000 : tant qu'aux 4,000 francs, je dis que c'est fausse chose : car si aucunes pécunes étoient en la tour du palais, elles furent exposées et distribuées selon l'ordonnance du roi, et ce peut être su par la garde d'icelles et par les comptes des receveurs a ce ordonnés. Tant qu'est aux 100,000 francs du château de Melun, il est notoire comment la reine et monseigneur d'Orléans allèrent à Melun pour cause de eux esbanoier (rejouir), et cependant partie adverse vint à Paris irraisonnablement atout (avec) grand' compagnie des hommes d'armes, et par sa puissance fit retourner à Paris monseigneur d'Aquitaine allant après la reine sa mère. Conséquemment il se fortifia d'hommes d'armes sous l'intention d'aller à Melun contre la reine et monseigneur d'Orléans. Adonc il fut nécessaire à la reine de demander gens d'armes pour la sûreté et garde d'elle, pour le bien du roi et de tout le royaume. Et fut avisé qu'il seroit bon prendre icelui trésor pour lesdits gens d'armes; ni monseigneur d'Orléans n'en eut oncques aucune chose pour lui-même; et quand le roi eut de ce connoissance, il fut bien content. Et ainsi appert que lesdites pécunes furent dépendues, tant seulement à l'occasion du fait damnable de partie adverse, et non d'autrui. Tant qu'aux hommes d'armes, qu'on dit monseigneur d'Orléans avoir tenu sur le pays, il est vérité qu'aucuns hommes d'armes étant sur le pays, disoient eux être sur le pays pour monseigneur d'Orléans, afin qu'aucuns ne leurs osassent mal faire, qui n'avoient lettres ni mandement de par lui: mais lui déplaisoit des maux qu'ils faisoient aucunes fois. Donc de ce, quand il en fut parlé au conseil du roi, lui-même procura lettres du roi envoyées à tous baillifs et officiers du royaume, qu'ils appelassent les nobles et gens du pays pour contraindre lesdits malfaiteurs de issir du royaume, en iceux punissant de leurs mauvaises œuvres. Et par ce appert que sans cause, on a donné charge à monseigneur d'Orléans desdits hommes d'armes.

O toi! partie adverse, considère les dommages très grands et irréparables qui ont été en plusieurs lieux de ce royaume par les hommes d'armes, lesquels tu as tenus et fait venir, entre lesquels étoient étrangers sans être payés, gâtant et détruisant tous les pays où ils passoient, et chacun doit avoir compassion des cas advenus, si piteux que nul ne pourroit assez plorer! O toi, roi de France, prince très excellent, pleure donc ton seul frère germain, (car) tu as perdu l'une des plus précieuses pierres de ta couronne, duquel la justice tu devrois toi-même procurer, si nul ne le procuroit. O toi, très noble reine, pleure le prince qui tant te honoroit, lequel tu vis mourir si honteusement. O toi, mon très redouté seigneur, monseigneur d'Aquitaine, pleure, qui as perdu le plus beau membre de ton sang, conseil et seigneurie, pourquoi tu est chu de paix en très grand' tribulation? O toi, duc de Berri, pleure, qui as vu le frère de ton roi, ton neveu, finir sa vie par grième martyre, pource qu'il étoit fils de roi, et non pour autre chose. O toi, duc de Bretagne, pleure, qui as perdu l'oncle de ton épouse qui grandement t'aimoit. O toi, duc de Bourbon pleure, car ton amour est enfouie en terre. Et vous autres, princes et nobles, pleurez, car le chemin est commencé à vous faire mourir trahîtreusement et sans advertance. Pleurez, hommes et femmes, jeunes et vieux, pauvres et riches; car la douceur de paix et de tranquillité vous est ôtée, en tant que le chemin vous est montré d'occire et mettre glaive entre les princes, par lequel vous êtes en guerre, en misère et en voie de toute destruction. O vous tous, hommes d'église et sages, pleurez le prince qui très grandement vous honoroit et aimoit, et pour l'amour de Dieu, vous clercs et nobles hommes de tous divers états, considérez comment en ces choses dorénavant vous ferez : car jaçoit-ce-que partie adverse vous ait deçu par ses fausses inductions, et pour ce avez à lui été favorables, néanmoins puis que vous connoissez cet homicide, lequel a perpétré partie adverse, les faussetés et mensonges proposés en son libelle diffamatoire, et conséquemment l'innocence de monseigneur d'Orléans, si dorénavant vous lui baillez faveur par quelque manière, sachez ce être contre le roi, et par ce vous encherrez en péril de perdre corps et biens comme autrefois on a vu en cas semblable.

Entendez donc, princes et hommes de quelconques états, à soutenir justice contre ledit de Bourgogne, qui par l'homicide par lui commis a usurpé la domination et autorité du roi et de ses fils, et a soustrait grand'aide et consolation; car il a mis le bien commun en griève tribulation, en confondant les bons estatuts (statuts) sans vergogne, en soutenant son péché contre noblesse, parenté, serment, alliances et assurances, et contre Dieu et la cour de tous ses saints ; cet inconvénient ne peut être réparé ou apaisé fors par le bien de justice. Et c'est la cause pourquoi madame d'Orléans et les fils vinrent à toi, Sire roi, et à vous tous du sang et conseil royal, en vous suppliant que vous veuillez considérer l'injure faite à iceux, et icelle réparer par la manière qui tantôt vous sera requise par son conseil, et par toutes autres manières qu'il pourra être fait, afin que par tout le monde soit divulgué que monseigneur d'Orléans, son mari, fut occis cruellement et injustement en étant accusé et diffamé faussement. Et en ce faisant, vous ferez votre devoir, comme y êtes tenus, dont vous pourrez acquérir la vie éternelle, selon ce qui est écrit au vingt et unième chapitre des Proverbes : *Qui sequitur justitiam, inveniet vitam et gloriam;* c'est à dire qui ensuivra justice il trouvera vie et gloire ; laquelle nous octroie celui Dieu, qui vit et règne sans fin par tous les siècles. Amen.

CHAPITRE XLVIII.

S'ensuit comment les conclusions se prirent contre ledit duc de Bourgogne pour icelle duchesse et son fils, et de la réponse qui leur fut faite par le chancelier.

S'ENSUIVENT les conclusions de ladite proposition, laquelle prestement fut faite par ledit maître Guillaume Cousinot, dessusdit, leur avocat et conseiller, auquel enjoignit le chancelier de France, de par le roi, qu'il fît telles conclusions qu'il plairoit à madame d'Orléans, et au seigneur d'Orléans son fils ; lequel avocat, après plusieurs excusations ains (avant) qu'il venît (vînt) auxdites conclusions, en montrant le cas être piteux et favorable, prit le thême qui s'ensuit :

Hæc vidua erat, quam cum vidisset Dominus, misericordiâ motus est super eam. Ces paroles sont écrites en l'évangile du dimanche ensuivant, au septième chapitre de monseigneur saint Luc. Et est à dire, qu'il étoit une veuve, et quand Notre-Seigneur la vit, il fut mu de miséricorde sur icelle. Très noble prince, quand Notre-Seigneur entra en une cité nommée Naym, voyant le corps d'un jeune homme porter en la sépulture, et quand il eut regardé la mère dudit jeune homme être veuve, il fut mu de pitié sur icelle pource qu'elle étoit veuve, et lui restitua son fils. Très véritablement je puis dire de madame d'Orléans les paroles dessusdites ; c'est à savoir, icelle être veuve, laquelle plaint et gémit la mort de son seigneur et mari, de laquelle et de son fait doit ensuivre. Et Notre-Seigneur fut mu sur icelle ; c'est le roi, qui est notre seigneur tant qu'à la domination terrienne ; et non mie tant seulement icelui, mais aussi toi, sire d'Aquitaine et autres princes et seigneurs terriens de tout le monde et gens quelconques, voyant madite dame d'Orléans ainsi déconfortée, doivent être mus à compassion en lui donnant aide, et faisant bonne justice de la cruelle mort de son mari. Et jaçoit ce chose que, (quoique) en tous cas et en tous temps justice soit à être observée à un chacun, en tant que c'est bonne œuvre et méritoire, selon ce qui est écrit au cent et cinquième psaume : *Beati qui custodiunt judicium, et faciunt justitiam in omni tempore ;* c'est-à-dire, bienheureux sont ceux qui gardent jugement, et font justice en tous temps, toutefois au regard des veuves qui ont perdu leur mari, et des orphelins qui sont privés de leur père, justice doit veiller plus diligemment et plus abondamment que ès autres cas ; car selon tous les droits divins, canoniques et civils, aux veuves et aux orphelins sur tous autres doit secourir justice. Nous avons ce premièrement en la sainte écriture au vingt-deuxième chapitre de Jérémie : *Facite judicium et justitiam, et liberate vi oppressum de manu calumniatoris, pupillum et viduam, etc. ;* c'est-à-dire, faites jugement et justice, et délivrez icelui opprimé par force de la main de l'oppressant faussement pour péché d'autrui, et délivrez l'orphelin et la veuve. Tant qu'au droit canon, les décrets disent, que c'est propre chose aux rois faire jugement et justice, et délivrer de la main des oppressants les orphelins et les veuves, qui plus légèrement sont opprimés des puissants.

Tant qu'est au droit civil, il est tout clair que l'orphelin et la veuve sont espécialement privilégiés en plusieurs cas, comme il est écrit en plusieurs lieux. Maintenant madame d'Orléans a perdu son mari; ses fils ont perdu leur père, certainement un des plus beaux et des plus sages princes du monde. Mais voyons comment ils l'ont perdu. Certainement s'il fût trépassé de mort naturelle, le cas ne fût pas si piteux; mais il leur est ôté violentement en la fleur de sa jeunesse. Et en vérité, ce présent cas est si piteux, que toutes lois, usages et styles doivent être interprétés et exposés en la faveur d'iceux contre partie adverse. Et premièrement, tant qu'est au roi notre souverain seigneur, il est tenu et obligé espécialement du commandement de Dieu, auquel il ne peut ou doit être inobédient, sur peine de pécher et mettre sa domination en voie de perdition, comme il est écrit en Jérémie au chapitre dessusdit: *In memetipso juravi, dicit Dominus, quià in solitudine erit domus vestra;* c'est-à-dire, j'ai juré par moi-même, dit Notre-Seigneur, que si vous ne faites justice, votre maison sera en désert. Et ce assez se concorde à la réponse que fit saint Remy au roi Clovis, quand il le baptisa. Ledit roi demanda à saint Remy combien longuement dureroit le royaume de France : et saint Remy lui répondit : aussi longuement il durera, que justice en icelui règnera; donc, au sens contraire, quand justice cessera, la domination finira. Donc, du roi peut être dit ce qui est écrit au droit canon : *Quod justitia est illud quod suum firmat imperium ;* c'est à-dire, que justice est la chose qui confirme tout empire ou royaume.

Et toi, duc d'Aquitaine, tu es celui qui es tenu, après le roi, faire bonne justice, selon ce qui est écrit au Psaume : *Deus judicium tuum regi da et justitiam tuam filio regis;* c'est-à-dire : O tu, Dieu, donne au roi ton jugement, et au fils du roi ta justice. Tu es l'aîné fils du roi, auquel, par la grâce de Dieu, tu es à succéder, et es à être notre roi et seigneur; entends à ce pour l'amour de Dieu, car à toi appartient spécialement. Si tu n'y mets la main, quand tu viendras à ta domination, par aventure tu trouveras icelle détruite et moult désolée; car chacun prendra sa part, chacun en son tour voudra être maître, si ce cas par défaut demeuroit impuni. Vous aussi, seigneurs, ducs et comtes de cette maisgnée (race) de France, parents du duc, et les autres nobles qui aimez l'honneur et seigneurie du roi, que devez-vous faire? Certainement si le roi en ce ne se vouloit pas entremettre, vous devez poursuivre cette querelle, car vous êtes obligé au roi garder son honneur contre tous;

ainsi, par la grâce de Dieu, que vous avez fait au temps passé, dont ce royaume est loué et exaucé (élevé) sur tous les royaumes des chrétiens, en tant que les Anglois, Allemands et autres étrangers sont venus jadis acquérir justice en ce présent royaume. Messeigneurs, pour l'amour de Dieu, montrez vos loyautés et serments envers madame d'Orléans, selon sa parfaite confidence : car après Dieu et le roi, vous êtes son singulier refuge. Ni on ne doit pas douter à faire justice pour la peur de scandale ou de persécution, car, comme il est écrit en la rieulle (règle) de droit : *Utilius est scandalum nasci ac permitti, quàm ut veritas relinquatur;* c'est-à-dire, il est plus profitable chose qu'on laisse venir escandale, que vérité soit laissée. Et jaçoit chose qu'il fût certain que par cette exécution de justice, grands maux et griéves persécutions dussent ensuivir, pour ce icelle justice ne doit pas être délaissée; mais ainçois seroit vice reprochable, si pour la crémeur (crainte) du péchant, on n'oseroit dire justice; car en nulle adversité de temps, justice ne doit pas être délaissée.

Pour ce, messeigneurs, faites ce que dit le prophète : *Viriliter agite, et confortetur cor vestrum, et sustinete dominium;* c'est-à-dire faites vigoureusement, et soit votre cœur conforté, et soutenez notre seigneur; car en vérité je dis hardiment que contre un inconvénient qui pourra advenir par exécution de justice, cent en adviendront, si on procède par autre voie, par défaut de justice. Et pour ce, messeigneurs, ne doutez pas à faire justice à madame d'Orléans et à ses fils, pour crémeur (crainte) des inconvénients; mais faites ce que mande Notre-Seigneur, à tous ayant administration de justice : *Judicate pupillo et humili, ut non apponat magnificare se homo super terram ;* c'est-à-dire, on doit juger à l'orphelin et à l'humble, afin que l'homme n'ose plus soi enorgueillir sur terre ; c'est que la punition de ce cas soit si grande et si notable, que dorénavant nul n'ose commettre sur terre si grand et si horrible péché, et que ce soit mémoire perdurablement; c'est la fin à laquelle tendent madame d'Orléans et ses fils, c'est à savoir que ce maléfice soit tellement réparé, comme être peut en ce monde.

Pour laquelle réparation être faite, madite dame et ses enfants prendroient volontiers conclusion criminelle, tendant à la punition du corps, s'il pouvoit être fait par bonne manière ; mais pour ce que lesdites conclusions appartiennent au procureur du roi seulement, selon la coutume de France, elle descend à la manière qui s'ensuit : c'est à savoir que par le jugement du roi et de vous il soit ordonné, qu'en certain jour, quand il plaira au roi et à vous, ladite partie adverse, c'est à savoir le duc de Bourgogne, soit amené au châtel du Louvre, ou ailleurs où il plairoit au roi et à vous ladite partie ordonner et en la présence du roi, ou de monseigneur le duc d'Aquitaine, et de tous ceux du sang de la mesgnie de France, et du conseil du roi, présent le peuple, ledit duc de Bourgogne, sans corroie (ceinture) et sans chapperon, étant à genoux devant madame et ses enfants, accompagné d'autant de telles personnes qu'il leur plaira, dise et confesse publiquement à haute voix, que malicieusement et par aguet il a fait occire monseigneur d'Orléans par haine, envie et convoitise, et non pour autre cause, nonobstant les choses que par lui ont été proposées et divulguées au contraire après ledit cas advenu, et qu'à justifier et couvrir son péché, il a fait proposer contre vérité les choses contenues en sa proposition; et dise que de toutes ces offenses, et de chacunes d'icelles il se repent, et lui déplaît; et demande pardon à madame d'Orléans, et à monseigneur d'Orléans son fils, en suppliant humblement à iceux, qu'à lui veuillent pardonner ses offenses. En proposant en outre lui rien savoir contre le bien et honneur de monseigneur d'Orléans défunt, et qu'il rappelle toutes choses qu'il a dites. Lesquelles ainsi parfaites, en l'état dessusdit, soit mené en la cour du palais, et après à Saint-Pol, en l'hôtel du roi; auxquels lieux, sur hauts étages pour ce appointés, il dise publiquement les paroles dessusdites, en la présence de ceux que à ce voudront commettre et ordonner madame d'Orléans et son fils; et semblablement soit au lieu où le cas fut commis, auquel lieu, étant à genoux, jusques à tant que certains prêtres, qui à ce seront ordonnés, auront dit les sept psaumes et la litanie, avec toutes les choses appartenant pour l'âme dudit défunt; et qu'après ce il baise la terre en demandant pardon à Dieu et à madame d'Orléans et à ses fils, des offenses contre eux commises; et que de la forme des paroles proférées là, et autres lieux susnommés, et aussi de la manière de l'amendise (amende), soient faites lettres royales, tant et en tel nombre comme il sera compétent, qui soient envoyées par toutes les bonnes villes de ce royaume, en enjoignant au juge qu'elles soient publiées au son de la trompette, afin que de ce soit faite mention par tout le royaume et dehors.

En outre, pour les réparations desdites offenses, et afin que de ce soit mémoire perdurable, les maisons appartenant audit duc de Bourgogne, dedans Paris, soient détruites, et demeurent en perdurable ruine sans réparation, ou édification en temps advenir, et qu'ès lieux de chacune maison soit faite une haute croix et notable de pierres gravées, et en chacune d'icelles soit fait un gros et fort tablet (tableau), auquel soit écrite la destruction et la cause d'icelle; et qu'au lieu où monseigneur d'Orléans fut occis, soit faite une croix semblable aux autres dessusdites, en laquelle soit un tablet et écrit, comme dit est, et que la maison dont issirent les homicides, en laquelle ils furent absconsés (cachés) par certain temps, soit détruite; lequel lieu et maisons voisines, ledit duc de Bourgogne soit contraint à acheter, et à ses dépens y édifier un notable collége de six chanoines, six vicaires, et six chapelains, duquel la collation appartienne à madame d'Orléans et à ses successeurs, auquel collége soient dites chacun jour six messes pour l'ame du défunt, et la plus grand' messe sera du temps, avec toutes heures canoniaux ; lequel collége soit fondé de mille livres parisis de rente amortie. Derechef soit garni de vêtements, livres, calices, ornements et autres choses nécessaires, et tout aux dépens dudit de Bourgogne ; et soit écrit sur l'entrée dudit collége, en grosses lettres, la cause de la fondation d'icelui.

En outre ledit duc de Bourgogne, pour le salut de l'ame dudit défunt, soit condamné à fonder un collége de douze chanoines, et de douze vicaires, et de douze clercs de la ville d'Orléans, de laquelle prendroit son nom ledit défunt ; duquel collége et bénéfices appartienne la collation à madite dame d'Orléans et à ses successeurs les ducs d'Orléans. Lequel collége soit notablement édifié, et soit assigné, en tel lieu où il appartiendra, et où il semblera bon, de deux mille livres parisis de rente, et soit garni de livres, vêtements, calices, croix, et ornements et autres choses nécessaires à tel collége. Sur la porte duquel soit écrit la cause de la fondation d'icelui.

Et afin que de ce il soit mémoire aux étrangers de nation, ledit duc de Bourgogne soit condamné à faire édifier deux chapelles, l'une en Jérusalem au Saint-Sépulcre, et l'autre à Rome, et assigner chacune d'icelles, de rente ou valeur de cent livres selon la monnoie du pays, et des choses nécessaires et duisantes (propres) à telles chapelles. En chacune d'icelles soit dit perpétuellement chacun jour une messe pour l'ame du défunt; et à l'entrée d'icelles soit écrite la cause de la fondation, comme ès colléges dessusdits.

En après ledit duc de Bourgogne, de fait soit contraint de payer la somme d'un million d'or, non mie au profit de madite dame d'Orléans ni de ses fils, mais à fonder hôpitaux, colléges de religieux, chapelles, aumônes et autres œuvres de piété, pour le salut et remède de l'ame dudit défunt, et que pour accomplir les choses dessusdites, toutes les lettres et seigneuries qu'a le duc de Bourgogne en ce royaume, de fait soient mises en la main du roi, afin qu'elles soient vendues pour l'accomplissement des choses dessusdites et déclarées.

Après ce, ledit de Bourgogne soit condamné à tenir prison fermée tout partout, et en quelconques lieux qu'il plaira au roi, jusques à ce que toutes les choses dessusdites seront suffisamment remplies.

Et après toutes ces choses accomplies, ledit duc de Bourgogne soit envoyé outre mer en exil perdurable, où au moins il demourra (demeurera) l'espace de vingt ans à pleurer et gémir son péché, ou jusques à tant que semblera bon être fait : et après ce qu'il sera retourné, lui soit enjoint, sur les peines qui peuvent être faites, qu'il n'approche jamais la reine, et les fils de monseigneur d'Orléans trépassé, à cent lieues près, en quelque lieu qu'ils soient; ou il soit condamné à faire telles réparations et si grandes amendises, honorables fondations et voyages pour les cas par lui commis, selon la quantité et énormité dudit cas, et tellement que de ce soit mémoire perdurable. Et aussi soit condamné ès dommages et dépens qu'ont porté, portent, et porteront madame d'Orléans et ses fils, pour l'occasion des choses dessusdites.

Et disent que selon raison, ainsi maintenant il leur doit être fait et adjugé sans procès ou dilation, attendu que le cas est si notoire, tant de fait comme de droit; car il est certain que le cas advint, et que ledit duc de Bourgogne a confessé icelui publiquement tant en jugement que dehors jugement. Premièrement il confessa purement et nettement icelui cas en la présence du roi de Sicile, et monseigneur de Berri, assignant nulle cause fors qu'il avoit ce fait par l'enhort du diable. Ce même fait a confessé en plusieurs lieux devant plusieurs notables personnes : et ainsi, par icelle confession appert, que selon raison doit valoir en son préjudice, et doit être tenu pour convaincu dudit cas, et sans procès doit être condamné, ni il ne doit point être reçu selon raison, à dire l'opposite ni à colorer, ou couvrir aucunement sadite confession. Il ne doit point être ouï autrement qu'il a fait : premierement vu qu'en icelle confession il s'est arrêté, et icelle plusieurs fois a racontée. Ce approuve Innocent au chapitre d'élection, et Guillermus de Montclau au chapitre des constitutions.

Et ce avons-nous en la trente et unième cause et seconde question, auquel lieu le pape Nicolas tint le roi Lothaire pour convaincu en son préjudice d'un certain cas, duquel il avoit écrit audit pape, comme il appert audit chapitre : et toutefois icelle confession avoit été faite tant seulement par une lettre envoyée dehors jugement. Donc, par plus forte raison, ledit duc de Bourgogne doit être convaincu dudit cas par la confession de sa propre bouche faite et récitée à plusieurs, sans nécessité d'autre inquisition ou procès. Toutefois il convient parler de la confession faite en jugement. Il est vrai qu'il a confessé le cas dessusdit en jugement : car en la présence de toi, sire d'Aquitaine, quand tu séois en jugement représentant la personne du roi, et devant les seigneurs du sang royal et devant tous ceux du conseil du roi, et grand' multitude de peuple assemblé à la requête du duc de Bourgogne, il a confessé ledit cas : et ainsi ne peut-il pas dire qu'il n'ait confessé icelui cas en jugement et devant juges compétents. S'ensuit donc qu'il ne convient faire autre procès ou examination de cause, ni prononciation de sentence selon aucuns : car la confession en droit doit être parjugée selon les lois en plusieurs lieux, et espécialement en la première loi. La raison pourquoi n'est pas requise prononciation de sentence contre celui qui a confessé son péché en jugement est telle ; car icelui qui la confesse aucunement, est condamné par sa sentence selon la dessusdite loi. *Item*, dit la loi : *In confitentem nullœ sunt partes judicantis*; c'est-à-dire, nulles parties sont du jugeant, contre le confessant. Et supposé que selon aucuns la sentence soit requise, au moins il est certain selon tous, que nulle connoissance de cause ou examination est requise : attendu que ce présent cas est moult notoire. Ainsi autrefois a été déterminé par sentence et jugement des rois du temps passé contre aucuns grands seigneurs du temps d'adonc; c'est à savoir, puisque les faits étoient notoires, autres procès ni inquisition n'étoit pas requise : et ainsi sera fait par la grâce de Dieu de ce présent cas ; car raison le requiert. Toutefois, s'il est trouvé qu'en cette présente matière il convenît (convînt) faire inquisition ou procès, ce qu'il ne convient pas, comme il est dit par-dessus, en ce cas madite dame d'Orléans est appareillée de prouver toutes les choses par eux proposées, s'il étoit besoin, et tellement que selon raison il pourra suffire; et pource, comme dit est, que madite dame ne peut en cette matière faire fors tant seulement conclusions civiles, et que les conclusions crimineuses, lesquelles volontiers feroit si elle pouvoit, appartiennent au procureur du roi tant seulement selon la coutume de France : pour ce madite dame supplie, et requiert très instamment, que le procureur du roi se veuille adjoindre avec elle et qu'elle fasse conclusions criminelles selon ce que le cas requiert. Ainsi, comme elle dit, il lui doit être fait selon raison.

Jusques ci a été récité le transcrit des conclusions de madite dame d'Orléans et de ses fils. Après lesquelles conclusions, par le conseil des seigneurs du sang royal et d'autres du conseil du roi là étant présents, le duc d'Aquitaine fit répondre par le chancelier à ladite dame d'Orléans, que lui, comme lieutenant du roi en cette partie et représentant sa personne, et les seigneurs du sang et conseil du roi, étoient bien contents d'elle pour le fait de son seigneur et mari, jadis duc d'Orléans, et qu'icelui tenoient pour bien excusé et déchargé, et que des choses dessusdites par lui requises, on lui feroit bonne et briève expédition de justice, tant que de ce par raison elle devroit être contente.

Et bien peu après icelui même jeune duc d'Orléans, Charles, fit hommage de ladite duché d'Orléans et de ses comtés et autres terres à Charles, roi de France, son oncle; puis prenant congé à la reine, au dauphin son fils, et aux princes du sang royal étant adonc à Paris, se partit avec gens d'armes, et retourna à Blois dont il étoit venu, et la duchesse douairière, mère dudit duc d'Orléans, et sa femme pour lors demeurèrent en la ville de Paris.

CHAPITRE XLIX.

Comment Guy de Roie, archevêque de Reims, appela des constitututions faites à Paris par l'université, dont ils furent mal contents, et firent prisonnier son procureur.

En ce temps même, Guy de Roie, archevêque de Rheims, qui avoit été mandé à Paris devers le roi très espécialement, pour être au conseil des prélats qui là tenoient pour l'union de l'universelle église, n'y alla ni envoya : et avec ce ne voulut pas bailler son consentement audit conseil ; mais par un sien chapelain et procureur par lui envoyé avec ses lettres de son scel, signées de son seing manuel, et corroborées par un acte public notarié, appela d'icelui conseil et de toutes les ordonnances et statuts d'icelui faits et à faire, tant pour lui et son diocèse comme pour sa province et sujets. De laquelle appellation le roi et généralement tout le conseil et clergé furent très mal contents : et pour tant présentement à l'instance et requête de l'université de Paris, ledit procureur fut pris et mis prisonnier en une cruelle chartre, où il fut longuement.

En lequel temps le cardinal de Bordeaux, natif d'Angleterre, vint à Paris, en partie pour ladite union de l'église : et adonc retournèrent audit lieu de Paris maître Pierre Paul, et le patriarche d'Alexandrie nommé maître Simon Cramault, lesquels deux avoient été envoyés en Italie comme ambassadeurs du roi de France et de l'université de Paris, aux deux contendants à la papalité, desquels grandement désiroient la venue les prélats assemblés au conseil dessusdit, afin qu'ils fussent avertis par iceux d'aucunes besognes qu'ils avoient à faire. Lequel maître Pierre Paul, docteur en théologie, chevauchoit très souvent en habit de docteur avecque ledit cardinal parmi Paris, tout d'un côté, comme chevauchent les nobles femmes; devant lesquels cardinal et docteur dessusdits, l'abbé de Cauldebecq, de l'ordre de Cîteaux, docteur en théologie, proposa de par l'université pour l'union de l'église, et aussi fit l'abbé de Saint-Denis, et un autre docteur en théologie proposant de par l'université, pour l'union de l'église universelle. Et après, icelui cardinal lui partant de Paris par Boulogne sur la mer, s'en alla à Calais; et lors l'abbé de Saint-Denis et un autre docteur en théologie, qui étoient en prison au Louvre, par le commandement du roi, furent mis dehors à la requête du cardinal de Bar, et furent du tout délivrés contre la volonté de l'université de Paris; et pareillement maître Pierre d'Ailly, excellent docteur en théologie, évêque de Cambrai, lequel étoit arrêté à l'instance de l'université, pour tant qu'il n'étoit pas à elle favorable, fut aussi délivré par le pourchas du comte Waleran de Saint-Pol et du grand conseil du roi.

Si étoient lors par toutes les parties de chrétienté

grand' divisions entre les gens d'église par le moyen des deux contendants, lesquels on ne pouvoit concorder ni faire renoncer à l'église universelle.

FIN DU TOME PREMIER.

TABLE

DES

MATIÈRES CONTENUES DANS CE VOLUME.

                                        Page

PRÉFACE de J.-A. Buchon............................ j

MÉMOIRE sur la vie et les chroniques d'Enguerrand de Monstrelet, par M. Dacier......................... 1

PROLOGUE d'Enguerrand de Monstrelet............. 47

LIVRE PREMIER.

CHAP. I. Comment Charles-le-Bien-Aimé régna en France après qu'il eût été sacré à Reims, l'an 1380, et des grands inconvénients qui lui survinrent..... 53

CHAP. II. Comment un écuyer d'Arragon, nommé Michel d'Oris, envoya en Angleterre lettres pour faire armes, et les réponses qu'il eut d'un chevalier du pays... 57

CHAP. III. Comment les grands pardons furent à Rome... 80

CHAP. IV. Comment Jean de Montfort, duc de Bretagne, mourut, et du partement de l'empereur de Paris, et le retour de la reine d'Angleterre............ 80

CHAP. V. Comment le duc Philippe de Bourgogne, oncle du roi de France, alla en Bretagne, de par le roi, et le duc d'Orléans, frère du roi, à Luxembourg, et du cord qu'ils eurent ensemble........ 83

Chap. vi. Comment Clément, duc en Bavière, fut, par les électeurs d'Allemagne, élu à être empereur, et comment fut à grand' puissance mené à Francfort. 84

Chap. vii. Comment Henri de Lancastre, roi d'Angleterre, combattit ceux de Persiaque et de Galles, qui étoient entrés en son pays, et les vainquit..... 87

Chap. viii. Comment Jean de Werchin, chevalier de grand renom, sénéchal de Hainaut, envoya en divers pays lettres par un sien héraut pour faire armes.................................... 88

Chap. ix. Comment Louis, duc d'Orléans, frère du roi de France, envoya lettres au roi d'Angleterre, pour faire armes, et la réponse qu'il eut................ 93

Chap. x. Comment Waleran, comte de saint Pol, envoya ses lettres de défiance au roi Henri d'Angleterre... 119

Chap. xi. Comment messire Jacques de Bourbon, comte de la Marche, et ses deux frères furent envoyés de par le roi de France en l'aide des Gallois, et autres matières............................. 122

Chap. xii. Comment l'amiral de Bretagne et autres seigneurs combattirent les Anglois sur la mer; et de Guillebert de Fretin, qui fit guerre au roi Henri d'Angleterre................................... 124

Chap. xiii. Comment l'université de Paris eut grand discord contre messire Charles de Savoisy, et pareillement contre le prévôt de Paris............... 126

Chap. xiv. Comment le sénéchal de Hainaut, lui quatrième, fit armes, présent le roi d'Arragon, et du voyage que fit l'amiral de Bretagne en Angleterre.. 129

Chap. xv. Comment le maréchal de France, et le maître des arbalêtriers, allèrent en Angleterre, par l'ordonnance du roi, en l'aide du prince de Galles... 135

DES MATIÈRES.   453

                                                                              Page

CHAP. XVI. Comment un puissant mécréant, nommé Tamburlant (Tamerlan), entra à puissance, en la terre du roi Basacq (Bajazet), lequel alla contre lui et le combattit.................................. 138

CHAP. XVII. Comment Charles, roi de Navarre, traita avec le roi de France, et eut la duché de Nemours, et du voyage du duc Philippe à Bar-le-Duc et à Bruxelles.. 140

CHAP. XVIII. Comment le duc de Bourgogne, oncle du roi Charles VI, mourut en la ville de Hall en Hainaut, et fut porté son corps à Dijon en Bourgogne, aux Chartreux..................................... 141

CHAP. XIX. Comment Waleran, comte de Saint-Pol, alla en grand' compagnie par mer, en l'île de Wisk, pour faire la guerre au roi Henri d'Angleterre, et s'en retourna sans besogner....................... 144

CHAP. XX. Comment le duc Louis d'Orléans alla à Marseille devers le pape, de par le roi ; le duc de Bourbon, en Languedoc ; le connétable, en Aquitaine.. 146

CHAP. XXI. Comment le Duc Aubert, comte de Hainaut, trépassa ; et pareillement, la duchesse de Bourgogne, Marguerite, fille au comte Louis de Flandres... 148

CHAP. XXII. Comment le duc Jean de Bourgogne, après la mort de la duchesse, fut reçu des bonnes villes de la comté de Flandre, comme seigneur......... 150

CHAP. XXIII. Comment le duc Guillaume, comte de Hainaut, tint cet an un champ mortel en sa ville du Quesnoi ; lequel fut outré par un des champions.... 152

CHAP. XXIV. Comment le comte de Saint-Pol mena son armée devant le châtel de Mercqs, auquel lieu vinrent les Anglois de Calais, et les déconfirent...... 154

Chap. xxv. Comment le duc Jean de Bourgogne alla à Paris, et fit retourner le dauplin, que la reine et le duc d'Orléans emmenoient, et d'autres matières.................................... 162

Chap. xxvi. Comment le duc Jean de Bourgogne eut, de par le roi, le gouvernement de Picardie : de l'ambassade d'Angleterre, et de l'état de Clignet de Brabant, chevalier........................... 179

Chap. xxvii. Comment la guerre se r'émut entre les ducs de Bar et de Lorraine, et des mariages faits à Compiègne; et aussi des alliances d'entre Orléans et Bourgogne................................... 182

Chap. xxviii. Comment le duc d'Orléans alla à puissance de gens d'armes, de par le roi, en la duché d'Aquitaine, et assiégea Blaye et Bourg........... 187

Chap. xxix. Comment le duc Jean de Bourgogne traita tant avec le roi et son grand conseil, que il eut licence d'assembler gens pour assiéger Calais....... 190

Chap. xxx. Comment les prélats et gens d'église de toutes les parties du royaume de France furent mandés à aller à Paris devers le roi, pour l'union de sainte église....................................... 194

Chap. xxxi. Comment les Liégeois déboutèrent Jean de Bavière, leur évêque, pource qu'il ne vouloit être ordonné, pour consacrer et faire l'office de l'église, comme promis l'avoit....................... 196

Chap. xxxii. Comment Antoine, duc de Lembourg, eut la possession de la duché de Brabant, et depuis de la ville de Trect (Maëstricht), à la grand' déplaisance des Liégeois........................... 199

Chap. xxxiii. Comment les ambassadeurs du pape Grégoire vinrent à Paris devers le roi et l'université atout (avec) une bulle d'icelui pape.............. 202

DES MATIÈRES. 455

Page

Chap. xxxiv. Comment le duc d'Orléans eut, par l'octroi du roi son frère, la duché d'Aquitaine, et lors furent faites trèves entre le royaume de France et d'Angleterre.................................. 207

Chap. xxxv. Comment le prince de Galles, fils aîné du roi d'Angleterre, accompagné de ses deux oncles et très grand' chevalerie, alla en Écosse pour faire guerre.. 208

Chap. xxxvi. Comment Louis, duc d'Orléans, seul frère du roi de France Charles-le-Bien-Aimé, fut mis à mort piteusement dedans la ville de Paris.... 210

Chap. xxxvii. Comment la duchesse d'Orléans et son fils mainsné vinrent à Paris devers le roi, pour faire plainte de la piteuse mort de son seigneur et mari.. 222

Chap. xxxviii. Comment le duc Jean de Bourgogne fit grand' assemblée à Lille en Flandre, pour avoir conseil sur la mort du duc d'Orléans, et alla à Amiens et à Paris... 231

Chap. xxxix. Comment le duc Jean de Bourgogne fit proposer devant le roi et son grand conseil, ses excusations sur la mort du dessusdit duc d'Orléans.... 241

Chap. xl. Comment, après la justification faite par maître Jean Petit, le duc de Bourgogne l'avoua, et des rumeurs qui en coururent à Paris, et comment la reine Isabelle et son fils se partirent de Paris...... 324

Chap. xli. Comment le roi envoya devers le pape ses ambassadeurs solennels; la réponse qu'ils eurent, et comment depuis il excommunia le roi et ses adhérents... 326

Chap. xlii. S'ensuit la teneur desdites lettres apostoliques reçues par le roi............................ 333

Chap. xliii. S'ensuit la teneur des bulles dudit pape de la Lune, par lesquelles il excommunie le roi et les autres.................................... 338

Chap. xliv. Comment l'université de Paris fit proposer devant le roi, contre le pape de la Lune, et du partement du roi Louis de Sicile, et du Borgne de la Heuse.................................... 344

Chap. xlv. Comment le duc de Bourgogne se partit de Paris pour le fait de Liége ; du roi d'Espagne et du roi de Hongrie, qui écrivit à l'université de Paris. 348

Chap. xlvi. Comment tous les prélats et gens d'église, de toutes les parties de la France, furent mandés à Paris, et la venue de la reine et de la duchesse d'Orléans.................................... 351

Chap. xlvii. Comment la duchesse d'Orléans et son fils firent proposer à Paris, à l'encontre du duc Jean de Bourgogne, pour la mort du duc d'Orléans..... 357

Chap. xlviii. S'ensuit comment les conclusions se prirent contre ledit duc de Bourgogne pour icelle duchesse et son fils, et de la réponse qui leur fut faite par le chancelier........................... 446

Chap. xlix. Comment Guy de Roie, archevêque de Reims, appela des constitutions faites à Paris par l'université, dont ils furent mal contents, et firent prisonnier son procureur...................... 460

FIN DE LA TABLE DES MATIÈRES.

www.ingramcontent.com/pod-product-compliance
Lightning Source LLC
Chambersburg PA
CBHW060228230426
43664CB00011B/1581